德意志研究

2022

German Studies

林纯洁　主编

武汉大学出版社

图书在版编目(CIP)数据

德意志研究.2022/林纯洁主编.—武汉：武汉大学出版社,2023.11
ISBN 978-7-307-24106-0

Ⅰ.德… Ⅱ.林… Ⅲ.德语—教学研究—文集 Ⅳ.H339.3-53

中国国家版本馆 CIP 数据核字(2023)第 209865 号

责任编辑:郭　静　　　　责任校对:李孟潇　　　　版式设计:马　佳

出版发行:**武汉大学出版社**　（430072　武昌　珞珈山）
　　　　　（电子邮箱：cbs22@whu.edu.cn　网址：www.wdp.com.cn）
印刷:武汉邮科印务有限公司
开本:787×1092　1/16　印张:14　字数:312 千字　插页:1
版次:2023 年 11 月第 1 版　　2023 年 11 月第 1 次印刷
ISBN 978-7-307-24106-0　　定价:65.00 元

德意志研究
German Studies

卷首语

2022 年是中国与联邦德国建交 50 周年。1972 年两国的建交大大促进了中德之间的文化交流，中国的德国研究进一步发展，走向繁荣。2022 年还是马丁·路德翻译的德语《圣经·新约》出版 500 周年。路德在翻译《圣经》过程中，融合高地德语与低地德语，广泛吸收民间语言中的生动用法，对标准德语的最终形成和成熟起了至关重要的作用；德语《圣经》的出版推动了德国宗教改革的进程，德意志民族也开始形成一种内省的善于思考的独特文化。

德语中的"文化"（kultur）一词源于拉丁语词汇 cultura/colere，原意是"耕种"，引申为"栽培，培养"，后来指人类的艺术、文学、宗教等创造物。在德语语境中，文化强调各民族各自的群体特征和民族之间的差异。古罗马人创造了灿烂的古典文化，对日耳曼等周边民族产生了深远影响。前往意大利旅行是近代以来很多欧洲国家知识阶层的传统。远思的《18 世纪德意志文人"意大利之旅"中的文化身份变迁》表现了温克尔曼、老歌德、蒂克等文人在意大利之旅中寻找养分，无论是将之与启蒙思潮相融合，还是以此构建德意志的文化自觉意识，都体现了古典文化的独特价值。

世界文化的多元性必然导致跨文化交际过程中的审美差异，尤其是外国人在外语环境中以外语进行创作，本身就在创作过程中完成了一种跨文化的旅行。梁汇敏和何俊的《日本旅德作家多和田叶子跨语际和跨文化书写中的离散审美》展现了多和田叶子在德国的离散书写，这种跨文化的书写有助于不同文化之间的相互理解。

文学是最能体现一个民族文化的领域，一民族有一民族之文化，一时代有一时代之文学。文学研究是本卷内容最丰富的栏目，所涉及的题材时间跨度从古典时代延伸至 20 世纪。古希腊文学是德国文学的重要养分和母题来源。孙祺祺的《奥德修斯与塞壬的相遇——卡夫卡与布莱希特对塞壬神话的改写比较分析》研究了卡夫卡与布莱希特两位德语经典作家对《奥德赛》中塞壬故事的不同改写，以及由此所揭示的 20 世纪的危机。《尼伯龙根之歌》则是德意志民族的史诗，黄焱的《远去英雄不自由——〈尼伯龙根之歌〉的命运观与悲剧性研究》探讨了《尼伯龙根之歌》所蕴含的对日耳曼民族历史的构建，对人类命运的思考。

17 至 18 世纪的启蒙运动解放了人的思想，与之伴随的科学革命则极大地提高了人类改造自然的能力，自那时起，人类的技术发明日新月异，但同时带来了很多诸如环境污染、人的异化等问题，技术犹如一把双刃剑不可逆转地改变了人类的生活。20 世纪，人类发明核武器后，更是使人类具备了毁灭自身的能力。王微的《疯癫的"迷宫怪兽"——论迪伦马特戏剧〈物理学家〉中的"疯癫"话语》研究瑞士著名作家迪伦马特的名作《物理学家》，通过探索其中的迷宫和疯癫话语，揭示了迪伦马特在冷战背景和核战争阴影下对人类理性局限性和人类命运的忧虑，至今仍有深刻的现实价值。核战争的阴影尚未消退，现代人在享受了人工智能技术带来好处的同时，开始担忧人工智能是否会反过来控制人类。可见，对未来充满忧虑是人类的一种生存状态。

诗歌是文学王冠上的明珠。张克芸和许渤翙的《从神恩操控到人类觉醒——对马克思叙事歌谣〈路琴德〉之阐释》诠释了马克思青年时代的诗作《路琴德》（1836 年）中所蕴含的反抗压迫的精神，对认识青年马克思的思想发展历程具有重要意义。马剑的《"所有时代最伟大的诗人之一"——赫尔曼·黑塞评爱德华·默里克》再现了黑塞如何通过选编诗人默里克的文集进而探讨他创作的精神和心理状态，并阐释他的艺术观，体现了文人之间超越时空的精神理解。1990 年，联邦德国与民主德国实现统一，是德国历史上的重大事件，民主德国由此消逝在历史的长河中。布劳恩的短诗《财产》展现了他对两德统一的认识和复杂感受。莫光华的《献给德意志民主共和国的一首挽歌》对这首短诗进行了评析，丰富了我们对这一历史剧变的认识。

本卷的历史专栏收录了三篇论文，涉及德国中世纪地方政治史、第二次世界大战史和中德关系史。吴愁的《中世纪晚期德意志城市行会参政机制考察——以奥格斯堡为中心（1368—1548）》研究了 14 世纪至 16 世纪德意志的帝国城市奥格斯堡城市行会的参政机制，从中可以看出近代社会的中世纪起源，有助于我们理解中世纪的城市治理和社会生活。田思勉的《制造"闪电战"：第二次世界大战初期英国媒体对德国闪电战形象的构建》从媒体学的角度研究了英国媒体对"闪电战"（Blitzkrieg）这一战术形象的塑造，并使之成为"二战"史上的重要词汇，展现了媒体在塑造历史认知方面的重要作用，以及不同战争参与方对战争的不同观察所形成的看法。陈从阳的《李凤苞〈使德日记〉中的德国地理学家》再现了晚清派驻德国的公使李凤苞与德国地理学家的交往情景，展现了晚清打开国门后，中国人接受现代地理科学的历程，成为中德文化交流史上的重要见证。

文献是学术研究最为基础的材料，本卷设立"文献翻译"这一栏目，旨在推动对德语重要文献的翻译，进而促进对德语国家的整体研究。本栏目收录 4 篇历史文献、1篇心理学文献和 1 篇法学文献。《瑞士盟约（1291 年）》（林纯洁译）是瑞士立国的奠基性文件，永久同盟由此成立，进而发展成瑞士联邦。《沃尔姆斯帝国议会上各等级向皇帝呈递的冤情陈述书（1521 年）》（钱金飞、熊松龙译）展现了宗教改革期间各阶层的诉求和对宗教改革的态度，对了解当时德国真实的社会状况具有重要意义，也有助于我们理解宗教改革爆发的背景和获得支持的原因。《德意志皇帝弗兰茨二世退位诏书》（林纯洁译）颁布于 1806 年 8 月 6 日，标志着神圣罗马帝国的正式灭亡，从此哈布斯堡家族更加专注于奥地利帝国的发展。《德意志帝国皇帝威廉一世即位诏书》（林纯洁译）颁布于 1871 年 1 月 18 日，向世人宣告了德意志帝国的建立，阐明了帝国未来的政治方针，是理解俾斯麦时期内外政策的重要参考。延奇的《论恐惑的心理状态》（邹钰珏译）揭示了"恐惑"（Unheimlich）这一心理状态产生的心理机制和特点，对弗洛伊德的心理学产生了重要影响。赫善心的《论无政府主义刑法观》（黄礼登译）阐明了无政府主义对国家制度和法律秩序的肯定并将之作为德国刑法改革的重要理论来源，有助于改变人们对"无政府主义"的刻板印象。

本卷还开设了书评栏目，希望以此展开学术批评，促进学术研究的发展。陈巍、朱园园的《歌德〈中国作品〉翻译过程的重构》评论了谭渊与德国学者戴特宁合著的《歌德与中国才女》，指出这部著作重构了歌德的翻译和创作活动，阐明了歌德在推动中德文化交流方面的重要贡献，具有独特的学术价值。

在学术资讯栏目，依照惯例，谭渊对 2022 年的国家社科基金和教育部人文社科基金项目进行了盘点。这些高级别项目展现了当今德语国家研究的前沿领域，是未来重要学术成果产出的助推器。该栏目介绍了华中科技大学德语系近期的两本著作，分别是林纯洁的《马丁·路德年谱》和王微的《德语奇幻文学研究》。林纯洁用中国传统史学方式为德国宗教改革家马丁·路德编撰了一部翔实的年谱，该年谱兼具思想性和工具性。期待国内学术界未来为更多的外国重要历史人物编撰年谱，这是中西史学融合的一条重要路径。《德语奇幻文学研究》展现了德语文学研究的一个新领域，对德语奇幻文学的结构、体系和发展脉络进行了系统研究，为我们从光怪陆离的奇幻文学世界中探寻了人类存在的意义。

思想只有在不断的交流中才能不断进步，《德意志研究》致力于提供这样一个平台，对德语国家的历史、文化、文学和跨国文化交流史进行广泛而深入的研究，希冀学术界各位同仁的继续支持。

林纯洁

2023 年 7 月 5 日

目　录

文 化 研 究

文 学 研 究

历 史 研 究

文 献 翻 译

书 　 评

学 术 资 讯

文化研究

18 世纪德意志文人"意大利之旅"中的文化身份变迁①

南开大学　远　思

摘　要：意大利观游体验的书写是 18 世纪以降德意志人异域旅行书写的一个重要题材，体现了德意志文人文化身份之变迁。温克尔曼、约翰·卡斯珀·歌德等人通过翔实记录旅行见闻使自身博闻强识，确立并完善自身欧洲启蒙市民身份。歌德通过探访希腊罗马文明遗迹并在文学创作中汲取意大利的文化养分，试图寻找超越时空的文化理想典范，塑造德意志人文化民族的身份。以蒂克为代表的浪漫派文人通过在意大利观游体验的书写神化日耳曼英雄传说人物而表现出建构德意志民族文化的自觉意识，试图在精神层面上构筑一个民族文化的共同体并将其作为文化认同的理想典范。在文化身份的认同历程之中，德意志文人的民族共同体意识愈发清晰地形成。

关键词：德意志文人；意大利；旅行书写；文化身份

18 世纪以降，随着德意志市民阶层文化地位的提升，市民阶层出身的德意志文人学者广泛参与旅行与旅行写作，德语文学中的旅行书写也因此呈现出百花齐放的多元样态。本文以温克尔曼、约翰·卡斯珀·歌德、约翰·沃尔夫冈·歌德和蒂克的意大利旅行书写为例，归纳 18 世纪以来德意志文人在意大利旅行中文化身份的变迁。

1. 温克尔曼与歌德父亲旅行书写中的"欧洲启蒙市民"身份

自中世纪以来，意大利一直是贵族、僧侣、商人和朝圣者旅行常去的目的地。随着 18 世纪启蒙运动的发展，德意志市民阶层也逐渐获得更多的旅行机会并参与对旅行的书写。通过旅行增长有益的见识，为日后职业生涯作好准备，是启蒙主义市民阶层最初主动参与旅行的重要原因②。温克尔曼（Johann Joachim Winckelmann）与歌德的父亲约翰·卡斯珀·歌德（Johann Caspar Goethe）便是其中的代表人物。此二人在对意大利的旅

---

①　基金项目：本文为国家社科基金后期资助一般项目（项目编号：22FWWB004）"'意大利之旅'与德意志作家精神气候的变迁"的阶段性成果。

②　Doris Hopp，„*Goethe Pater*" *Johann Caspar Goethe*（1710-1782），Frankfurt am Main：Freies Deutsches Hochstift-Frankfurter Goethe-Museum，2010：12.

行书写中主要表现出"欧洲启蒙市民"的文化身份特征。

欧洲启蒙市民旅行书写的主要动机是从毕业旅行中学习并增长见识，他们所关注的重点是获取关于意大利艺术作品和名胜古迹的知识，从而增强自身的文化修养。以温克尔曼为例，他的意大利之旅便是一场对古希腊艺术的探索与考察之旅。1737 年在哈勒大学神学院读书期间，一次关于古希腊-罗马历史的讲座唤起了温克尔曼对古希腊-罗马文明的兴趣。1741 年至 1742 年，温克尔曼在耶拿大学学习医学，毕业之际踏上了一场学术旅行。温克尔曼始终把古希腊艺术奉为经典并期望有机会亲身前往艺术胜地观游考察。然而在他所生活的时代，希腊饱受战乱之祸，因此极少有人愿意冒险踏上希腊的国土。在此背景下，意大利成了温克尔曼研究古希腊-罗马艺术的替代品，为他观摩、研究、践行古希腊艺术理想提供了远离战火的现实空间①。1764 年，温克尔曼在庞贝、帕埃斯图姆、赫库兰尼姆等地区考察出土文物，并写下了《古代艺术史》(*Geschichte der Kunst des Alterthums*)。与温克尔曼相似的是歌德的父亲约翰·卡斯珀·歌德(以下简称老歌德)。1739 年 12 月，老歌德获得博士学位一周年后从维也纳起身前往意大利，并在 1740 年将他自身游历的见闻翔实地记录在他的百科全书式的游记《意大利旅行记》(*Italienische Reise*)中。老歌德在《意大利旅行记》中曾总结自己旅行的意义在于"了解世界，观察各国百姓的习俗、习惯、举止修为，以致为己所用"②，他在游记中对客观事物和异域风土人情的极致观察体现了其启蒙主义者的实证与理性，而他对自然现象、艺术作品、古迹铭文、衣着习俗以及自然科学问题的记载亦表现了启蒙主义者对外界事物求知若渴的态度。

系统性和学术性是欧洲启蒙市民旅行书写的主要特征。温克尔曼在 1756 年旅居罗马时参观了许多宫殿和名人故居，在《古代艺术史》中对古文物进行了系统的盘点，在前人已有文献信息的基础上使用他自己独有的方法，观察并细致描写了雕像的衣着、铭文以及标志性特征，系统地汇总了每个雕像的保存状态。

老歌德的《意大利旅行记》也是一部百科全书式的游记。全书由 42 篇日记、5 篇附录和 16 篇书信往来组成，书中详细地描写了他在威尼斯、博洛尼亚、里米尼、安科纳、洛雷托、罗马、那不勒斯、佛罗伦萨、米兰等地的所见所闻，并附有插图及各处名胜古迹最翔实的数据。每篇日记开篇都设有一段摘要，随后对其所参观游览的教堂、修道院、歌剧院、图书馆、书店等进行详细的描述③。

欧洲启蒙市民旅行书写的出发点是功利主义的，这也造就了他们理性的文风和疏离的文化立场。例如老歌德在参观欣赏意大利文艺复兴时期的艺术成就时，便透露出他在

---

① Kim Hofmann, *Goethe und Winckelmann. Ausgewählte Aspekte von Goethes Winckelmann-Rezeption*, München: Martin Meidenbauer Verlagsbuchhandlung, 2011: 28.

② Johann Caspar Goethe, *Reise durch Italien im Jahre* 1740 (*Viaggio per l Italia*), München: Deutscher Taschenbuch Verlag, 1999: 490.

③ Felicie Ewart, *Goethes Vater. Eine Studie*, Schutterwald & Wissenschaftlicher Verlag, 1999: 20.

鉴赏意大利艺术作品与文物古迹时的功利主义心理。在他看来，意大利的艺术成就固然辉煌，但绘画、雕塑和壮观的建筑艺术只是出于创作者纯粹的业余爱好，并不能真正造福于人类生活的幸福：

> 这里有雕刻艺术、绘画艺术和音乐，还有辉煌壮丽的教堂，美轮美奂的马赛克工艺，优秀卓绝的陈列室，更重要的是，这里的一切都是那么完善，以至于人们在别处无法找到同样的事物与之媲美。但这一切都只是纯粹出于业余爱好，无论是对于人类生活的幸福还是对于最终极的实质目的来说都无甚裨益。①

老歌德的《意大利旅行记》是通篇使用意大利语写成的。他之所以选择用意大利语书写，一方面是出于练习语言的功利目的②，而另一方面，使用外语写作也方便作者对旅行见闻进行直接的批判，让《意大利旅行记》呈现出一种情感上的疏离感。比如在面对蜂拥而至、盲目游览的各国游客时，老歌德曾表达过批判和不满：

> 我感到很奇怪，所有的游人都像我一样散完步或是正在散步，这些人没有把他们憧憬想象已久的意大利古城墙留下，而单单参观它们面前的法国、英国、荷兰和萨克森……他们带回家的不过是一个装满好奇的脑袋而已，而如果把这好奇带回他们老家的市场上，则根本不值两个钱。③

在另一封信中，老歌德还抱怨了意大利的饮食不合胃口，蚊虫使人厌烦。此外，作为新教徒的老歌德还对古希腊-罗马文化中的多神教信仰和意大利的天主教进行了批判，将其视为迷信和民众心智蒙昧的表现：

> 异教总是充满种种愚妄，在我看来，这些愚妄仅仅充当了民众的消遣罢了，这样一来，民众那美好的单纯就得以保留，便于统治者们巩固其统治，为他们的大利益所服务。这样的一个教派（这里说的就是天主教），在许多事情上的做法比异教尤甚，而这些在我们的时代却不过是些无意义的事情罢了。④

在《意大利旅行记》中，老歌德始终以异国游客身份对意大利的观游体验保持一定距离，其叙述中既体现了外国游客的好奇和启蒙主义者的求知欲，同时也始终带着冷静

---

① Felicie Ewart, *Goethes Vater. Eine Studie*, Schutterwald & Wissenschaftlicher Verlag, 1999：34.

② Felicie Ewart, *Goethes Vater. Eine Studie*, Schutterwald & Wissenschaftlicher Verlag, 1999：20.

③ Felicie Ewart, *Goethes Vater. Eine Studie*, Schutterwald & Wissenschaftlicher Verlag, 1999：33.

④ Johann Caspar Goethe, *Reise durch Italien im Jahre* 1740 (*Viaggio per l Italia*), München：Deutscher Taschenbuch Verlag, 1999：496.

批判的视角，很少与当地人进行身份上的认同，也未体现出其作为德意志人的民族文化意识。

整体来说，温克尔曼和老歌德的旅行书写主要呈现出广博、学术、系统、翔实的特点，语言上并没有很强的文学性。然而作为启蒙主义文人学者的代表，此二人的意大利游记却对德意志大文豪歌德产生了深远的影响，使他从意大利之旅中获得丰富的文学启发。

2. 歌德《意大利游记》与"文化民族"的塑造

1786 年 9 月，歌德请求魏玛大公批准假期，对亲友和情人不告而别，化名"画家米勒"（Müller der Maler），独自前往意大利。他对于温克尔曼在《古希腊绘画和雕塑艺术的模仿所引发的思考》（*Gedanken über die Nachahmung der griechischen Werke in der Malerey und Bildhauerkunst*）中提到的古希腊罗马艺术有着浓厚的兴趣，而父亲老歌德用意大利文所著的《意大利旅行记》以及家中所陈列的各种绘画作品则对歌德的意大利情结有着更深远的影响。虽然老歌德以新教徒视角对意大利的观游是带有批判性和距离感的，但不可否认他对意大利仍然有着超越文字以外的积极的情感传递，这从歌德 1786 年意大利之旅所留下的文字中就能得到印证。当歌德在威尼斯乘坐贡多拉游船时，他联想到的便是自己童年时代的第一个玩具——父亲从威尼斯带回来的贡多拉模型，并回忆说父亲"非常宝贝这只模型，只有在我表现特别好的时候才允许我玩它"①。因此可以说，久远的童年印象已经使歌德对意大利产生了先验的文化认同感。

然而与父亲和温克尔曼不同的是，歌德对意大利之旅的书写中带有更多的情感投入，作品也有着更明显的诗学特征。歌德在其 1786 年所写的《意大利游记》中将自己在意大利的观游体验称为一场去往古希腊-罗马时代的神话②，作家通过探访古希腊-罗马文明遗迹，试图为本民族文化寻找超越时空的理想典范。歌德游览至意大利南部，乘船至西西里岛的途中时常把所到之处与希腊神话与文学典故联系在一起，沿途的海岸、岛屿、岩石、沙滩，多灌木的小山、轻柔的柳树、肥沃的田野都使他联想到古希腊-罗马文明在文学作品中的表现："那里是查里布迪斯，这是西拉，两块岩石在大自然中相距这么远，诗人却把它们挪得那么近"③；"高耸入云的高山和越来越令人欢快的平原，礁石和暗礁以及环绕这一切的大海，它们互相交错，多种多样，我才觉得奥德赛是一个生

---

① Felicie Ewart，*Goethes Vater. Eine Studie*. Schutterwald：Wissenschaftlicher Verlag，1999：35.

② Italo Michele Battafarano，*Die im Chaos blühenden Zitronen. Identität und Alterität in Goethes Italienischer Reise*，Bern：Peter Lang Verlag，1999：22.

③ Johann Wolfgang Goethe，*Italienische Reise. Mit einem Nachwort von Hans Mayer*，Berlin：Henschelverlag，1961：362.

动的字眼"①；可以看出歌德在将观游体验付诸文字时试图在古希腊-罗马文明与现实之间建立联系，"在这块古典的土地上感觉到诗一般的意境，如同进入了古希腊神话与荷马史诗的世界"②。

据《意大利游记》的记载，歌德屡次身临其境地探访古希腊-罗马文化遗迹，与许多热衷于登高望远、触景生情的文人一样，在近距离触摸历史的时候发出来自现实世界的感慨，为文物古迹赋予更多当代意义、审美意义和文化意义。

文物古迹的当代意义体现在歌德对维罗纳露天剧院的描写中。他将维罗纳露天剧院称为第一个具有历史重要意义的建筑物，并认为它是在自己所见"保存得甚为完好的建筑物中的最为意义重大的大型纪念碑"③。历史是古代幸存下来的证据在人们脑海中形象地再现的关于过去的故事，而过去的故事只有与当代形成关联、互为借鉴，才具有现实意义。歌德认为，作为历史遗迹的露天剧院"本不该是空荡荡的让人观看，而应该坐满了观众，就像新时期约瑟夫二世和皮尤斯六世为表敬意而在此举办活动一样"④。歌德观游露天剧院不仅仅是对历史场景的亲历和重温，更是想要从中获得与现实相关联的鲜活而真切的体验。在歌德看来，露天剧院不该仅仅展览历史，而更应当连接当下，与当代人物、事件有机结合在一起，使游人能够获得体验的多样性⑤。歌德在描写露天剧院时表现出了一种旧事物与新事物之间的连续和传承的历史意识："剧院是由红色大理石建成，饱受雷雨侵袭，因此人们不断重新修缮被侵蚀的台阶，几乎所有台阶看起来都是崭新的"⑥；"倾塌到下面广场上的底层拱门转租给了手工业商贩，看着这些洞窟再次焕发生机，是个足够有趣的事情。"⑦从这些描写中可以看出歌德所看重的古希腊罗马文明历史遗迹的价值在于文化在当代的传承和延续，这也是作家将其奉为经典的原因之一。

文物古迹的审美意义体现在歌德对佩鲁甲的一座智慧女神米诺瓦神庙的描述中。歌德从建筑师帕拉弟奥的草图和福尔克曼的书中得知，这是古罗马奥古斯都皇帝时期建成的一座保留完整的神庙。

---

① Johann Wolfgang Goethe, *Italienische Reise. Mit einem Nachwort von Hans Mayer*, Berlin：Henschelverlag, 1961：374.

② Johann Wolfgang Goethe, *Italienische Reise. Mit einem Nachwort von Hans Mayer*, Berlin：Henschelverlag, 1961：374.

③ Johann Wolfgang Goethe, *Italienische Reise. Mit einem Nachwort von Hans Mayer*, Berlin：Henschelverlag, 1961：44.

④ Johann Wolfgang Goethe, *Italienische Reise. Mit einem Nachwort von Hans Mayer*, Berlin：Henschelverlag, 1961：44.

⑤ 龙迪勇：《空间叙事研究》，北京：读书·生活·新知三联书店，2014 年，第 361-384 页。

⑥ Johann Wolfgang Goethe, *Italienische Reise. Mit einem Nachwort von Hans Mayer*, Berlin：Henschelverlag, 1961：45.

⑦ Johann Wolfgang Goethe, *Italienische Reise. Mit einem Nachwort von Hans Mayer*, Berlin：Henschelverlag, 1961：45.

终于我们到达了真正的老城，看到那值得称道的杰作伫立在我眼前，它是我所看见的第一个完整的古代纪念碑。适合这个小城的一个神庙设计得那么完善，那么美观，以致到处灿灿生辉。①

在歌德看来，虽然神庙及其所在的城市规模不大，但它却因为与周围整体环境的和谐而显得美观，这也是歌德古典主义审美在游记书写中的一种体现。值得注意的是，在去往神庙的路上，歌德特意将天主教的圣方济各教堂与神庙进行了对比，教堂在歌德笔下成为令他反感的"耸立的""庞然大物"②，而当他看到神庙时，方才觉得赏心悦目。这与老歌德对待希腊-罗马文明及其异教文化产物的态度大不相同。

文物古迹的文化意义体现在歌德旅居罗马的体验之中。对于歌德来说，古希腊-罗马文明中的文学和艺术成就为他提供了丰富的创作养分，使自己超脱于市民阶层局限而获得更高级别教养的文化典范。在罗马观游和旅居的经历使歌德获得了前所未有的成长和教化，在古希腊-罗马文明的文化遗产面前检视自己从前的狭隘和匮乏。

我相信，罗马是万世的高级学府，连我在这里也受到了教化和考验。……诚然，在罗马以外的任何地方你都无法获得在这里学到的各种概念。你必须重生，而对待从前的概念就像对待穿小了的鞋子一样，觉得今是昨非。……我想过在这里或许可以学些合适的东西，想过我已经多年没上过学了，所学已经生疏，但从没想过要颠覆过往，将一切重新学起。现在我深信自己需要重新学习，并当全力以赴。我对过去的自己否认得越多，内心就越高兴。③

面对古希腊-罗马文明所衍生出的辉煌文化遗产，歌德产生了"悟已往之不鉴"的感慨，深知自己需要重新学习。在罗马旅居生活期间歌德感受到了脱胎换骨的蜕变，意识到旅行是认识和理解世界并重新塑造自我的一种必要的途径："我踏上罗马的那一天算是我的第二个生日，是一次真正的重生"④；"人们只有在那不勒斯才能理解那不勒斯画

---

① Johann Wolfgang Goethe, *Italienische Reise. Mit einem Nachwort von Hans Mayer*, Berlin：Henschelverlag, 1961：134.

② Johann Wolfgang Goethe, *Italienische Reise. Mit einem Nachwort von Hans Mayer*, Berlin：Henschelverlag, 1961：134.

③ Johann Wolfgang Goethe, *Italienische Reise. Mit einem Nachwort von Hans Mayer*, Berlin：Henschelverlag, 1961：172.

④ Helmut Pfotenhauer, "*Bericht aus Arkadien*". *Kunstliteratur als Italienerfahrung*, Tübingen：Max Niemeyer Verlag, 1991：86.

派"①；"只有在这个国家我才学会理解和研究这大千世界的许多现象和纷纭意见"②；
"我仿佛变了个人似的，把人生的一个主要阶段抛到身后，做了个了结，重新开始参与
到自己需要的地方去"③。旅居意大利期间歌德在当地艺术界广交朋友，如画家蒂施拜
因（Johann Heinrich Wilhelm Tischbein）、安格莉卡·考尔夫曼（Angelika Kauffmann）、
作家卡尔·菲利普·莫里茨（Karl Philipp Moritz）和画家兼艺术史学家亨利希·迈耶
（Johann Heinrich Meyer）等④，歌德很享受与他们交游时周围的意大利文化氛围，甚至
表现得乐不思蜀，认他乡当作故乡，"找到了一种四海为家的感觉，不像寄人篱下，也
不像流亡他乡……仿佛在这里出生，在这里受教育"⑤。毫无疑问，意大利之旅使歌德
的内心世界建立起了新的文化秩序，同时也影响了他自身对意大利及其希腊罗马文明所
衍生的艺术成就的文化认同：

> 通过讲述这次旅行，[……]我希望传达的是这个国家和这里的人如何影响和
> 改变了我，我只想写下他们对于我的意义，并不想反作用于他们，因为我想讲述一
> 段让我受益匪浅的爱与认识的关系，讲述我与意大利的关系，讲述我这个被意大利
> 化的德国人身份。⑥

从《意大利游记》中的这段话可以看出意大利及其古希腊-罗马文化对歌德产生的文
化同化作用。旅居意大利的观游体验和交友经历使歌德认为能够从市民阶层以外的广阔
空间获得文化和教养，因此他在游记中对意大利艺术文化几乎表现出全盘吸收的谦逊态
度。而从他对意大利观游旅居经历的书写之中则可窥见一种更深的文化意识：即作家不
仅试图借此游历机会获得教养与学识，同时更应在对希腊-罗马文明理想典范的文化认
同之中将德意志人塑造成为一个文化民族。这在歌德旅居意大利之后的文学创作中有着
充分的体现：他汲取希腊-罗马文明的创作养料，将《伊菲革涅亚在陶里斯》（*Iphigenie
auf Tauris*）从散文改为诗体，并先后完成了悲剧《埃格蒙特》（*Egmont*）、《托夸多·塔
索》（*Torquato Tasso*）以及组诗《罗马哀歌》（*Römische Elegien*）的创作，后又在《浮士德》

① Johann Wolfgang Goethe, *Italienische Reise. Mit einem Nachwort von Hans Mayer*, Berlin: Hens-
chelverlag, 1961: 220.

② Johann Wolfgang Goethe, *Italienische Reise. Mit einem Nachwort von Hans Mayer*, Berlin: Hens-
chelverlag, 1961: 243.

③ Helmut Pfotenhauer, "*Bericht aus Arkadien*". *Kunstliteratur als Italienerfahrung*, Tübingen: Max
Niemeyer Verlag, 1991: 86.

④ Benedikt Jeßing, *Goethe gibt Auskunft über sein Leben*, *sein Werk*, *seine Zeit*, Stuttgart: Reclam,
2013: 257.

⑤ Johann Wolfgang Goethe. *Italienische Reise. Mit einem Nachwort von Hans Mayer*. Berlin: Hens-
chelverlag, 1961: 28.

⑥ Italo Michele Battafarano. *Die im Chaos blühenden Zitronen. Identität und Alterität in Goethes
Italienischer Reise*. Bern: Peter Lang Verlag, 1999: 22.

（*Faust*）第二部中使用古希腊无韵的自由体颂歌和哀歌，大量引据古希腊神话典故，将其创作成一部在思想内涵与艺术形式上集大成的欧洲经典。歌德因旅居意大利而学习借鉴希腊-罗马文明的文化成果，将其融会贯通于文艺创作中，丰富了本民族文艺创作的素材，使德意志人在文艺创作中博采众长，在思想和文化境界上获得全方位的提升，以文化民族的姿态立于欧洲文化之林。但从整体来说，歌德在旅行书写中关注的主要是德意志人如何通过旅行见闻全面发展自己，其文化使命是对普遍人性的关怀和张扬。然而当拿破仑侵占德国领土后，德意志知识分子的民族意识普遍觉醒，在对文化进行认同和选择时愈发明确地站在本民族的文化立场上，这一点在浪漫派文人的旅行书写之中有着明显的表现。

3. 蒂克《一个病人的旅行诗》与"民族文化"认同的形成

歌德在意大利的旅行与写作影响了同时期其他作家的创作。其中较有代表性的是早期浪漫派代表人物路德维希·蒂克（Ludwig Tieck）的诗集《一个病人的旅行诗》（*Reisegedichte eines Kranken*）。蒂克虽然出生于普通市民家庭，但有着超越市民阶层物质生活的丰富精神世界，从小就已博览群书，熟知掌故。他早在上大学之前便已读过但丁的《神曲》（*Divina Commedia*），求学期间又相继参观过韦森施泰因、纽伦堡、德累斯顿等地的意大利艺术展，此外还在哥廷根大学聆听了费欧利洛（Johann Dominicus Fiorillo）关于绘画的讲座课①。这些艺术作品使蒂克在学生时代就已对意大利的风景、建筑、古迹等有所了解。1804 年，蒂克举家迁往奥得河畔法兰克福东部的齐宾根（现波兰境内齐宾卡市），随后与家人前往意大利。蒂克的意大利之旅最初的路线与歌德大致相似，经蒂罗尔、伯岑跨越阿尔卑斯山来到南方，然而与继续南下西西里探寻古希腊文明的歌德不同，蒂克的旅行止于托斯卡纳地区，并在罗马逗留了较长时间。从客观历史背景来说，蒂克的意大利之行并不是简单的观光和疗养，而是一次政治避难。作家身在意大利游历期间正逢拿破仑发动战争，家乡普鲁士的广大地区笼罩在异族统治的阴影之下，作家的妹妹也受到当局迫害，被迫流亡他乡。

蒂克虽然与歌德一样把目光投向古代，但他所关注的"古代"之内涵却与歌德大相径庭，并非古希腊-罗马文明及其衍生出的文艺复兴相关的文化艺术遗产，而是他所谓"德意志的古代"——欧洲中世纪。蒂克把中世纪看作德意志民族文化的源流，将其视为心目中的统一治世，是国破家亡之际的一种理想主义的乌托邦。因此，蒂克在《一个病人的旅行诗》中也侧重于发掘他心目中的古代德意志，试图为自己构建一个理想的精神世界并致力于发掘德意志的民族文化：

① Jutta Voorhoeve, *Romantisierte Kunstwissenschaft. Franz Sternbalds Wanderungen von Ludwig Tieck und die Emergenz moderne Bildlichkeit*, München：Wilhelm Fink Verlag, 2010：63-67.

> 我就这样每天品读古代，/石头、土地和川流，/蓝天与树木/都在谈论着那个世界。/①

在词汇选择上，蒂克不用"中世纪"而是用"古代"一词描述他所向往的时代，表明他并不愿意把这个时代解释为古典时期向现代的过渡，而是将其看作德意志民族文化发展的源头②。蒂克通过对意大利观游体验的书写建构一个文化意义上的中世纪，在其中辨识并确立德意志的民族文化传统。蒂克在贝佳斯别墅探索德意志中世纪的文学、文化和历史，他在梵蒂冈图书馆研究《尼伯龙人之歌》（*Das Nibelungenlied*）手稿，并誊抄了《乌鸦会战》（*Die Rabenschlacht*）、《罗瑟王》（*König Rother*）、《迪特里希的逃亡》（*Dietrichs Flucht*）等多篇关于中世纪历史的文献③，在旅行中多次通过引据德意志传说典故试图营造怀古氛围。

> 我披览古卷，许多事愉快地向我述说，/在古书中，一阵温热宁静的风穿过，/远古的羊角砧和锤子发出有爱的共鸣。④

蒂克在诗中多次提到自己对中世纪文化的钻研，并用抒情的语言为德意志的古代赋予神话色彩。作家在旅途中所观看到的山川河流、自然风光都是将作家与这个时空连接到一起的纽带。从诗中不难看出，蒂克心目中构筑的理想的古代社会已经不同于歌德所向往的古希腊-罗马文化，而是有着浓厚的希伯来-基督教文化烙印：

> 中世纪的神迹，/宗教的力量/往昔的英雄/在我面前栩栩如生，/被光芒流转萦绕。⑤

蒂克虽身在意大利观游异国古城遗迹，却对德意志本民族的历史掌故兴趣浓厚，每每在异国的遗迹中探查并颂扬德意志中世纪文化，这应是在特定时代背景下形成的一种

---

① Ludwig Tieck, *Gedichte. Hrsg. v. Wimmer*, *Ruprecht*, Frankfrut am Main: Deutscher Klassiker Verlag, 1995: 209.

② Gisela Brinkler-Gabler, *Tiecks Bearbeitung altdeutscher Literatur. Produktion-Konzept-Wirkung*, Köln: Dissertation, 1973: 50.

③ Roger Paulin, *Ludwig Tieck. Eine literarische Biographie*, München: Verlag C. H. Beck, 1988: 155.

④ Ludwig Tieck, *Gedichte. Hrsg. v. Wimmer*, *Ruprecht*, Frankfrut am Main: Deutscher Klassiker Verlag, 1995: 229.

⑤ Ludwig Tieck, *Gedichte. Hrsg. v. Wimmer*, *Ruprecht*, Frankfrut am Main: Deutscher Klassiker Verlag, 1995: 208-209.

历史意识①。彼时蒂克的家乡普鲁士的部分地区被法国军队占领，正处于内忧外患之中，作家此时在精神世界中构建起的"文化的中世纪"取代了歌德所追捧的古希腊-罗马文明的典范性，使作家在文化上感受到更强烈的民族认同感。天真、忠义、虔诚的日耳曼英雄传说汇集了蒂克所认为的德意志民族的理想典范，在国家沦陷、内忧外患的时局之中成为支撑他羁旅他乡的精神寄托：

> 回忆如同快活的孩子，催促着，戏谑着，/含着笑在我周围意味深长地翩飞，/给我看这儿看那儿：/古老的教堂，/斯卡里格尔的墓碑，/宽阔的剧院，/温婉的朱丽叶之墓，/最重要的却是/古老英雄迪特里希·封·贝恩的足迹。②

蒂克对维罗纳的观游经历书写并没有像歌德那样把露天剧院及其他古希腊-罗马的建筑物放在一个显著的位置上，而是只对其匆匆地进行罗列，随后便聚焦在德意志古代的英雄人物迪特里希·封·贝恩身上。这位《尼伯龙人之歌》中的英雄人物在传说故事里曾以一人之力单枪匹马，在乱军之中以寡敌众，最终取得胜利。蒂克身在维罗纳却想起日耳曼英雄，联系到当时作家家乡在异族统治之下的处境，像迪特里希·封·贝恩般临危受命所展现的个人英雄主义是极易引起作家共情的。继提到迪特里希·封·贝恩之后，蒂克又把德意志古代传说中的英雄人物一一细数：

> 希尔德布兰特白发苍苍/与沃尔法特和迪特里普一起/在振奋人心的对话里徜徉。/尼伯龙人的无上荣光/神采奕奕地从云中走下。/当英雄们再次消失，/那美妙的痴梦/也从我这兴奋的人身边飞走。/古老德意志之歌音调饱满，/那是强大的勇气和生命的力量。/声音在耳畔回响，而我难以抑制/眼泪早已夺眶。③

蒂克列举了希尔德布兰特、沃尔法特、迪特里普等古代日耳曼英雄，追怀本民族传说中的英雄人物，已不仅是地理层面上游览维罗纳城墙和遗迹的物质体验，而是以异国观游体验为参照物，在想象的空间中对德意志本民族文化进行跨越时空的构建。蒂克虽然身在维罗纳，却在书写古城遗迹旅行体验时联想到日耳曼传说中的英雄人物，这也清晰地表明了作家身为德意志人在游记书写之中的民族文化立场。

---

① Ernst Behler, „Gesellschaftskritische Motive in der romantischen Zuwendung zum Mittelalter", *Das Weiterleben des Mittelalters in der deutschen Literatur*, ed. by James F. Poag and Gerhild Scholz-Williams, Königstein：Athenäum，1983：47.

② Ludwig Tieck, *Gedichte. Hrsg. v. Wimmer*, *Ruprecht*, Frankfrut am Main：Deutscher Klassiker Verlag，1995：171-172.

③ Ludwig Tieck, *Gedichte. Hrsg. v. Wimmer*, *Ruprecht*, Frankfrut am Main：Deutscher Klassiker Verlag，1995：171-172.

4. 结 论

18 世纪德意志人热衷于对意大利之旅进行书写，这一文学现象很大程度上可归因于民众的启蒙以及德意志市民阶层在文化上的崛起。温克尔曼和老歌德的意大利旅行书写表现了 18 世纪下半叶德意志文人渴望通过旅行博闻强识，提高自身文化修养的愿景，作家在对意大利的旅行书写过程中着力塑造自身欧洲启蒙市民的文化身份。歌德在意大利旅行书写中进一步加强了温克尔曼对古希腊-罗马文化成就的文化认同，也承其父亲衣钵，延续欧洲启蒙市民观游意大利并从中获得文化教养的传统。此外歌德又为意大利之旅赋予更多诗学意义，学习借鉴希腊-罗马文明的文化成果，融汇并丰富了本民族文艺创作的素材，使德意志人在文艺创作中博采众长，在思想和文化境界上获得全方位的提升，以文化民族的姿态立于欧洲文化之林。然而在拿破仑侵占德国领土，神圣罗马帝国行将覆灭之际，德意志知识分子的民族意识普遍觉醒，广义上对欧洲文化的认同转变为具体的民族文化认同。以蒂克为代表的早期浪漫派文化精英在其意大利旅居见闻书写之中愈发明确地表现出德意志民族的文化立场。蒂克在其意大利的旅行书写中通过对意大利中世纪文化遗产的发掘和对日耳曼英雄传说的想象和神化，试图在精神层面上构筑一个德意志民族文化的共同体并将其作为文化认同的理想典范。

以德意志人对意大利的旅行书写洞观 18 世纪德意志人在文化认同过程中的发展脉络，可清晰看出德意志文人学者从欧洲启蒙市民到欧洲文化民族再到德意志民族文化的身份认同之心路历程。在文化身份的认同历程之中，德意志人的民族共同体意识愈发清晰地形成。

参 考 文 献

［1］Battafarano, Italo Michele. *Die im Chaos blühenden Zitronen. Identität und Alterität in Goethes Italienischer Reise*［M］. Bern：Peter Lang Verlag，1999.

［2］Behler, Ernst. „Gesellschaftskritische Motive in der romantischen Zuwendung zum Mittelalter"［A］. James F. Poag and Gerhild Scholz-Williams（eds.）, *Das Weiterleben des Mittelalters in der deutschen Literatur*［C］, Königstein：Athenäum，1983.

［3］Brinkler-Gabler, Gisela. *Tiecks Bearbeitung altdeutscher Literatur. Produktion-Konzept-Wirkung*［M］. Köln：Dissertation，1973.

［4］Ewart, Felicie. *Goethes Vater. Eine Studie*［M］. Schutterwald：Wissenschaftlicher Verlag，1999.

［5］Goethe, Johann Caspar. *Reise durch Italien im Jahre* 1740（*Viaggio per l Italia*）. *Hrsg. v. Deutsch-Italienischen Vereinigung*［M］. München. Deutscher Taschenbuch Verlag. 4. Aufl. 1999.

［6］Goethe, Johann Wolfgang. *Italienische Reise. Mit einem Nachwort von Hans Mayer* ［M］. Berlin：Henschelverlag.

［7］Hofmann, Kim. *Goethe und Winckelmann. Ausgewählte Aspekte von Goethes Winckelmann-Rezeption* ［M］. München. Martin Meidenbauer Verlagsbuchhandlung, 2011.

［8］Hopp, Doris. „*Goethe Pater*" *Johann Caspar Goethe*（1710-1782）［M］. Frankfurt am Main：Freies Deutsches Hochstift—Frankfurter Goethe-Museum, 2010.

［9］Jeßing, Benedikt. *Goethe gibt Auskunft über sein Leben, sein Werk, seine Zeit* ［M］. Stuttgart：Reclam, 2013.

［10］Ohmer, Anja. *Ludwig Tieck. Romantische Ironie und absolute Kunst* ［M］. Essen：Oldib-Verlag, 2011.

［11］Paulin, Roger. *Ludwig Tieck. Eine literarische Biographie* ［M］. München：Verlag C. H. Beck, 1988.

［12］Pfotenhauer, Helmut. „*Bericht aus Arkadien*". *Kunstliteratur als Italienerfahrung* ［M］. Tübingen：Max Niemeyer Verlag, 1991.

［13］Tieck, Ludwig. *Franz Sternbalds Wanderungen. Studienausgabe* ［M］. Stuttgart：Philipp Reclam jun. 2007.

［14］Tieck, Ludwig. *Gedichte. Hrsg. v. Wimmer, Ruprecht* ［M］. Frankfrut am Main：Deutscher Klassiker Verlag, 1995.

［15］Voorhoeve, Jutta. *Romantisierte Kunstwissenschaft. Franz Sternbalds Wanderungen von Ludwig Tieck und die Emergenz moderne Bildlichkeit* ［M］. München：Wilhelm Fink Verlag, 2010.

［16］龙迪勇. 空间叙事研究［M］. 北京：生活·读书·新知三联书店, 2014.

日本旅德作家多和田叶子跨语际和跨文化书写中的离散审美

西南交通大学　梁汇敏　何　俊

摘　要：多和田叶子是能用母语日语和二语德语进行双语文学创作的日本越境作家。从日本到德国的地理位置变化以及在异文化圈中的生活势必给她带来离散体验，但多和田叶子通过不断的语言创作实践与跨文化思考，在不同文化之间繁衍出了新的文化。这不仅帮助她重新构建了文化身份，而且给予她更开阔的国际视野和更深层次的人文关怀。本文以《护身符》《面具》《失去脚后跟》与《飞魂》等作品为例，考察多和田叶子在异国他乡的离散书写，分析她在不同文化之间的碰撞和融合的激流中不断创造的跨语际和跨文化创作，从而总结出其离散书写在跨文化交流中结出全新果实的结论。

关键词：多和田叶子；离散；跨语际和跨文化书写

“离散”（Diaspora，又译“飞散”“流散”）是个不断被注入新生命的古老词汇。它起源于希腊文，指种子或者花粉“散播开来”的意思，让植物得以繁衍；在《旧约》里，该词常与犹太民族散布世界各地的经历联系在一起，主要指“人口流动和殖民状况”。① 现代意义上的离散已从其原有的地理空间之意，演化出政治、民族、社会及文化等层面上的意义。综合既有研究成果可以看出，离散概念的现代意义大概经历了以下三个阶段：

> 第一，某个民族或某个地域的人离开自己的出生地和故乡到异地生活，成为一个异乡人；第二，异地的文化与离散者身上原有的民族与地域文化发生错位、冲突，进而产生负面、否定的离散情感和离散文化；第三，经过冲突、适应、融合之后，民族文化、地域文化及离散文化发生新的文化再生。②

---

① 童明：《飞散》，载赵一凡主编：《西方文论关键词》，北京：外语教学与研究出版社，2006年，第113页。

② 董迎春、覃才：《论满族诗人安然诗歌的离散审美、叙事特征及书写价值》，《内蒙古大学学报（哲学社会科学版）》，2018年第3期，第72页。

这种新的文化再生既构成一个离散者现实的生存状态，也生成其审美性的意义认知。① 近年来，国内对"离散"一词的中文释义争论不断。其中被广泛认同和接受的有三个释义——"离散""流散"与"飞散"。其中"离散"最为常见；王宁偏向使用"流散"，认为可以包括有意识的自我流动②；童明则主张采用"飞散"一词，认为"当代意义上的飞散少了些背井离乡的悲凉，多了些生命繁衍的喜悦"，"已经引起美学判断和文化研究上的许多变化"③。

从多和田叶子的个人成长和学习经历来看，她最迟在早稻田大学攻读俄罗斯文学时就有了较为直接的跨语际和跨文化的接触，这一体验在她踏足德国攻读德国文学硕博学位后进一步增强。20 世纪 90 年代开始，她尝试用日语、德语双语进行写作，并取得了一系列的成功：1996 年，她获得了德国沙米索（Adelbert von Chamisso）文学奖，是第一位获得该奖的日本人；2016 年，她成为第一位获得克莱斯特（Heinrich von Kleist）奖的亚洲作家。究其旅德目的，多和田叶子曾说自己"并非要去德国学一口流利的德语，我隐约地想发现存在于两种语言之间的'沟'，并在此'沟'中生活"④。可见，多和田叶子离开故乡、旅居他国是本人的主动选择，她尝试在语言的缝隙中，甚至在多元文化的碰撞中结出新的果实。从离散概念的现代意义来看，多和田叶子旅德初期处于离散状态，并体验了异文化；在文化冲突和融合过程中，她不断地进行创作跨语际实践与跨文化思考；在碰撞与融合中，经过观察、思考、适应而浴火再生的新文化又反哺了其文学创作，展现了多和田叶子独特的创作审美和跨民族的、多元的文化视野。

一、失重与离散：异文化圈中的生活体验

从日本到德国，多和田叶子横跨了整个欧亚大陆，这无疑是一个从东方到西方的离散性地理空间的位移过程。地理位置的变化不仅对多和田叶子的现实生存状态产生影响，而且还促使她在异文化圈中生成异乡人的情感与身份感知，对她的文学活动产生了巨大影响。

这段难忘的经历在多和田叶子的早期随笔《只言片语的呓语》中可以窥见：

在德国人看来十分平常的话语表现，一个接一个地在我的头脑里被自动翻成了

① 董迎春、覃才：《论满族诗人安然诗歌的离散审美、叙事特征及书写价值》，《内蒙古大学学报（哲学社会科学版）》，2018 年第 3 期，第 72 页。
② 王宁：《流散文学与文化身份认同》，《社会科学》，2006 年第 11 期，第 173 页。
③ 童明：《飞散》，载赵一凡主编：《西方文论关键词》，北京：外语教学与研究出版社，2006 年，第 113 页。
④ 参见刘军：《跨出母语之旅与异质语言体验》，载叶琳编：《现当代日本文学女性作家研究》，南京：南京大学出版社，2013 年，第 162 页。

日语，构筑起一个无意义的世界。譬如，"那个人，是在脑袋里喂鸟吧"①，"这个工作弄得我满鼻子都是"②，"总而言之，这个城市的夜晚就是一条死了的裤子"③。④

自己的母语——日语在新的社会语境中失去了意义，与周围的人交流也十分困难，这使得多和田叶子暂时陷入了失语状态，在异国他乡的被剥离感就更加强烈。另一方面，开启异域生活后，她本人又与故土的联系有所脱节。比如她在日记中称自己习惯用"飛行場（机场）"而不是"空港"一词，戏称自己有变成"昭和时代语言化石"的危险⑤。

小说《面具》直接述及文化差异中的歧视现象。在小说中，德国心理治疗员如是评价韩国人金成龙："成龙在外行眼里看，是显得很善良。可是，在专家眼里，他就是异常的，没有一点表情。所以，即使里面隐藏着残忍的东西，我们也很难看出来。"⑥这一评价不仅指向金成龙，更指向包括日本留学生道子在内的东亚人，其间的歧视意味昭然若揭。又如在餐厅吃饭时，服务生故意不理睬道子和她的弟弟和男，只因她们的东亚人长相。此外，小说主人公道子不仅感受到了主流群体的排斥，甚至在一个难民收容所都被人随意称呼为"越南人""泰国人""菲律宾人""韩国人"。更有甚者，道子去做家教时，必须要化妆才被认作是日本人；就算明确回答了别人自己是日本人后，却被人评价"啊，原来是丰田呀"⑦。道子感觉在别人眼中自己是一辆小汽车。道子本是日本人，却失去了日本人的脸，就连身体都变成了汽车，她不禁怀疑自己到底是谁。因为失去身份而深受打击的她又被本国文化和语言拒绝，"道子觉得自己的日语似乎有些走下坡路了，变得很糟，却又无可奈何"⑧。正在失去脸孔的道子，也在渐渐失去自己原来的语言。这正如萨义德（Edward Said）所言，主人公"处于一种中间状态，既非完全与新环境合一，也未完全与旧环境分离，而是处于若即若离的困境"⑨。这种身份错位使离散者处于边缘化的境地，无法得到主流社会的接纳和认可。这正是道子所处的状态，也不可谓不是多和田叶子初到德国的状态：就像断了线的风筝，在半空中处于失重的状态，不知来自何方、归于何处。

---

① "脑袋里喂鸟"的德语表达是 einen Vogel im Kopf haben，指"某人脑子不正常"。
② "满鼻子都是"的德语表达是 die Nase voll haben，指"让人厌烦"。
③ "死了的裤子"的德语表达为 die tote Hose，指"无事发生"。
④ 高根泽纪子：《多和田叶子的文学世界》，于荣胜、翁家慧译，载多和田叶子：《三人关系》，北京：中国文联出版社，2001 年，第 350 页。
⑤ 多和田叶子：《和语言漫步的日记》，金晓宇译，开封：河南大学出版社，2018 年，第 11 页。
⑥ 多和田叶子：《三人关系》，于荣胜、翁家慧译，北京：中国文联出版社，2001 年，第 144 页。
⑦ 多和田叶子：《三人关系》，于荣胜、翁家慧译，北京：中国文联出版社，2001 年，第 160 页。
⑧ 多和田叶子：《三人关系》，于荣胜、翁家慧译，北京：中国文联出版社，2001 年，第 169 页。
⑨ 爱德华·W·萨义德：《知识分子论》，单德兴译，陆建德校，北京：三联书店，2002 年，第 45 页。

二、毁灭与创造：创作实践与跨文化思考

直到大学毕业，多和田叶子一直置身由日语规则构成的语言文化世界，同时，她自己也认为长期生活在单一语言里，不足以洞悉语言以及由语言构成的文化。显而易见的是，在特定的文化传统与地理环境下形成的文化身份不能给作为离散者的多和田叶子提供出路。而在全球化的今天，如何在新旧文化环境中找到平衡以适应离散后的现代栖居，以及如何确认个体存在，这都是每个离散者的必修课。对此，后殖民话语为离散者建构新的文化身份提供了参考。此时的多和田叶子正处于霍米巴巴（Homi K. Bhabha）所言的"第三空间"中。这个空间是一种过渡状态，一种"居间"（in-between）。在这一"居间"的特殊空间中，离散者既不完全获得其中的一种文化身份，也不全然独立于其中一种而存在，而是处于两种文化之间，并重新定位一种全新的文化身份。

初到德国，摆在多和田叶子面前最大的一座山便是其对象国的官方语言——德语。如前文所述，多和田叶子到德国并不是以学习一口流利的德语为最终目的，她将学习异质语言与文化视作一次"生长"的机会。《护身符》（Talisman）中收录了一篇令人印象深刻的文章——《从母语到语言母亲》（Von der Muttersprache zur Sprachmutter），它形象地展现了德语作为陌生语言在初到德国的主人公身上是如何"生长"的。

文章伊始，作者就从一组矛盾的词语入手，凸显初来乍到的不适感。"每一个'普通的'办公室日常对'我'来说都是一串'谜'一样的场景"①。这引导主人公在语言层面探究什么是"自己的"、什么又是"外来的（陌生的）"这一问题。新的办公室环境并不让主人公觉得陌生，一支德国铅笔和一支日本铅笔对她而言也没有差别，尽管叫法从日语中的 Enpitsu 变为德语中的 Bleistift，于是她也很快适应并记住了这个叫法。而让主人公大惑不解的是以下场景：

> 一天，我听到一位女同事责骂了她的铅笔："这支愚笨的铅笔！它在胡说八道！它今天不想书写！……"日语里，不能将一支铅笔以这种方式拟人化。一支铅笔既不是愚蠢的，也不会胡言乱语。在日本，"我"更是从没听说过，一个人像骂人一样去骂自己的铅笔。②

这部作品将"（对读者来说）普通的场景描述成不平常的事，唤起读者的疏离感"③。通过陌生化描写和跨文化比较，多和田叶子成功地让读者疏远了他们习以为常的生活场

---

① Yoko Tawada. *Das Bad*. Tübingen：Konkursbuch，1993：9.

② Yoko Tawada. *Das Bad*. Tübingen：Konkursbuch，1993：9.

③ M. Sami Türk，„Poetische Alterität als Interkulturalität auslösendes Element am Beispiel von Yoko Tawadas Werk *Talisman*"，*KARE*；*International Journal of Comparative Literature*，2021（12）：219.

景，也使读者从多元角度获得对事物的全新看法成为可能。此外，"我"还觉得铅笔是有男子气概的，就因为它在德语里是阳性名词。单从语言层面来看，主人公"我"感受到的是深藏在语言背后的文化差异，但这并没有阻止她学习与接受异质语言。"我"非常喜欢使用打字机打字，因为"打印机虽然不能改变德语不是我的母语这一事实，但我得到了一个新的'语言母亲'"①。"我"认为，如果"我"拥有一个新的"语言母亲"的话，那"我"将再经历一次童年。正如多和田叶子在一次访谈中所说："我从未接触过异质语言，所以我的生长非常慢。我觉得去德国之前，根本没有任何生长的机会。"②多和田叶子在作品中与读者玩了一个语言游戏，她将德语单词"母语"（Muttersprache）拆开，并对调两个部分的位置，得到了一个只属于自己的新词"语言母亲"（Sprachemutter）。多和田叶子突破语言限制的意图此处初见端倪，这也从另一个方面证明了其语言具有的实验性特点。作品末尾谈到"我"最喜欢的文具是起钉器："当它将订好的纸张分开的时候，就像在使用魔法。在日语里，人们的语言已经被装订好了，以至于很难感受到语言的游戏乐趣。同时思想也被固定在语言上面，从头到尾都一动不动。在异语言里，人们就像起钉器一样，远离彼此装订的、互相依偎的一切。"③因为自始至终，多和田叶子都不满足于用单一语言来观察世界，而是置身于两种语言的夹沟之间，不受任何一种语言规则束缚，遨游于异语言组成的多元文化里，创造出自己独特的语言，并以自己的方式进行跨文化思考。

留德六年后，德语在多和田叶子身上已经生根发芽。她于 1988 年第一次用德语写短篇小说《欧洲开始的地方》（*Wo Europa anfängt*）。从多和田叶子在散文中提到自己拥有一个新的"语言母亲"开始，到她用德语创作，这无疑是一次成功的语言"成长"过程。那么多和田叶子本人是如何看待用母语日语和二语德语写作的呢？她在随笔《只言片语的呓语》中解释道：

> 　　我的德语水平并不高，我用德语写作时的目的，是让自己的德语与以德语为母语的人有所不同，通过这样写作，反过来我在用自己的母语写作的时候，也想把所谓的高明的日语、漂亮的日语打破。也就是说，我不想成为熟练掌握两种语言的人。另外，也不是舍弃一种语言，进入另一种，而是在拥有两种语言的同时又不断破坏它们。④

①　Yoko Tawada. *Talisman*. Tübingen：Konkursbuch，1996：11.

②　参见刘军、李云：《跨文化与异质语言体验——多和田叶子的翻译和语言世界管窥》，《外语研究》，2009 年第 1 期，第 83 页。

③　Yoko Tawada. *Das Bad*. Tübingen：Konkursbuch，1993：12.

④　与那霸惠子：《解说——围绕着"隔阂"的隐喻》，金晓宇译，载多和田叶子：《狗女婿上门》，开封：河南大学出版社，2018 年，第 102-103 页。

多和田叶子正是以"创造"为导向来进行语言创作实践的。这种"毁灭"与"创造"如起钉器——一个拥有"解构魔法"的工具，首先打破语言文化的固有秩序，通过多元文化相互作用在实践中获得自己特有的"新"语言。当时，已在德国度过 31 年光阴的多和田叶子在日记中记录："我现在仍感觉自己的身体里，日语和德语的关系每天都在变化。"①日语和德语的相互作用意味着"新"语言产生的同时又不断地更新。

在收录于《护身符》的另一篇散文中，多和田叶子谈到自己曾被译成日语的保罗·策兰(Paul Celan)的诗歌深深吸引。"好几次我感觉到，策兰的诗能容纳日语"，她不断追问："为什么策兰的诗能够抵达一个德语之外的陌生世界呢?"②保罗·策兰是多和田叶子最欣赏的德语诗人。尽管他也精通法语、俄语，却坚持只用德语创作诗歌。针对坚持用一种语言写诗的策兰，多和田叶子这样评价："这里所说的一种语言，我认为他并非孤立地单单指德语。在他的德语世界里，还有俄语和法语。这些语言互相交叉作为他诗歌构图的基础。"③类似观点也出现在本雅明(Walter Benjamin)有关"纯语言"的论述中："尽管不同语言的单一成分(如词、句、结构)都彼此排斥，但这些语言在意象方面都互相补充。"④换言之，不是看语言表面是否有相似性，而是要看它们意指的对象是否同质。尽管各门语言表面上大为不同，甚至互相排斥，但是这些语言在朝向相同的对象目标时又可以相互补充。可以说，多和田叶子的语言实践正是要跨过语言表面的互斥反应，通过不断地"毁灭"，而后"创造"出自己独特的"纯语言"。

在大量的语言创作与翻译实践的同时，多和田叶子也保持不断进行跨文化思考。她在一次采访中谈到："从内面对某文化加以描述是一件非常困难的事情。从内面看，每一种文化都是理所当然的。"⑤当人进入一个陌生的文化环境时，总是希望通过学习新的生活方式适应新的文化环境。渐渐适应德国生活的多和田叶子，试着从日本文化视角出发来观察德国，并发现了许多新颖的东西。比如在她用德语写的小说《浴》(Das Bad)里面，"我"的脑海里闪过了一个母亲拥抱自己久别重逢的女儿的场景，这在欧洲电影中再常见不过。但小说里的故事发生在日本，而在那个国度就算再怎么久别重逢也不会触碰母亲的身体⑥。在德国生活 8 年后，也就是 1990 年 11 月，多和田叶子才开始重新用日语写作。她于 1991 年发表的日语小说《失去脚后跟》正是这段经历最好的印证。而且

---

① 多和田叶子：《和语言漫步的日记》，金晓宇译，开封：河南大学出版社，2018 年，第 185 页。

② Yoko Tawada. *Talisman*. Tübingen：Konkursbuch，1996：122.

③ 参见刘军、李云：《跨文化与异质语言体验——多和田叶子的翻译和语言世界管窥》，《外语研究》，2009 年第 1 期，第 85 页。

④ 瓦尔特·本雅明：《译者的任务——波德莱尔〈巴黎风貌〉德译本序》，曹明伦译，载曹明伦：《英汉翻译实践与评析》，成都：四川人民出版社，2007 年，第 385 页。

⑤ 参见刘军、李云：《跨文化与异质语言体验——多和田叶子的翻译和语言世界管窥》，《外语研究》，2009 年第 1 期，第 84 页。

⑥ Yoko Tawada. *Das Bad*. Tübingen：Konkursbuch，1993：23.

她明确表示，这部作品只能用日语创作。这时候她的"日语"，已经是"毁灭"后又通过"创造"再生的语言。《失去脚后跟》并不是一部清晰明快的小说，大量的叙述和零碎的絮叨让读者倍感沉重。在叙事层面上，小说一方面展开了细致入微的现实描写，另一方面又采用荒诞的表现手法，让梦境与现实交织其间，以至于时间地点都得不到正常的逻辑解释。这部小说书写的正是现代离散者在异质文化碰撞中的生存处境，以及冲突发生后在异文化中进行的生活寻找与抉择。在小说里，"我"在异国生活中经历了许多离奇事件：比如"我"甚至没见过丈夫的样子，在没有办理任何通关手续的情况下，仅凭一份结婚文件就从家乡抵达异国，并到达丈夫家里；比如"我"在街上，"猛然回过头去，发现一个女孩蹲在我的后面，正要去摸我的脚后跟"①。"脚后跟"是该小说的重要线索，作者通过小说中孩子们唱的歌来解释"脚后跟"的含义——"旅游的小鱿鱼，让我看看你的后脚跟，没有脚后跟的话，你就上不了床"②。"我"就是旅游的小鱿鱼，它来到异国，却失去了脚后跟，变得寸步难行。尽管"我"最初觉得这没什么影响，"我要是真的没有脚后跟的话，照理说也可以倒着走。说实话，我觉得这样反而很好"③。但在之后的日子里，"我"接收到周围人异样的眼光，始终觉得不自在，决定去医院治疗，并了解到一本名叫《对异文化和脚后跟的社会医学考察》的小册子。而"我"却在修复与不修复脚后跟之间犹豫不决，也就是说，"我"一边想要与周围人一样拥有脚后跟，同时又觉得自己没有脚后跟的话同样可以走得很好。最后"我"决定不修复脚后跟，并想以自己的方式适应异文化环境。正如小说也谈到"我不习惯对事物绝望……每次我都会在不知不觉中进入我想进的地方"④，这也体现了多和田叶子对待异文化时自信自强的态度。不过，这并不意味着她拒绝融入和适应异文化，也不是说她宁愿留在传统文化圈里不出来，而是表明她主张保持失去脚后跟的姿态——即常常处于要跌倒的、不稳定的、游移不定的状态，以此来进行生存体验和创作实践。

究其文学创作风格，多和田叶子可以被纳入现代派作家范畴。在她的作品里，人物的内心独白通常占很大篇幅。譬如在《面具》《从母语到语言母亲》和《浴》中，对主人公的大幅度心理描写都能体现多和田叶子"通过'暴露'自己的感受来增加文本可信度"⑤的写作手段。多和田叶子在小说《失去脚后跟》中提出了"在不合理的状态下依据自己的判断活下去"的设计，这在她之后的作品中得到了践行和延展。在《光和明胶的莱比锡》（*Das Leipzig des Lichts und der Gelatine*）中，主人公的生存条件比较特殊，需要通过喝水或者说话来润湿喉咙。为了将自己在"边境地带行走时才会存在的故事"商品化，主

① 多和田叶子：《三人关系》，于荣胜、翁家慧译，北京：中国文联出版社，2001 年，第 3 页。
② 多和田叶子：《三人关系》，于荣胜、翁家慧译，北京：中国文联出版社，2001 年，第 4 页。
③ 多和田叶子：《三人关系》，于荣胜、翁家慧译，北京：中国文联出版社，2001 年，第 8 页。
④ 多和田叶子：《三人关系》，于荣胜、翁家慧译，北京：中国文联出版社，2001 年，第 5 页。
⑤ M. Sami Türk, „Poetische Alterität als Interkulturalität auslösendes Element am Beispiel von Yoko Tawadas Werk *Talisman*", *KARE*：*International Journal of Comparative Literature*，2021(12)：221.

人公前往莱比锡，但途中一直被间谍威胁。主人公一反平常人的害怕，通过不断撒谎与间谍周旋，对此主人公有自己的判断：" '不被打败'并不是我的目标……但只要最后推销商品成功就行了，难道不是吗？""没有间谍来妨碍的生意，即使成了也没意义。"①旅途中与间谍的周旋使情节不失紧迫性，而主人公以语言为武器来对抗，在不合理的状态中践行自己的判断。

多和田叶子作品的另一个特点是，处处充斥着不合理的、脱离现实的描述和夸张的变形。在《失去脚后跟》中，"我"与丈夫虽同处一个屋檐下，但从未见过丈夫的样子。丈夫每次都躲在门后观察"我"的行动，与"我"的联系只是每天留下的几张钞票。与丈夫之间扭曲的婚姻关系让"我"最后忍无可忍，"我"撬开了房门，却发现了一具鱿鱼的尸体。再如《浴》中的人物有"鱼类化"倾向，小说主人公"我"也不例外，为了确保自己像"正常人"一样，"我"必须通过化妆与照片上的"我"保持一致，同时还得通过沐浴来除去身上的鳞片。

三、融合与再生：多元文化碰撞与国际视野

在全球化的今天，尽管经济意义上的全球化有助于跨民族文化的形成，但它的基本价值却指向用资本和商品同化一切②。多和田叶子创作的另一个特点是，她会对语言进行实验性的解构和变形，比如在《高德哈尔特铁路》中使用德语拟声词，在《飞魂》中对汉字字形进行变异使用。此处不难窥见，多和田叶子创作实践中的"差异表述"（articulation of difference）正是对强势资本形成的全球主义普世价值的警惕和对抗。

多和田叶子游移在两种语言和文化的边缘，从日本到德国的地理离散以及语言和文化上的离散身份对她来说绝不只是消极的、否定的；在语言文字的毁灭与创造中，在个人身份的冲突和融合中，她体验当前的生存状态，深刻感知本民族文化和异域文化，形成了具有实验性质的语言、不安定的和流动的创作风格、夸张的变形等特点，这些都构成了其创作的审美支撑。她以此表达自己独特的生命体验和文学思考，在离散状态中确认了生存，并在两种文化之间重新构建了一个全新的文化身份。适应了德国生活、走出身份危机困境的多和田叶子，并没有停止自己的跨语际和跨文化创作的脚步。如前所述，多和田叶子极力与全球化背景下的强制同化逻辑抗衡，不仅反对单一的语言，也反对日益趋同的文化。

在语言方面，多和田叶子并不囿于日语和德语的"夹缝"，从很早开始，她也对中国汉字怀有浓厚兴趣。在小说《飞魂》里，多和田叶子也一如既往地对词语进行实验性的创造，而实验对象却是汉语。她创造出了"黎水、指姬、朝铃、软炭、桃灰、妇台"

---

① 多和田叶子：《飞魂》，金晓宇译，开封：河南大学出版社，2019年，第175页。
② 童明：《飞散》，载赵一凡主编：《西方文论关键词》，北京：外语教学与研究出版社，2006年，第118页。

等人名，这些大多不可能在汉语里出现的新词却能部分反映人物的性格和能力差异。至于为何这样设计人名，多和田叶子曾做过解释："（我）像看画一样凝望着汉字，在图像的世界里遨游。"①她在给人物命名时并没有安排各个字的读法，而是偏向"享受着那名字字面的美感"②，比如"'梨水'就产生了鲜嫩欲滴的嚼劲，含有光亮、无限接近雪白的绿色又微微泛红的感觉"。③ 多和田叶子坦言自己并不会汉语，她在小说中的种种设计，可以说是源于她本人对语言的文字性（语言书写的表现形式）的强烈感知意识④。小说中关于梨水与旅途中的男人"幽密"时的那段描写更是画龙点睛之笔：

> 对方的身体和我的身体，都变得柔软，不该弯曲的地方都开始弯曲……接着，从这旅途中的男人的下腹部，伸出两根植物似的管子。管子像寻求水分的树根一样，一个劲儿地伸展，分别插入我臀部的空穴和生孩子的孔穴里。⑤

以上文字初看让人不明所以，接着后文就给出了解释，原来那个男人被"虎"这个字的"字灵"附身了，"既像脚又像生殖器的那两根管子，不就是'虎'这个字下半部生出的两条线吗？"⑥此时，"'虎'字本身的形状独立于它表达的意义，甚至物质化，作用于人类"⑦。多和田叶子对汉字的种种构想和创造，是她不断进行跨语言实践的结果。

在日本"3·11"震灾后，多和田叶子在题为《核熔化》（ケルンシュメルツェ，*Kernschmelze*）的文章中发表意见，说自己不理解日本灾后会出现"日本给世界添乱了"⑧这种想法。另外，她发现德国人对日本东北灾区无限同情，就像是他们自己的国家发生事故一样。⑨ 此处可以明显窥见的是，多和田叶子跳出了自己的语言文化内部，转而从外部去观察本土文化，而这一尝试卓有成效。在多元文化的锤炼下，她拥有了更广阔的国际视野，而且作品中也蕴含着对人类命运的深刻关怀。用日语写就的小说《献灯使》便是一部在危机中寻求希望的作品，它以日本"3·11"震灾为背景，直接描写地震后日本岛的残酷环境危机和人类危机，"献灯使"则作为一条暗线贯穿于全文当中。此外，

---

① 多和田叶子：《飞魂》，金晓宇译，开封：河南大学出版社，2019 年，第 179 页。
② 多和田叶子：《飞魂》，金晓宇译，开封：河南大学出版社，2019 年，第 179 页。
③ 多和田叶子：《飞魂》，金晓宇译，开封：河南大学出版社，2019 年，第 181 页。
④ 沼野充义：《魂飞，虎憑，鬼云——多和田叶子和语言的魔法》，金晓宇译，载多和田叶子：《飞魂》，2019 年，第 190 页。
⑤ 多和田叶子：《飞魂》，金晓宇译，开封：河南大学出版社，2019 年，第 91 页。
⑥ 多和田叶子：《飞魂》，金晓宇译，开封：河南大学出版社，2019 年，第 92 页。
⑦ 沼野充义：《魂飞，虎憑，鬼云——多和田叶子和语言的魔法》，金晓宇译，载多和田叶子：《飞魂》，2019 年，第 190 页。
⑧ 参见孙洛丹：《文字移植之后——多和田叶子的创作评述》，《外国文学动态》，2013 年第 1 期，第 16 页。
⑨ 多和田叶子：《和语言漫步的日记》，金晓宇译，开封：河南大学出版社，2018 年，第 106 页。

书中把日本描述成闭关锁国的状态，这也反映了作者对国家政治的思考。小说在一个虚构的世界里集中探讨了人类的身体异化，即主人公无名的人鸟模样。同时，小说还描写了老人充满活力与年轻人早衰等异常现象，以及这些现象对家庭伦理关系的负面影响。尽管存在重重危机，作为小说暗线的"献灯使"仍带来了丝丝希望，被选为"献灯使"的人能被送去海外培养。值得一提的是，"献灯使"的假名(けんとうし)与"遣唐使"一致，此处多和田叶子对世界主义和人类命共同体的思考跃然纸上。

结　语

当今世界全球化的发展使全球离散成为可能。不论是被迫离乡还是主动迁居，每个离散者都不能避免随之而来的离散体验。留居德国尽管是多和田叶子本人的主动选择，但失去语言和身份认同等多重危机同样大肆侵袭了她。无论是随笔中提到的语言危机，还是小说《面具》中主人公遭受的种种歧视，她都一一付诸笔端，彷佛试图将这些消极现象倾吐出来，不让它们腐蚀自己。或许可以说，多和田叶子采用了与她崇拜的诗人里尔克(Rainer Maria Rilke)同样的方式，通过写作来对抗危机，并在个人的不断实践中适时创生新的事物，比如她在《护身符》中对语言的解构与重组、对所谓"纯语言"的追求以及在《浴》中不断进行的跨文化思考。这一阶段的里程碑作品即是《失去脚后跟》，它标志着多和田叶子找到了与异文化相处的方式，让她在两种文化中重新建构了自己的文化身份。确认了全新文化身份后的多和田叶子并没有停下脚步，在小说《飞魂》中把创作视野扩展到汉语世界，而小说《献灯使》更是体现了她对人类共同体的思考。多和田叶子在异文化环境中努力开垦、精心培育，终于在多元文化中种出了自己独特的语言文化硕果，其甘甜的汁水又滋养了她广阔的创作视野，加深了她的人文关怀。

参 考 文 献

[1] Tawada, Yoko. *Das Bad*[M]. Tübingen：Konkursbuch，1993.

[2] Tawada, Yoko. *Talisman*[M]. Tübingen：Konkursbuch，1996.

[3] Türk, M. Sami. *Poetische Alterität als Interkulturalität auslösendes Element am Beispiel von Yoko Tawadas Werk „Talisman"*[J]. *KARE：International Journal of Comparative Literature*，2021(12).

[4] 董迎春，覃才. 论满族诗人安然诗歌的离散审美、叙事特征及书写价值[J]. 内蒙古大学学报(哲学社会科学版)，2018(3).

[5] 多和田叶子. 飞魂[M]. 金晓宇，译. 开封：河南大学出版社，2019.

[6] 多和田叶子. 狗女婿上门[M]. 金晓宇，译. 开封：河南大学出版社，2018.

[7] 多和田叶子. 和语言漫步的日记[M]. 金晓宇，译. 开封：河南大学出版社，2018.

[8] 多和田叶子. 三人关系[M]. 于荣胜，翁家慧，译. 北京：中国文联出版社，2001.

[9]高根泽纪子.于荣胜、翁家慧,译.多和田叶子的文学世界[A].多和田叶子.三人
　　关系[M].北京:中国文联出版社,2001.

[10]刘军.跨出母语之旅与异质语言体验[A].现当代日本文学女性作家研究[C].叶
　　琳主编.南京:南京大学出版社,2013.

[11]刘军,李云.跨文化与异质语言体验——多和田叶子的翻译和语言世界管窥[J].
　　外语研究,2009(1).

[12]爱德华·W·萨义德.知识分子论[M].单德兴,译;陆建德,校.北京:三联书
　　店,2002.

[13]孙洛丹.文字移植之后——多和田叶子的创作评述[J].外国文学动态,2013(1).

[14]童明.飞散[A].西方文论关键词[C].赵一凡,主编.北京:外语教学与研究出
　　版社,2006.

[15]瓦尔特·本雅明.译者的任务——波德莱尔《巴黎风貌》德译本·序[A].曹明伦.
　　英汉翻译实践与评析[M].成都:四川人民出版社,2007.

[16]王宁.流散文学与文化身份认同[J].社会科学,2006(11).

[17]与那霸惠子.解说——围绕着"隔阂"的隐喻[A].多和田叶子.狗女婿上门[M].
　　金晓宇,译.开封:河南大学出版社,2018.

[18]沼野充义.魂飞,虎凭,鬼云——多和田叶子和语言的魔法[A].多和田叶子.飞
　　魂[M].金晓宇,译.开封:河南大学出版社,2019.

文学研究

奥德修斯与塞壬的相遇

——卡夫卡与布莱希特对塞壬神话的改写比较分析

华中科技大学　孙祺祺

摘　要：荷马史诗《奥德赛》中的塞壬神话是西方文学中影响深远的素材之一。德国作家卡夫卡和布莱希特将经典的塞壬神话化用到自己的文学作品之中，并对其进行不同程度的改写。本文运用弗莱的神话原型批评理论对二者神话改写的合理性进行了证明。他们通过改换叙述模式、颠覆人物个性、重构故事语境，引导读者对奥德修斯这个英雄人物重新建立认识，并指出其所处时代的矛盾与危机。卡夫卡的《塞壬的沉默》与布莱希特的《奥德修斯与塞壬》之间的联系千丝万缕，但个别细节却体现出他们不同的改写意图，其个人的写作风格与思想意识形态的双重特质也通过互文和隐喻的方式淋漓尽致地再现于文本世界之中。

关键词：《塞壬的沉默》；《奥德修斯与塞壬》；卡夫卡；布莱希特；神话改写

"事实上，当奥德修斯来的时候，这些强大的海妖们并没有歌唱……"①此番对荷马的塞壬传说的颠覆必然会让熟悉希腊史诗的读者感到惊讶，因为这句话对神话的核心叙事提出了根本性质疑。在《诗学》第九章中，②亚里士多德就已主张自由处理神话，但是他强调，创作自由必须保持在一定范围内，例如，传统材料的核心不应改变，否则神话就会被消解，从而丧失其特性。然而，在对神话漫长的接受过程中，这些要求并没有被严格遵守，众多作者虽然知道需要保持神话叙事核心的一致性，但是他们创作的欲望却更进一步，进而对传统的模式进行根本性的颠覆。事实证明，与传统的决裂有助于神话故事达到全新的高度。

自然状态下的人类内心充满恐惧，他看到自己无助地任由世界和未知力量摆布。但人类能够通过将其转化为对某些力量的恐惧来克服这种最初的生存恐惧，而这就是神话产生的原因。因此，神话既是主观的又是客观的，它以主观的形式反映客观的现实。于是，希腊神话就成为我们今天了解古希腊人对自然和对社会关系认识的基础。普罗米修斯、赫拉克勒斯、美杜莎——这些希腊神话中的人物仍然为世人熟知，并且在几千年来丝毫不减其光芒。神话的这种永恒意义从何而来？它们经历了哪些变化以不断适应瞬息

---

① Franz Kafka. *Sämtliche Erzählungen*. Main：Fischer-Taschenbuch-Verlag，1970：305.
② 亚里士多德：《诗学》，陈中梅译，北京：商务印书馆，1996年，第81-87页。

万变的时代？本文将选取荷马史诗《奥德赛》中第十二卷奥德修斯率部返乡时遭遇海妖塞壬故事的两个版本的改写为主要研究内容，感知卡夫卡（Franz Kafka）和布莱希特（Bertolt Brecht）对奥德修斯与塞壬相遇神话的不同改编方式。

卡夫卡和布莱希特两位作者在对古希腊神话改写方面的联系甚密，他们共同选择了经典神话《奥德赛》中奥德修斯智斗塞壬这个片段进行精心的创作，但他们并没有简单地模仿古希腊的传说，而是抹去神话中命定的环节，借用其形式开拓新的意境，具体形象地表达了他们所处年代的精神特征，同时也表现了延续到今天的现代主体生存的矛盾性和危机性。在现代特征如此凸显的两篇文章中，奥德修斯，这个归家的人，还能成为这个时代的英雄吗？卡夫卡和布莱希特以不同的方式解释了这个问题。

1. 神话概念及神话原型理论的剖析

"神话"（希腊语：mýthos）这个词的意思是故事、寓言或传说，它通常被理解为关于神和被神化的英雄的传说。古希腊诗人荷马在使用"神话"这个词语时，表达的也是一种叙事和谈话的技巧，而并不指一种虚构。在荷马史诗《奥德赛》中，奥德修斯在讲述自己的经历时，用"müthologenevein"一词来代指他所讲述的一个故事。在此之后，希腊语"müthos"就开始常常被用来表示虚构。① 这种文学形式的起源在今天已无从考究，但早在前苏格拉底时代的哲学家们就已开始利用神话来解释现实。甚至柏拉图的神话和哲学也是相互对应的。在文艺复兴时期，神话与基督教教义被放到一起比较，两者虽然都侧重于讲故事，但后者必须认真对待，而神话则为艺术解释留下了空间。对于启蒙思想家来说，让众人放弃他们对神话的错误信仰和迷信是他们工作的重点。而对这种观点的反对则成为浪漫主义的核心思想，浪漫主义诗人更偏爱民间故事和传说。在此之后所盛行的观点是，核心的神话冲突是不可改变的，它们会一直重复，托马斯·曼也将神话的本质理解为"永恒的存在"。② 弗洛伊德则在20世纪初提出，神话不过是人类冲突和问题的投射。③ 个人对神话的文学处理方式受到多种因素影响，如历史、政治、审美观甚至某些神话理论等。所以现代文化中的神话在不同背景下会以不同的形式存在，在对神话的延续、改写、重构和批判的过程中，其形式技巧极为多样。既可以以一个具体的神话作为主题，也会有来自不同神话的几个主题相互结合，甚至是与神话以外的其他元素结合，而其中对原神话的参考可以是隐含的也可以是明确的。古往今来，神话在现实世界都至关重要，后世基于一个经典神话原型的再创作也是层出不穷。

历史发展中的神话故事和其中的主人公一直在不断地改变和更换形式。我们不能用

① 汪民安：《文化研究关键词》，南京：江苏人民出版社，2007年，第287-288页。

② Jan Assmann, *Thomas Mann und Ägypten：Mythos und Monotheismus in den Josephsromanen.* München：CH Beck，2006：221.

③ Hans Blumenberg. *Arbeit am mythos.* Frankfurt：Suhrkamp，1996：64-67.

先验的真理去谈论改写，但可以用传播和接受历史的生产力去探讨他们，就其本身而言，无非就是神话生活中新的创造性涌入，以及对被叙述和塑造的东西的重新定位。这是一个不断重构文学想象力基础的问题，所以神话和改写神话的作者始终处于一种稳定的共生关系之中。对神话有着深入研究的德国哲学家汉斯·布鲁门伯格（Hans Blumenberg）表示，神话只是那些被反复讲述，并以不同方式转述，从而具有特殊实用性的故事，也就是将绝对主义的偶然性转化为审美和理性共存的故事。① 除了上述提到的历史环境对作者改写神话的影响以外，其个人的写作风格和创作意图也会影响对神话故事材料的重新加工。不少现代作家也会利用古代神话所特有的丰富的隐喻和象征来表现其现实生活的窘境，把英雄悲壮崇高的历史和卑劣猥琐的现实之间的差别勾画得更加泾渭分明。②

诺斯洛普·弗莱（Northrop Frye）代表着神话原型批评体系的完善，在其代表作《批评的剖析》中③，弗莱把探究文学原型发生和置换的规律视为文学批评科学化的基本内容。在他看来，以往的文学研究忽视了单个作品与文学整体的联系，缺乏对文学内在结构的理解。不同类型的文学构成"一个中心的，统一的神话"的不同方面，而在各类文学的具体作品中，人们可以发现相似的原型和模式。在弗莱那里，原型就是典型的、反复出现的意象。用原型作为纽带，不同的作品之间就得以相互关联，文学类型的共性就能够显现出清晰的轮廓，文学发展演变的规律线索也就能够归结为原型的置换变形。弗莱认为，神话表现了原始人类的欲望和幻想，神的为所欲为的超人性质是人类欲望的隐喻式表达。随着人类对自然的认识和科学的兴起，人类的欲望和幻想越来越受到压抑，神话也日益趋于"消亡"。但神话的消亡不是表现为神话的终结，而是"置换变形"为文学而继续存在，就像神祇"置换变形"成了文学中的人物一样。④

在对意象世界的动态考察中，弗莱抽象出四种基本的文学叙述范畴，并认为整个文学史就是这四大叙述范畴置换和循环的过程。借用亚里士多德的术语，他称它们为"神话原"（mythos）。"神话原"实际上就是神话的叙述程式，或者说它是在文学意象世界循环运动中形成的基本要素。四大神话原分别为：喜剧、传奇、悲剧、反讽，分别代表着主要的神话运行方向：1. 喜剧是春天的神话，讲述神或者主人公的诞生或复活；2. 传奇是夏天的神话，讲述神或者主人公的成长和胜利；3. 悲剧是秋天的神话，讲述神或主人公的末路和死亡；4. 反讽是冬天的神话，讲述神或者主人公逝去后的世界。喜剧和传奇是向上运动的叙述程式，悲剧和反讽是向下运动的叙述程式。四者衔接构成文学

---

① Hans Blumenberg. *Arbeit am mythos*. Frankfurt：Suhrkamp，1996：149.

② 李忠清：《西方典故》，南京：江苏教育出版社，1991 年，第 99-100 页。

③ 诺思罗普·弗莱：《批评的剖析》，陈慧译，天津：百花文艺出版社，1998 年，第 155-157 页。

④ 诺思罗普·弗莱：《批评的剖析》，陈慧译，天津：百花文艺出版社，1998 年，第 147-152 页。

的一个圆形的循环运动。① 因此，关于神复活的神话已经包含了文学的一切故事，各类作品都讲述着同一个故事，或讲述这个故事的一部分。通过这样的循环模式，弗莱就把原本在逻辑上先于题材的文学叙述程式范畴转化为文学的历史体裁，并且运用于对西方各类文学体裁的阐释。尤为重要的是，通过这样的解释体系，弗莱就把共时性的文学范畴体系转化为历史性的文学体裁的循环运动。在弗莱看来，从神话开始，西方文学的发展经历了喜剧、传奇、悲剧等阶段之后，已经进入了秋去冬来的季节，在英雄已逝的舞台上，充当主角的只是不起眼的小人物，尽是"荒原"中的"反英雄"。用这样的阶段循环来审视本文研究的奥德修斯与塞壬海妖相遇的故事，我们会发现，卡夫卡和布莱希特笔下的奥德修斯也已经褪去史诗中英雄的光环，拥有了现代平凡人皆有的特质。因此，在现代文学中对于神话的借用和创造并非为了重演古老的故事，而是要借非理性的外观传达理性化的思考，对现代文明的畸形发展和种种弊端作出反讽性的批判。

2. 奥德修斯和塞壬形象的发展及研究现状

詹姆斯·乔伊斯(James Joyce)用这样一段话介绍了奥德修斯这位伟大的神话人物："奥德修斯是莱耳忒斯的儿子，但他也是特勒马科斯的父亲，珀涅罗珀的丈夫，卡吕普索的情人，特洛伊城前希腊英雄们的战友和伊萨卡的国王。所以他不得不遭受许多命运的打击，但总算通过智慧和勇气克服了这一切。"②这几乎全面解释了奥德修斯这位英雄的人物关系。本文要研究的塞壬传说，则是出现于《奥德赛》的第 12 卷。与塞壬相遇的故事，是奥德修斯在费埃克斯宫廷亲自讲述的，故事分成预言和实现两个部分。第一部分奥德修斯一字不落地重述了女神基尔克的原话，第二部分是奥德修斯自己叙述他的历险经历。在原文中，奥德修斯所用的计策是用蜡块塞住同伴的耳朵，使得他们免于受塞壬歌声的诱惑，同时让同伴用绳索将自己绑紧，使自己既可以饱尝塞壬的美妙歌声，又不至于被诱惑而被塞壬捕获。但史诗中有两点值得注意：一是奥德修斯虎口脱险的计策，不是他自己想出来的，而是直接借用了基尔克的妙计。但这一点常常被人忽略，因为奥德修斯一直以来都是聪明机智的代表；二是原文关于塞壬的相貌和摄人魂魄的本领的描述并不清楚，只是尽可能地渲染她们的恐怖："她们诱惑所有来到她们那里的过往行人，要是有人冒昧地靠近她们，聆听塞壬们优美的歌声，他便永远不可能返回家乡……周围是腐烂的尸体的大堆骨骸，还有风干萎缩的人皮。"③根据基尔克的描述以及塞壬的自白，我们只能有个大概的印象，所以后来对这个神话故事的改写中塞壬常被描绘成各种形象，但由于史诗主要对她优美的歌声进行刻画又是在海上出现，所以后世的造型艺术，常将塞壬描画成妇首鸟身，并推测塞壬的原型也许是海鸟。由于"荷马的塞

---

① 诺思罗普·弗莱：《批评的剖析》，陈慧译，天津：百花文艺出版社，1998 年，第 192-299 页。

② Ellmann Richard. *James Joyce*. Frankfurt：Suhrkamp，1994：361-362.

③ 荷马：《奥德赛》，王焕生译，北京：人民文学出版社，1997 年，第 221 页。

壬"具有这种令人生畏的危害人类的负面特征，其形象被妖化也就不足为奇了。然而，塞壬所具备的女性的美、动人的歌声和洞悉往昔的能力同时淡化了人们的反感。①

　　阿多诺在《启蒙辩证法》中提到："如果说《奥德赛》中的塞壬一幕揭示了神话和理性劳动的交叠，那么可以说整部史诗都是启蒙辩证法的见证。"②奥德修斯拒绝在耳朵之中放蜡，转而将自己捆缚在柱子上直面塞壬的歌声，他认为这种选择，实际上是理性的胜利与启蒙的开端。在此意义上，塞壬的歌声代表着自然的召唤，而奥德修斯则用自我存持的原则试图摆脱自然的生存方式。因此，塞壬和奥德修斯的相遇象征着神话与逻辑、自然与理智、感性和理性的冲突。荷马史诗整体是想要为我们塑造一个伟大的正面形象，但其中部分细节却留下了无数想象空间。恰恰是这个人物的多样性和矛盾性导致他在后世有着丰富的改写历史。在西方文化史中，对这个经典传说大发诗性的名家，前有歌德、布伦塔诺、海涅，近有卡夫卡的同代人里尔克，后又有布莱希特。奥德修斯正是弗莱眼中典型的、反复出现的神话原型，以这位英雄人物为纽带，不同的作品之间就得以相互关联。其中卡夫卡与布莱希特对奥德修斯这个神话故事的新编则存在着千丝万缕的关系，所以本文希望通过比较分析二者对其不同的改写方式和内容，深入了解不同作者对神话故事改写时的创作意图，并联系作者所处的时代背景和个人经历进一步剖析其中的缘由。

　　在国外关于卡夫卡与布莱希特对奥德修斯神话的改编的研究中，瓦格纳（Frank Dietrich Wagner）的《卡夫卡和布莱希特的神话》将两位作者的众多作品中对古代神话的化用进行了全面系统的介绍。该专著突出强调了卡夫卡和布莱希特所处的 20 世纪的历史背景，以此勾勒出时代的不同经验，并仔细区分两者所经历的危机。还研究了卡夫卡和布莱希特在对古代神话的重新解释和改写方面所具备的直接联系。两人不仅以原创的方式重写了奥德修斯的塞壬情节，而且还将其他的神话，如波塞冬、普罗米修斯、俄狄浦斯等，延续到了现代。③ 艾默里奇·沃尔夫冈（Emmerich Wolfgang）的专著《神话改写》分析了这种神话的各种形式与功能。他研究了欧洲文学的相关作品，解释了其对古代神话和基督教神话的改写，并将从存在主义到后现代主义对神话的改写联系起来。其中第十四节则是将卡夫卡、布莱希特、本雅明、阿多诺和霍克海默对奥德修斯神话的改写进行了具体的介绍。④ 国内研究则是专注于卡夫卡对神话故事的新编，而布莱希特对古希腊神话的改写化用则几乎无人涉及。段方的论文《卡夫卡的神话与现实》分析了卡

　　① Renger Almut-Barbara. *Zwischen Märchen und Mythos*. Heidelberg：JB Metzler Verlag, 2006：290-296.

　　② 马克斯·霍克海默、西奥多·阿多诺：《启蒙辩证法》，渠敬东、曹卫东译，上海：上海人民出版社，2020 年，第 36 页。

　　③ Frank Dietrich Wagner. *Antike Mythen Kafka und Brecht*. Würzburg：Königshausen & Neumann, 2006.

　　④ Emmerich Wolfgang. *Mythenkorrekturen：zu einer paradoxalen Form der Mythenrezeption*. Berlin：Walter de Gruyter, 2011.

夫卡的多部作品，如《塞壬们的沉默》《普罗米修斯》《城徽》《新律师》以及《海神波塞冬》，并对其中卡夫卡所使用的讽喻的手法进行了综合阐释。① 张巧的文章《"万花筒必须被打碎"——从本雅明评卡夫卡的〈塞壬的沉默〉谈起》则是从新颖的角度，也就是从本雅明评论卡夫卡的《塞壬的沉默》入手，窥见卡夫卡对经典文本进行消解的努力，揭示出卡夫卡无处不在的怀疑。② 从国内研究来看，在布莱希特对神话的改写研究方面尚有缺漏，同时多位作者对同一神话原型化用的比较研究也较为少见，因此这也将是本文研究的重点。

3. 双重的骗局——卡夫卡对传统神话故事的颠覆

荷马史诗中的情节可以与弗莱提出的神话运行循环的前三环对应，前半部分描述了奥德修斯的成长与胜利，经历的是喜剧和传奇的阶段，但他的回乡旅程并不顺利，在海上又漂泊了十年，可谓苦难与悲剧并存。③ 但在现代对奥德修斯神话的改写中，他并没有真正地逝去，而是褪去"伟大英雄"的外衣，以奥德修斯跌入神坛完成了四大神话原的最后一环"反讽"。在卡夫卡的一系列"神话故事新编"中，有几个故事的题材直接来自古希腊神话或者史诗《塞壬的沉默》《普罗米修斯》以及《波塞冬》等。此处的神话已经进入了"秋去冬来"的阶段，卡夫卡用现代的叙述方式将这个世人熟知的经典神话进行了全面改写，使其极具讽刺意味。④

卡夫卡的改编版本具有两个鲜明的特点：不确定性和颠覆性。首先，原始版本是没有标题的，这种缺失的意义就与卡夫卡的海妖不唱歌一样为文本蒙上神秘的面纱。这两种缺失都是至关重要的，因为它们破坏了基本的原则，同时也暗示了文本的构成和内容是对传统神话无声的颠覆。而目前文章的标题《塞壬的沉默》则是其好友马克斯·勃罗德（Max Brod）在对其遗著进行整理与出版时追授的。⑤ 文章首句十分突兀："就连不充足的，也就是幼稚的手段，也可以用于救命的证明。"⑥这样一句话直接引出了一连串的疑问，让读者期待并且带着问题接续阅读。这句话其实表明了，即使手段幼稚也能救人，只要有信心。在卡夫卡这里，拯救奥德修斯免于葬身鱼腹的，并非蜂蜡和捆绑，而是自信和陶醉的状态打动了塞壬。人生的"失败者"卡夫卡鄙视以往的成功逻辑，他不愿为了成功放弃自己的尊严，不愿与现代文明中卑劣的人性同流合污。第二段直接切入

① 段方：《卡夫卡的神话与现实》，《国外文学》，2001 年第 4 期，第 111-116 页。

② 张巧：《"万花筒必须被打碎"——从本雅明评卡夫卡的〈塞壬的沉默〉谈起》，《名作欣赏》，2013 年第 24 期，第 27-29 页。

③ 荷马：《奥德赛》，王焕生译，北京：人民文学出版社，1997 年。

④ Franz Kafka. *Sämtliche Erzählungen*. Main：Fischer-Taschenbuch-Verlag，1970：305-306.

⑤ Renger Almut-Barbara. *Zwischen Märchen und Mythos*. Heidelberg：JB Metzler Verlag，2006：290-296.

⑥ Franz Kafka. *Sämtliche Erzählungen*. Main：Fischer-Taschenbuch-Verlag，1970：306.

主题，将塞壬传说这个经典题材引入读者视野，但卡夫卡的改动主要体现在叙述方式上，以作者作为叙述者，取代了原文中奥德修斯作为第一人称叙述者的身份。①

在原文中，塞壬海妖的歌声是诱惑来往之人的杀手锏，正是如此，奥德修斯智斗塞壬采取的种种措施才是有效和有意义的，这样后人对他智慧的歌颂才得以成立。而卡夫卡改编的重点，也就是奥德修斯与塞壬相遇时最关键的一个环节，即塞壬是没有歌唱的。从声音的欺骗过渡到目光的欺骗，在卡夫卡这里，声音的语义领域几乎消失了，而新的视觉的语义领域出现了。奥德修斯与塞壬相遇时所创造的双重骗局尽情地暴露在一个复杂的目光交错的场景之中："他起初隐约看到她们的脖子在转动，她们在深深地呼吸，眼中噙满泪水，嘴巴半张，可他却以为，这正是唱咏叹调的动作……/她们只是想多看看奥德修斯那双大眼睛的反光。"②这种根本性的颠覆，正如同本雅明所言："尽管从表面看卡夫卡的故事是驯顺的，但它们却往往出人意料地向经典举起利爪。"③而且卡夫卡笔下的奥德修斯显然并没有得到女神基尔克的妙计相助。原文中原本塞在奥德修斯同伴耳朵中的蜂蜡置换成了塞在奥德修斯自己耳朵中，另外他将绳索置换成了铁链，这也就意味着卡夫卡笔下的奥德修斯是只身一人独闯塞壬地盘。下一步他更是用肯定的口吻推导出："不过，世上所有的人都知道，这个办法是毫无用处的。塞壬们的歌声能够穿透万物……"④原文中与塞壬海妖的斗争是奥德修斯命中注定的，是在神的安排下必须要经历的关卡。显然，卡夫卡消解了古代故事原有的神话语境，并且进一步用现代人的经验去推导，歌声是可以穿透万物的。由此可见，奥德修斯能够脱险，并不是由于他听不到歌声，而是由于塞壬们本身是"沉默"的，是奥德修斯自以为自己抵御住了诱惑而得以脱险。而且众人皆知此法行不通，唯独奥德修斯一人不知，是真不知还是假不知，这里又为读者的解读增添了疑问。行文至此，卡夫卡的笔还没有完，他又说："另外，对这个传说还有一点补充说明：据说奥德修斯诡计多端，活像一只狡猾的狐狸，连命运女神都难以看透他的心。也许，虽然人的理智无法理解这一点，但他确实发现了塞壬们的沉默，所以他编造了上述虚假的事情，把它作为某种盾牌来对付她们和诸神。"⑤原来奥德修斯奇迹般地发现了塞壬的沉默，但他用自己的表演欺骗了众神，欺骗了所有的读者。奥德修斯的这个表演可以理解为是避免死亡，因为他一旦表现出惊讶就有可能被塞壬发觉或被众神处死。如同尼采说"上帝已经死了"，奥德修斯对神的欺骗则更为大胆和放肆，这是对神的蔑视，也可以理解为对自然的神圣性的拒绝。正文还只不过是对荷马范本的颠覆，而后面这段补充说明则是对自己前文叙述的颠覆，卡夫卡将上文自

---

① 张巧：《"万花筒必须被打碎"——从本雅明评卡夫卡的〈塞壬的沉默〉谈起》，《名作欣赏》，2013 年第 24 期，第 27-29 页。

② Franz Kafka. *Sämtliche Erzählungen*. Main：Fischer-Taschenbuch-Verlag, 1970：306.

③ Walter Benjamin, *Gesammelte Schriften*, *Band II. 2*, Frankfurt：Suhrkamp, 1977：409.

④ Franz Kafka. *Sämtliche Erzählungen*. Main：Fischer-Taschenbuch-Verlag, 1970：306.

⑤ Franz Kafka. *Sämtliche Erzählungen*. Main：Fischer-Taschenbuch-Verlag, 1970：306.

己"新编"的塞奥斗智的故事，又自由发挥成一个全新的传说。他将史诗中智斗塞壬、历经九死而不悔的伟大英雄变成一个步步为营奸邪狡诈的现代小人。奥德修斯自此被拉下神坛，但这其实才是现代人的真实生存写照。卡夫卡改写神话的目光是自下而上平民式的，免去历史赋予人物的遥远，给他穿上现代的新衣。他将神话故事里的各种因素打乱并重新组合的目的，就是将古老的神话传说与现代的日常叙述融合在一起，从而使读者的目光从遥不可及的神话世界回到现实的平凡生活之中。

除此之外，"也许、大概、可能"这样的字眼，在文中俯拾即是，再有就是"或许是……，或许是……"这种难于取舍的句式，也让卡夫卡的神话改写中充满了疑惑与不解。正是因为卡夫卡的创作特点具有断片性，即由很多简短的片段拼凑而成，通过遏制解读，使读者无法做出唯一的判断，这就给读者留下更多的想象空间。卡夫卡文本中的"悬而未决"，开辟了各种解释的可能性，读者只能在逃避概念性的定义和含糊的阅读模式中得到满足。

4. 艺术的化身——布莱希特对英雄人物奥德修斯的批判

对神话的批评和改写是布莱希特作品中的重要组成部分。他不相信宗教，但却经常利用《圣经》中的神话来讽刺社会现实和道德理念。与绝对理想相比，他对现实的认识永远都是黑暗的。布莱希特在丹麦的流亡并不是他第一次与古代和古典传统的"相遇"，早在 1923 年他就已经接触了古代神话。布莱希特对神话的接受带有一个明显的特点，就是对神话进行批判，使现代文明的破绽变得明显。但他也并不相信基督教的诅咒神话，无论是天堂的美好还是地狱的折磨，他从未当真。对布莱希特来说，信仰意味着让人们的妄想成真，正如他的剧本《伽利略》所证明的那样，《圣经》就是一场诗意的游戏，他对信仰产生了怀疑甚是反驳，因为神话往往经不起现实的考验。[1] 纳粹统治时期强调从神话中编造过去并建立根基，从而引起大众对历史材料关注度的增加。布莱希特本人也发展了批判性地对待历史和传统的方法，随着 1933 年流亡的开始，这一方法成为布莱希特在对神话进行改写时所使用的重要表现模式。布莱希特对神话的文学处理受到了当时社会背景的强烈影响，神话变成了他手中强有力的工具，用来抨击现代资本主义社会的可怕现实。

1931 年初夏，布莱希特收到了本雅明给他的卡夫卡的遗著，由此而产生了更强烈的对神话的怀疑。他于 1933 年 3 月和 4 月，画出了他计划创作的《对古希腊神话的改写》的第一批草图，其中奥德修斯和塞壬的情节就是为数不多最终完成改写的作品。此外，他还计划进行其他几项神话的改编，如俄狄浦斯、普罗米修斯、尼奥比，其中也包括一些历史和文学人物，如李尔王甚至哥伦布。布莱希特为这些人物的名字写下了关键

---

① Jan Knopf. *Brecht Handbuch*，*Band 3*：*Prosa*：*Filme*，*Drehbücher*. Stuttgart：Metzler，2002：186-188.

词，以此表明各自故事所体现的主题，如《俄狄浦斯》中的血腥诽谤、《李尔王》中的父母之爱、《尼伯龙根之歌》和《罗兰之歌》中对朋友的忠诚。① 在他的改写中，高尚的行为失去了意义，被简化为最简单的物质欲望。牺牲和贞洁等理想的背后是愚蠢或虚假的伪装，而如果将关于父母之爱和忠诚的故事置于阳光下看，就是暴力社会关系的委婉言辞，冒险和战斗的勇气只不过是空洞的妄想。布莱希特要对神话进行改写的想法也受到他所阅读的卡夫卡的《万里长城建造时》的影响。所以在 1933 年的散文《奥德修斯与塞壬》中，布莱希特在内容上结合了原著和卡夫卡的版本，但是他的批判却采取了与卡夫卡不同的方向。

布莱希特在奥德修斯与塞壬斗争的冒险故事中说："整个古代都相信狡猾的人（奥德修斯）的诡计成功了。我应该是第一个提出怀疑的人吗？"②这种怀疑促使布莱希特从根本上纠正这个故事。他将奥德修斯诋毁成一个可怕的心胸狭隘之人。奥德修斯的同伴在布莱希特的作品中变成了单纯的桨手和仆人，他们长期遭受主人奥德修斯的专横统治。这里布莱希特恢复了荷马史诗中的情节，也就是奥德修斯被绑在桅杆上，而同行人耳朵里塞着蜡。但在布莱希特这里，海妖没有歌唱而是大骂："我宁愿假设她们那胀大的脖子是在骂那些该死的人。"③

当然，布莱希特对荷马模式也是持怀疑态度的，荷马的英雄崇拜引起了他的进一步改写。他在其中插话说："除了奥德修斯，谁说海妖真的会在被拴住的人面前唱歌？这些强大而娴熟的女人真的会把她们的艺术浪费在那些没有行动自由的人身上吗？"④荷马神话中的邪恶海妖用歌声引诱，是十足的嗜血女杀手，但布莱希特却赋予她们积极的属性，即"强大而娴熟的女人"。她们拒绝为奥德修斯歌唱，转而侮辱和谩骂他。而奥德修斯却不敢承认自己所遭受的耻辱，并告诉众人一个虚假的版本。布莱希特破坏了神话中的伟大人物，认为他只是傲慢的、虚伪的，从根本上质疑了奥德修斯作为英雄的可信度。如果奥德修斯的价值被低估，那么他的对手就自然会被高估。由于布莱希特笔下的塞壬拒绝在奥德修斯面前唱歌，那么她们就成了艺术真谛的代表。布莱希特创建了代表着现代技术的奥德修斯和代表着原始艺术的塞壬对抗的神话语境。这里的原始艺术指的就是古希腊的狂野艺术，是会让人迷狂的艺术。原始艺术在人类文明发端的一瞬间就绝对消失了，因此依赖高科技生活的现代人，早已远离了古典神话里的迷狂，不会为了神秘的歌声葬身了，而塞壬们则在咒骂真正的罗马就要消失了。此处完全符合弗莱所说的"神话的消亡"这一观点，但此处的"消亡"并不意味着神话的终结，而是随着人类对自然的认识和科学的兴起，从而"置换变形"为文学作品中的各种形式而继续存在。他所

① Jan Knopf. *Brecht Handbuch*, *Band 3*: *Prosa*; *Filme*, *Drehbücher*. Stuttgart: Metzler, 2002: 186-188.
② Bertolt Brecht. *Gesammelte Werke in 20 Bänden*, *Band11*. Frankfurt: Suhrkamp, 1967: 207.
③ Bertolt Brecht. *Gesammelte Werke in 20 Bänden*, *Band11*. Frankfurt: Suhrkamp, 1967: 207.
④ Bertolt Brecht. *Gesammelte Werke in 20 Bänden*, *Band11*. Frankfurt: Suhrkamp, 1967: 207.

描述的现代主体性的矛盾和困境，使奥德修斯成为西方世界的异教徒，但这其实恰恰是以合理的怀疑态度与他相遇。现代的我们不断推演证明历史上神话故事发生的因果关系，奥德修斯因此踏上了永无止境的旅程，处于不间断的持续的改写之中。

5. 卡夫卡和布莱希特两部作品对神话改写的异同

20 世纪初卡夫卡和布莱希特选择改写奥德修斯智斗塞壬这个片段也许并不是偶然，在这个政治、工业和社会快速变化的时代，个人已经迷失在时代的漩涡之中，忘记了通往内心家园的道路。卡夫卡的现代化世界丧失了全知的意志，神圣客体不再能支配个人了，而布莱希特也从自己所处时代的眼光对神话作品进行再诠释。因而，塞壬的能指意义在神话世界和二人文本的交叉区域得到不同形式的延伸和建构。

卡夫卡在叙述中加入了几个重要的变化，第一个也是最重要的是，奥德修斯允许自己被绑在桅杆上之前塞住自己的耳朵。然而在《荷马史诗》中，只有船上的水手塞住耳朵，奥德修斯是可以听到歌声的。其次通过塞壬的沉默这一可怕的武器，为这次注定失败的策略提供了明显的解决方案，这将比歌唱更具破坏性和侮辱性，沉默因此成为卡夫卡创作这段故事和阴谋的中心点。但奥德修斯却布设了一个双重骗局，不仅"躲过"了海妖，还欺骗了众神。虽然两个版本都是只有奥德修斯本人才能真正讲述他的旅程，但是荷马史诗中的他是唯一成功的人，而卡夫卡中的奥德修斯则变成了唯一的证人。

布莱希特改写作品的特别之处在于，海妖们拒绝为被紧紧束缚的奥德修斯唱歌，没有沉默但却狠狠地责骂这个"该死的小心翼翼的人"。与此同时，布莱希特在借用卡夫卡对荷马的改写时还添加了新的重要元素，让他的版本直接与前者区分开：被紧紧束缚的奥德修斯面对塞壬的场景，成为现代戏剧中观众处境的缩影，他们想完全不动声色地聆听艺术，而不能被正在舞台上发生的事件影响，这在布莱希特眼中是无礼的，难以接受的。布莱希特中的海妖由此成为具有不同艺术主张的代表，她们不光拒绝为奥德修斯这种企图置身事外的人歌唱，甚至咒骂这种狭隘的思想。

在改写版本的来源方面，卡夫卡的文本直接提到了他的文章是源自荷马史诗，而布莱希特的故事则应理解为是卡夫卡版本的延续和转述。这两部著作与荷马史诗的不同之处其实关键就在于，海妖保持沉默不唱歌。而布莱希特的文章中则超越了沉默，重新改写成了塞壬们在咒骂。虽然二者之间存在着这细微的差别，但奥德修斯在与塞壬的斗争中都被视为失败了。在卡夫卡的作品里，代表现代人的奥德修斯的胜利只是虚幻的，因为他拒绝服从于神话世界的存在。在布莱希特的作品里，奥德修斯被描绘为不配欣赏高尚艺术的阴险小人。在卡夫卡的改写中，不解和迷惑占据了主导地位，他的文本中围绕奥德修斯这个人物的问题在神话中不断增加，他的作品就像一片森林，深不可测。但布莱希特却反对一切神秘主义，因为一切深邃、黑暗、神秘的东西对他来说都是值得怀疑的。所以布莱希特希望在对神话的改写中尽可能地拨开卡夫卡新添的迷雾，使其更清晰地展现在读者面前。另一方面布莱希特则是将神话世界变得合理化，并引入了艺术这一象征。这意味着他简化了古代的资料，使读者能够更好地理解神话。古老的史诗原著消除了意识形态的迷雾，使关于现代社会的元素得以识别。20 世纪初，神话故事和神话英雄已不能像过去那样轻易地被世人认可。这就是为什么卡夫卡和布莱希特都要以不同的方式描绘荷马史诗中的奥德修斯，使他有倾向性地面向现代主体。

6. 结　语

作为经典神话原型的奥德修斯与历史的车轮同行，关于神话的延续、改写、重构和批判也在滚滚向前。从现代性的角度来看，改写过程中的去神话化是基于不同的创作意图：卡夫卡的作品是为了创造"诗意的谜"；布莱希特的作品是为了让神话合理化。虽然两位作家在对奥德修斯神话的改写方式和意图有所不同，但都采用了奥德修斯这个人物来描述现代主体的动态和矛盾特征。二者皆是从奥德修斯这位英雄人物软弱的一面来展示他的形象，让遥远神话世界的英雄更贴近现实，从而缩短与读者间的距离。他们借用古代神话对现世进行讽喻，既给世人以警醒，也让传统神话人物得以永生。

参 考 文 献

［1］Almut-Barbara，Renger. *Zwischen Märchen und Mythos*［M］. Heidelberg：JB Metzler Verlag，2006.

［2］Assmann，Jan. *Thomas Mann und Ägypten：Mythos und Monotheismus in den Josephsromanen*［M］. München：CH Beck，2006.

［3］Benjamin，Walter. *Gesammelte Schriften，Band II*. 2［M］. Frankfurt：Suhrkamp，1977.

［4］Blumenberg，Hans. *Arbeit am mythos*［M］. Frankfurt：Suhrkamp，1996.

［5］Brecht Bertolt. *Gesammelte Werke in 20 Bänden，Band* 11［M］. Frankfurt：Suhrkamp，1967.

［6］Kafka，Franz. *Sämtliche Erzählungen*［M］. Main：Fischer-Taschenbuch-Verlag，1970.

［7］Knopf，Jan. *Brecht Handbuch，Band* 3：*Prosa：Filme，Drehbücher*［M］. Stuttgart：Metzler，2002.

［8］Richard，Ellmann. *James Joyce*［M］. Frankfurt：Suhrkamp，1994.

［9］Wagner，Frank Dietrich. *Antike Mythen Kafka und Brecht*［M］. Würzburg：Königshausen & Neumann，2006.

［10］Wolfgang，Emmerich. *Mythenkorrekturen：zu einer paradoxalen Form der Mythenrezeption*［M］. Berlin：Walter de Gruyter，2011.

［11］段方. 卡夫卡的神话与现实［J］. 国外文学，2001(04).

［12］荷马. 奥德赛［M］. 王焕生，译. 北京：人民文学出版社，1997.

［13］李忠清. 西方典故［M］. 南京：江苏教育出版社，1991.

[14]马克斯·霍克海默、西奥多·阿多诺. 启蒙辩证法[M]. 渠敬东、曹卫东，译. 上海：上海人民出版社，2020.

[15]诺思罗普·弗莱. 批评的剖析[M]. 陈慧，译. 天津：百花文艺出版社，1998.

[16]汪民安. 文化研究关键词[M]. 南京：江苏人民出版社，2007.

[17]亚里士多德. 诗学[M]. 陈中梅，译. 北京：商务印书馆，1996.

[18]张巧."万花筒必须被打碎"——从本雅明评卡夫卡的《塞壬的沉默》谈起[J]. 名作欣赏，2013(24).

运去英雄不自由

——《尼伯龙根之歌》的命运观与悲剧性研究

华中科技大学 黄 焱

摘 要： 作为德意志文学史上最重要的作品之一，形成于中世纪的英雄史诗《尼伯龙根之歌》围绕着命运主题进行了深入描写，以崇高的悲剧内核摄人心魄。该书的命运主题受古希腊戏剧和基督教思想双重影响：一方面，史诗中人物如同古希腊悲剧里一样，被非理性因素和命运突转裹挟前进，一系列悲剧也导源于此；另一方面，正是基督教的叙事逻辑，左右着人物运用自由意志作出命运抉择，而"道成肉身"的宗教隐喻也出现在史诗相对独立的上下两篇中，以不尽相同的面貌登场。情节上，哈根杀死西格弗里特的桥段也可以看作神性退场、人性登场的历史转折点，象征着人类与命运的抗争。史诗在歌颂人性力量的同时，也将日耳曼部落大迁徙的历史叙事合理化，并且寄托着对重建故国的期盼。

关键词：《尼伯龙根之歌》；悲剧性；命运观；人性

一、引 言

在西方文化滚滚向前的历史进程中，古希腊-罗马文化一直被视为西方文明之源头。究其原因，我们不难发现，众多精神财富皆导源于古希腊、罗马文明：西方世界的民主政治制度滥觞于此，卷帙浩繁的罗马法成为现代社会法律体系不开的原型；数不清的哲人与哲学流派在地中海一隅如雨后春笋般林立，苏格拉底、柏拉图、亚里士多德等人的思想成果更是直接奠定了西方哲学、科学、政治学的方向与路径……以至于西方有一谚："言必称希腊。"此外，古希腊罗马的文学也是后世西方文学的源头活水：荷马史诗《伊利亚特》和《奥德修纪》是西方文学传统所能追溯到的最上游，古希腊三大悲剧家留下的一出出神谕与现实、崇高与堕落交织对抗的天人大戏，给后世西方各种主题的文学创作提供了不竭灵感，深刻启发了各个时代的文学批评和文艺理论实践，远者有亚里士多德著《诗学》之原理，近者有尼采作《悲剧的诞生》。在古希腊悲剧中，神谕对人物命运的预卜屡试不差，主人公深陷命运旋涡的桥段更是屡见不鲜。人物被命运之手无情摆弄，命运好似故事的幕后导演，策划、推动着人物走向悲剧的深渊。这种从命运出发、用命运推演出悲剧性的写作手法，对后世西方文学影响深远，绝不可等闲视之。

　　《尼伯龙根之歌》作为德语世界的民族史诗，常常与古希腊史诗《伊利亚特》一道被人们相提并论。同《伊利亚特》一样，《尼伯龙根之歌》中的人物也无法掌控自己的命运。虽然《尼伯龙根之歌》中的人物命运并非步了《伊利亚特》中英雄们的后尘，也没有一干帮闲般的神祇插手人事、选边助阵，但他们还是会被不可预知的命运捉弄得晕头转向、身不由己。在《尼伯龙根之歌》中，主人公们所做的每一件事，不管动机好坏，最后都不可挽回地导致了血腥屠杀，并以众人毁灭收场，从中可以窥见古希腊史诗和戏剧叙事趣味的影子。值得一提的是，这部民间史诗诞生于公元 5 世纪至 6 世纪日耳曼民族大迁徙时期，而此时的日耳曼部落在迁徙过程中也被基督教文化渐染。另外，《尼伯龙根之歌》成书于 1200 年前后，后人在把各个传说改造、编纂成书籍的过程中，自然也受到了同时期基督教元素的影响。因此，这部民族史诗最初以口头文学形式流传，融入大迁徙时代的历史记忆，在不断发展、传播的过程中吸收外来文化，形成了自身独特风格，辗转嬗变，最终以一个相对稳定的面貌定格在某一历史节点上。而这些本土与外来因素究竟对作品的悲剧性形成产生了多大的影响，则是一个值得深入探讨的问题。

二、命运与非理性：古希腊悲剧的影响

　　亚里士多德曾在《诗学》中说过这样一句话："怜悯由不应承受的厄运而引发，恐惧由这人与我们相似而引起。"[①]在亚里士多德看来，悲剧之所以能在观众之中产生怜悯与恐惧的情绪，进而产生悲剧效果，很大程度上是因为悲剧主人公表现出了与观众相似的"性格弱点"，即在观看悲剧的过程中，观众因为对同样的事情降临到自己身上的恐惧进而对剧中的人物产生了悲悯与同情之感。与亚里士多德的悲剧理论相符合，被他奉为典范的悲剧则是索福克勒斯著名的悲剧《俄狄浦斯王》。在《俄狄浦斯王》中，主人公俄狄浦斯经历着命运的流转，其企图运用理性逃离的命运在杀死斯芬克斯和破解人之迷题时却急转直下，最终牧羊人揭露预言的真实性，命运的荒诞和悲剧性也在此显现。而这种古希腊悲剧所呈现的命运主题几乎贯穿在《尼伯龙根之歌》整部史诗之中。

　　在《尼伯龙根之歌》中，第一部分以西格弗里特之死为主要内容，第二部分以克里姆希尔特的复仇为重点，共同之处在于，它们都以个人或群体的死亡作为故事的结局，不管是西格弗里特之死抑或是布尔恭腾国众人的覆灭，在文中都用梦境或神谕的形式预言了命运的结局。在史诗的开篇，对布尔恭腾国辉煌国度和尊容华贵的描写背后早已笼罩着命运所投射的杀戮与毁灭的阴影："他们以毕生的精力，效忠君王，立功授勋，荣誉满室，彪炳人间。可惜后来惨死阶下，因为两位王后纷争不已。"[②]史诗在此就已对人物的命运作出预言，而作为史诗的受众抑或是传唱者，在被布尔恭腾国极荣耀的华美所

---

①　亚理斯多德：《诗学》，罗念生译. 上海：上海人民出版社，2006 年，第 48 页。
②　曹乃云译：《尼伯龙根之歌：德国民间史诗》，桂林：广西师范大学出版社，2017 年，第 2 页。下文同部作品的引文将在括号内标注页码，不再另注。

吸引时就被抛入了一种"美好必然毁灭"的情绪之中，在这两种情绪的张力中，读者更是比主人公提前知晓了故事的结局，悲剧的氛围也更加凸显出来。因此，命运主题看似并未像《俄狄浦斯王》一样贯穿全文始末，只是零星地出现在文本各处，具体表现为"给日后造成灾难"之类的反复吟咏，但实际上却是整部作品的基调。另外，在西格弗里特向克里姆希尔特求婚的情节之前，克里姆希尔特的梦境就已经预示了未来夫君的命运：

> 她在梦中见到亲自喂养的雄鹰 威武强壮野性无限，
> 不料却被两匹山雕抢夺而去。姑娘无计可施，
> 眼巴巴看着自己在这片大地上 经受无与伦比的苦难(3)

面对未来夫君必然走向死亡这一无法接受的结局，克里姆希尔特企图通过理性控制情欲阻止悲剧的发生，她希望"永远摆脱英雄和爱情的羁绊，一直活到死神临门，不愿在男人的情爱中，分得一杯折磨人的残羹"(3)。表面上看，克里姆希尔特似乎通过运用理性来回避爱情的诱惑以及情感所带来的厄运，以使梦境中的预言不再应验。但克里姆希尔特作为女性角色在文中实际上是受情欲控制的非理性者身份，因为她的梦境已经暗示着她与未来夫君西格弗里特的关联。尽管梦境所预示的是与她自身无关的他者的死亡，但其女性所象征的非理性的身份与她实际的理性行为之间却形成了一种悖论，而命运的因素在此悖论之下暗流涌动，注定了在其中行驶者必定沉没的结局。

虽然人在世上"终有一死"，但预言却把死期放在了鹰"威武雄壮野性无限"之时(3)，并且预言中的死亡会给克里姆希尔特带来"无与伦比的苦难"(3)。也许这种苦难可以解释为父权制度下丈夫的死亡给妻子带来的哀痛，但从另一个层面来看，文中梦境已经预设了克里姆希尔特的非理性状态，她的非理性是女性泛滥的情感，其先于西格弗里特之死成了后述苦难的"第一因"，就如第一章结尾对结局的预言，姑娘复仇的烈焰使许多人丧生。可以猜测的是，预示着悲剧命运的梦境本身是非理性的，同时预言着非理性所导致的结局，也正是这种非理性的存在使得克里姆希尔特罔顾了梦境的警告，最后依然选择了情欲，走向了与西格弗里特的结合。而在现实世界中，也正是这种非理性使得克里姆希尔特与王后波吕恩希尔特争夺进入教堂的先后顺序，并把自己丈夫从波吕恩希尔特身上所偷来的腰带和戒指展示出来，最终致使哈根选择除掉西格弗里特。更严重的是，她在哈根试探性地询问西格弗里特的弱点时，也丝毫没有了理性状态，而是陷入了"女之耽兮，不可脱也"的丧失理智的状态，她忘记了梦境的警告，把本该保守的秘密和盘托出。从这个角度看，克里姆希尔特就幻化成了简单的"女性＝非理性"的符号，就如同古希腊神话中那些伴随着预言、咒诅和毁灭的女性形象一样，在悲剧性叙事中被描述为灾难的源头。这种女性身上的非理性特质象征着一种破坏性力量，它构成了命运齿轮转动的重要推动力，同时也是理性把握的世界里不可把握的偶然性因素，把理性的秩序世界拆毁，把其中的人驱逐进命运的深渊。事实上，克里姆希尔特的复仇也并非出于纯粹的情感，其中包含着西格弗里特式价值观重新恢复的欲望，而这些价值观在

她看来是无可取代的。由此，在下嫁于匈奴国后，克里姆希尔特持续地向哈根询问尼伯龙根宝藏的下落也就得到了解释。因为克里姆希尔特所缺的并非财富，而是宝藏所代表的，即克里姆希尔特与恭特尔王国决裂后所倒向西格弗里特的"英雄秩序"的恢复，而这也随着宝藏被哈根沉于莱茵河归于破灭①。

当我们去看史诗中所呈现的悲剧性时，我们会发现，非理性并不是推动命运发展的唯一因素，对于一部优秀的悲剧应该达到何种标准，亚里士多德曾提出了他自己的一套理论体系。在亚里士多德看来，戏剧能最大程度调动观众的"恐惧"和"怜悯"，主要在于情节的"突转"。他指出，好的情节安排要让观众或读者"期待遇挫"，主要表现在主人公命运陡然"由顺转逆"的情节上，但是命运的转变不应由人物的"品德"而引发，而应由人物的"判断失误"（Hamartia）而引起。"判断失误"一词在希腊语中原意是"未射中标的"，并未包含着道德含义，也与性格弱点无关，而仅指向一种认识和理解上的偏误②。在《尼伯龙根之歌》中，哈根过河时对女妖预言的误解是此种"认知偏误"的典型情节，人物对命运的突转知之甚少，因而对未来产生了错误的认知。与之类似，西格弗里特沐浴龙血时恰好留下了致命之处，犹如阿喀琉斯之踵，最终带来了灭亡；克里姆希尔特透露西格弗里特的致命弱点本意是想保护自己的丈夫，却被哈根利用夺去西格弗里特的生命。而克里姆希尔特竟然把自己丈夫的弱点透露给一个忠诚于王后波吕恩希尔特的人，这就是她最大的认知错误，她对哈根、对命运都产生了一种非理性的认知，这种认知上的谬误最终推动了预言的兑现。而哈根并不知道，他把神甫扔下水以求破除女妖预言的举动恰恰是对预言的印证。这些人自恃拥有强大的理性，却成了命运面前极其有限的存在。在尼采看来，悲剧正是以这种隐喻的方式暗示了个体化生存与永恒的原始生命之间永无止息的生成与毁灭的游戏，个体在这样的对抗中被毁灭，悲剧性也由此产生③。

其次，亚里士多德表示，优秀剧作的情节之"突转"不会让主人公命运"由逆转顺"，相反，应当使主人公命运"由顺转逆"，且江河日下、收拾不起④。在《尼伯龙根之歌》中，文中情节的多次转折都验证了这种命运走向，例如克里姆希尔特与王后波吕恩希尔特争执所引发的多米诺骨牌效应，即哈根杀死西格弗里特、克里姆希尔特复仇与杀戮的情节，其中伯爵许特格招待布尔恭腾国一行人的片段是整个史诗中悲剧性最深的一处转折。在史诗中，来到布尔恭腾的勇士受到了伯爵殷勤的款待，并且连伯爵的女儿也定下婚约要嫁给国王吉赛尔赫为妻："当你们重新回来，返程转向自己的王国时，我立刻按

---

① Neil Thomas. *The Testimony of Saxo Grammaticus and the Interpretation of the Niebelungenlied. Oxford German Studies*，1991(1)：13.

② 朱光潜：《悲剧心理学》，张隆溪译. 北京：人民文学出版社，1983 年，第 76 页。

③ 凌曦：《尼采论悲剧性与希腊品质》，《西北师大学报（社会科学版）》，2009 年第 3 期，第 20 页。

④ 亚理斯多德：《诗学》，罗念生译. 上海：上海人民出版社，2006 年，第 48 页。

照风俗，把女儿交给你们。"（375）可惜，所有对于未来的期许终究落了空，命运的转动使美好的"此时"光景愈发悲凉。而伯爵许特格自身的命运也经历了大翻转，他赠送给盖尔诺特一把锋利的宝剑，却不曾想"在上面断送了自己的身体与生命"（377）。实际上，这是布尔恭腾人在进入匈奴人王国前最顺利的一段旅程，但史诗的情节突然急转直下，布尔恭腾的勇士进入匈奴人王国后，克里姆希尔特就挑起了巨大的争端，使得本不想发生争执的双方最后为了所谓的荣耀和尊严拼得你死我活，前文的"敦睦邦交"与后文的"枪声刀影"对比鲜明，而史诗中的人物在突转的命运面前却是无能为力的。

在古希腊戏剧中，尽管神祇常常作为超人的因素介入普通人生活，但神自身也无法改变命运的整体趋向，这种命运所象征的运行秩序是一种外在于人和神自身能力的力量。《尼伯龙根之歌》作为重要的民间史诗作品，在创作过程中吸收了古希腊文学作品中的命运观，并内化为自身创作的素材。整篇史诗虽然不断强化这种朝着预知结局走去却对人物命运无可奈何的悲叹，但也给了吟咏的读者"发现命运的机会"，这增强了史诗中命运主导下人无能为力的悲剧色彩，在很大程度上也为德意志民族在大迁徙中所经历的真实杀戮与死亡的历史提供了一种慰藉。

三、罪行与苦难：基督教叙事的融入

如前所提，亚里士多德的戏剧理论对优秀戏剧的一些重要特征进行了浓缩，但亚里士多德的理论仍有其局限性所在。亚里士多德认为，承受命运之"突转"的主人公身上具有一定的特质：悲剧最佳主人公当是"道德中立者"，换言之，他应当不善不恶，他之所以陷于厄运，并非由于他为非作恶，而是由于他犯了错误①。但当我们去看《尼伯龙根之歌》时，我们会发现，其中的人物并不具有亚里士多德所说的典型悲剧人物的特点。相反，不管是西格弗里特还是哈根，他们的行为都并不符合基本的伦理道德。西格弗里特虽然帮助恭特尔在新婚之夜制服了波吕恩希尔特，但他拿走波吕恩希尔特的私人物品还炫耀式地告知了自己妻子，这在一定程度上就是对恭特尔尊严的践踏；克里姆希尔特为了复仇杀死了自己的亲哥哥也不符合最基本的伦理要求；哈根也与之类似，尽管他的杀戮行为是出于维护王后和国家尊严的缘故，但他的不义之行并未受到史诗叙事者的赞赏，哈根一行出于自己的自由意志而选择杀死西格弗里特，而正是这样的诡计使他们受到了西格弗里特死前咒诅式的预言："你们将对这回阴险、残酷的谋杀感到后悔，而且用不着过去多少时日。你们且听我的肺腑之言，你们其实杀害了自己。"（221）西格弗里特的死亡使史诗开篇的预言，即英雄被杀的预言得以实现，同时也开启了另一个预言：布尔恭腾国企图通过杀死西格弗里特除去威胁的自强最后也变成了自戕。整个史诗的悲剧并未结束，相反却由个体的死亡转变成了集体死亡的大悲剧。同样，史诗中没有

---

① 亚理斯多德：《诗学》，罗念生译. 上海：上海人民出版社，2006年，第48页。

明显道德问题的伯爵许特格则成了没有人格缺陷的"道德模范"。尽管他所遭遇的悲剧本身会引起读者的悲悯，产生"把美好的东西撕给人看"的悲剧效果，但这并不是亚里士多德所说的悲剧产生的怜悯和恐惧的净化效果，观众无法产生相同的灾难会临到己身的恐惧感。可以看出，史诗情节的发展并非完全由不可知的命运因素所推动。相反，人物自身的罪恶与人自身的选择也对最后的毁灭结局负有不可回避的责任，而这与基督教的"罪"与"自由意志"的观念有着深刻的联系。因此，人的罪行与选择也是人物走向毁灭的重要原因，这也是史诗在流传和改编过程中必然会涉及的元素。

在《尼伯龙根之歌》中，人物因着自己的"罪行"导致事态发展不断恶化、对道德律法的违背导致了复仇与杀戮、出于"自由意志"的选择使整个悲剧成为无法避免的事实，这其中所蕴含的就是典型的"原罪"与"救赎"的基督教叙事。"原罪"带有天生的破坏性使史诗中的每一个人物在自由意志与伦理道德的抉择中无法摆脱个体的局限性，因此，在异己的超越性力量面前，人物的悲剧也成了必然。甚至连剧中没有犯下罪行的许可特伯爵也无法幸免，他也不得不承担由人的自由意志所导致的恶果，像《旧约》中的约伯一样承受无妄之灾。当然，从另一个角度来看，对罪的省察与反思也是个人和群体完成自我理解的一个过程，人认识罪的过程也意味着认清自己的处境并且找到走出困境的方法，这也是基督教文化中超出一般宗教叙事的"因果报应"并将苦难合理化之处。因为苦难被理解为认识上帝和得救的方式，所以约伯式的苦难才被赋予了痛苦之外，即形而上的超验的意义①。由此看来，《尼伯龙根之歌》中"犯罪——为罪付出代价"的叙事在一定程度上也受到了大迁徙时期逐渐融入日耳曼部落的基督教文化的影响，在这种叙事文化的影响下，彼时的日耳曼部落需要为自己的苦难找到一种合理的解释，并在这样的解释中寻求对未来的盼望。

苦难的民族史在受到基督教文化的影响后，也逐渐融入文本之中。可以看到，《尼伯龙根之歌》中有许多突转的充满矛盾的场景都包含着基督教的元素，比如，克里姆希尔特与王后波吕恩希尔特的争执场景设立在教堂外，她们为进入教堂的先后顺序相互贬损，这使得西格弗里特所做的不伦之事被揭露并被夸大，而罪恶的显露自然也会引发争端，这是故事的第一次转折。故事的第二次转折源自哈根的诡计，哈根巧言令色地使克里姆希尔特说出了西格弗里特的弱点所在，并在他的弱点处标记了一个十字架，最终哈根也通过这处标记杀死了西格弗里特。这两处的叙事如果对比《圣经》中的情节，会很容易让人想到犹大卖主以及耶稣受难的情节。犹大的非理性与带来灾难的毁灭者的身份正好与克里姆希尔特的角色相对应。

事实上，尽管作品中对于西格弗里特和克里姆希尔特带着些许政治意味的爱情进行了描述，但他们的爱情并未成为史诗的主题，群体的灭亡与主人公爱情的成功与否关系不大，更多的是主人公的行为本身所带来的毁灭性的影响。所以，克里姆希尔特的行为

---

① 刘宗坤：《基督教景观中的悲剧性结构——$\alpha\mu\alpha\rho\tau\iota\alpha$ 与悲剧性再阐释》，《文艺研究》，1998年第5期，第40页。

更多地可以被解读为对恭特尔王国的"背叛",而不是所谓的因爱生恨的"复仇"上①。另外,这种背叛行为所指对象也是双重的,它既是对兄弟手足的背叛,也是对丈夫的背叛。就如同犹大在基督教叙事中为了十几两银子"出卖救主",又给以色列人带来了咒诅一样。克里姆希尔特为了自己的荣誉说出了西格弗里特的偷窃之事,又非理性地"出卖"了重要的秘密,即西格弗里特的弱点,她同时也为了尼伯龙根的宝藏杀死了自己的亲兄弟,最后导致了整个恭特尔王国英雄的毁灭,"背叛"的主题在此可见一斑。除此之外,西格弗里特受死的情节又有模仿基督受难的痕迹。哈根除掉西格弗里特是为了除掉"敢于跟我们抗衡的英雄"(220),就像基督时代的长老们因忌惮耶稣的能力而钉死耶稣一样。西格弗里特的死亡也给恭特尔国人带来了死亡的咒诅,正如耶稣对以色列圣殿被毁的预言:"将来在这里没有一块石头留在石头上,不被拆毁了。"②所以,从这个角度看,史诗中的恭特尔王国在叙事中将自己的悲剧与以色列人于公元 70 年左右圣殿被毁的悲剧相互关联,而自己的王国自然也被抬升到与圣城耶路撒冷相同的高度。在此视角下,这样的悲剧叙事本身就被神圣化了,而悲剧的背后也包含着一种如同以色列民族期盼上帝的荣耀重新回到耶路撒冷的盼望。在此语境下,恭特尔王国灭亡的悲剧也透露出这样的意味:日耳曼民族的短暂失败必将迎来真正的复兴。在当时民族大迁徙的背景下,日耳曼部落被匈奴人侵犯,不得不进入基督教文化的领地,在迁徙的过程中,这种来自基督教的悲剧以及末日叙事自然也会融入日耳曼文化之中。在此种文化的影响下,日耳曼部落通过对基督教叙事的本土化使自身民族流浪的历史在精神层面得以合理化,同时,日耳曼人的民族意识也在这样的史诗叙事中得以构建起来③。

四、神性与人性:两重形象之相异

在基督教的传统叙事中,基督这一形象常常被描述成"神性与人性为一体"的完美形象,取自《新约·约翰福音》的"道成肉身"一词则很好地解释了这一概念,它意味着上帝在不丧失自身的神圣性和永恒性的前提下,以肉身形式在人类历史中真实呈现出来,所以人得以从"道成肉身"的耶稣身上看见"那不可见之神的像"。若只是强调基督身上的神性而抹去基督身上的人性,那么基督教叙事中十字架受苦和坟墓中复活的部分则失去了其意义所在④。所以,与更强调上帝神性的《旧约》相比,新约中的基督被描述为具有丰富人性的、会和人一样经历痛苦甚至会面临死亡的形象。同样的,复活之后的

① Hugo Bekker. *The Nibelungenlied: a literary analysis*. Toronto: University of Toronto Press, 1971: 110.

② 《马可福音》13:2,《圣经》,上海:中国基督教三自爱国运动委员会、中国基督教协会,2009 年,第 57 页。

③ 李玥,张铁夫:《论〈尼伯龙根之歌〉中的基督教因素》,《四川外语学院学报》,2008 年第 3 期,第 49 页。

④ 徐弢:《基督教哲学中的灵肉问题研究》,北京:中国社会科学出版社,2017 年,第 81 页。

耶稣也并没有被描述成无形的鬼魂的形象，而是一个活生生的有血有肉的人。耶稣肉身富有人性的形象在基督教教义中被描述为可被人效法的榜样，是上帝和人之间的"中保"，是带着人性去接受"必然的死亡命运"的"人子"。如同弥尔顿在其《教义》中所强调的，耶稣的神性与人性不可分离，且人性是耶稣身份的基础与根本，他在《复乐园》中所描绘的耶稣受到试探的多个场景正是以"耶稣的人性"为基础①。

因此，从整本《圣经》的角度来看，完整的《圣经》中隐含着旧约时代"上帝的神性"向新约时代"道成肉身"叙事的转变，这样的叙事在《尼伯龙根之歌》中也有所体现。在《尼伯龙根之歌》中，上篇叙事的重点是西格弗里特的神力所成就的英雄事迹，但"神力"推动了预言的应验与死的结局，西格弗里特成了"乐园之失"中的"第一亚当"。而下篇则包含着一种弥赛亚叙事，在这样的叙事中，哈根成了基督的形象，是"乐园之复"中的"第二亚当"，他的死亡不是阻挡预言的发生，而是成就上篇的预言，这与基督之死成就了《旧约》的预言如出一辙。但是，这其中所指向的弥赛亚的救赎之工并非仅指向暂时的结局，而是预示着一个更大的永恒国度的复兴。所以，这部受到圣经叙事影响的日耳曼史诗必定在未言说的结尾蕴含着些许日耳曼民族复兴的意味。

当然，在整体的悲剧细节的处理上，《尼伯龙根之歌》更多的还是受到了古希腊文化的影响。在一部悲剧或带有悲剧性的作品中，悲剧性的呈现不仅仅是对于人生存困境的展示，也常常表现为人对于这种困境的超越。在悲剧性的史诗和戏剧作品中，主人公通常被抛入一种无法预料的命运之中，尽管他们常常被告知命运最终的结局，并竭力通过各种手段尝试逃脱命运的漩涡，却在命运之手中不得不面对死亡的结局。而悲剧性艺术在此恰恰象征着一种人自身对于苦难的反抗与超越，人在未知的命运中不断反抗并且从自身非理性的状态中挣脱出来，这也是古希腊悲剧叙事中人性得以彰显之处。

由于古希腊戏剧中神人同性，所以神与人结合后所生下来的人常常具有超越人的部分神力，成为时代的英雄。但神自身也无法改变命运的走向，反而有时候任凭己意给人间带来痛苦，所以人自身依靠人性的伟大对抗命运也就成了悲剧中经久不衰的主题。例如，《伊利亚特》中的阿喀琉斯，他凭借着神性任意妄为，怀着私心泄愤复仇，最后他的人性得以复归也在于他对自身死亡结局的接受。这前后的转变既与预言有关，事实上也是一种荷马史诗常用的环形结构叙事手法。《尼伯龙根之歌》中西格弗里特之死的情节与之类似，在整个的环形结构中起着至关重要的承接作用，它使得叙事呈现出一种动态的、在事件的开始与完成的张力之间拉扯的特点，并且浓缩了叙事，在其上强加了一种从属秩序②。在这样的环形结构中，史诗中人物的退场与登场也自然蕴含着神性退场与人性登场的意味。

---

① 吴林英：论《复乐园》里耶稣基督的神性与人性——兼论《基督教教义》中耶稣基督的身份，《外国文学研究》，2013 年第 1 期，第 82 页。

② Bernard Fenik. *Homer and the Nibelungenlied Comparative Studies in Epic Style*. London：Harvard University Press，1986：98.

在《尼伯龙根之歌》中，西格弗里特和哈根两个人物象征着神性与人性的对立，西格弗里特在作品中是一个类似半人半神的人物，他有着超出常人的能力，几乎刀枪不入，同时也能够凭借自己的力量制服冰岛女王。因此，他同时具备了神性和人性两面，但他在许多时候所彰显的都是非人性的一面，所呈现的都是离群索居的个人主义者形象。尽管他因着自身的能力没有尝受过常人所承受的失败，但他却随意、鲁莽、拿走本不应该拿走的戒指和腰带。同时，从克里姆希尔特与王后波吕恩希尔特的争吵中我们或许可以猜出，西格弗里特向自己的妻子夸大炫耀了自己的能力，并且他在两个女人争吵时没有及时制止，反而在受到质询时把责任推给了自己的妻子："我们必须教训女人……她的无理取闹的确让我害臊，无地自容。"（189）从社会层面讲，他对自己的行为并没有负到应尽的责任，也没有为自己偷拿戒指和腰带的事情赔罪，而只是推卸责任。从这里可以看出来，他的强大力量背后所隐藏的是对基本社会准则的无视，而这点正好与哈根对国家和国王的忠诚形成对照。另一方面，他在作战中并不考虑整支军队之间的配合与合作，而总是考虑超人的能力给自己带来的荣耀。像他听到战事已息的消息时，"心里多么地快快不乐"（200），可见他进行战斗更多是为了彰显自己的能力，这种不属于群体的性格也注定了他的灭亡，因此他对王后的侮辱使众人愤怒，他的死亡也少有人同情。西格弗里特在被哈根骗到树林中打猎时，也正是他自身的鲁莽与追求荣耀的性格使他独自一人前去打猎，以致中了哈根的诡计，最后被哈根所害。当然，在某些学者看来，西格弗里特之死的原型其实涉及了北欧神话中的光明之神巴德尔的死亡事件，他被他的兄弟，即目盲的黑暗之神霍德尔所杀害，其中也涉及了梦境与命运的主题，这是不容忽视的一点①。

哈根虽然杀了西格弗里特，但他身上的骑士精神以及对必然之命运的接受反而是人性的体现。虽然有人类的脆弱性和盲目性，但更体现着人类的高贵性和明觉性。他会畏惧，也会退缩，与冰岛女王比武时他对未知的命运也充满了恐惧，并且他为了王后的荣誉杀死了西格弗里特，承担了阴险的骂名。但是，在他得知恭特尔国王要前往匈奴国时，尽管他知道凶多吉少，他依然克服了恐惧愿意和国王前去，他也为族群利益勇于将自己的生命置于险地，所以当他看到了预言后才会作出努力，把神甫扔到水中，企图与命运相抗争。当他看到命运之力的不可抗后，他也会把剩余的船只砸成碎片，破釜沉舟，抱着必死的心态去勇敢地面对死亡。甚至当他和恭特尔的勇士被困在大火之中时，他鼓励士兵痛饮尸体的鲜血冲出了火场。这些所体现的不仅仅是哈根这一形象的忠诚，更是他在这样的集体部落中人性的伟大②。而当他经历过这一系列的挣扎，理智地洞察到自己已无生还希望时，便坦然接受了命运之所予，成为了真正无惧的勇者——至此，他经历死亡的心态经历了黑格尔所说的"正、反、合"的辩证过程，达成了一种慷慨赴

---

① Hermann Reichert. *Das Nibelungenlied Text und Einführung*. Berlin：De Gruyter，2017：449.

② 郑百灵：《论哈根形象在〈尼伯龙根之歌〉中的地位与意义》，《世界文学评论》，2011 年第 1 期，第 237 页。

死的平静。而这也正是哈根身上人性的光辉，也是其不同于西格弗里特之处。

因此，我们可以看出，西格弗里特被哈根所杀意味着非人性的退场，而哈根所开启的史诗第二篇章的叙事则意味着人性的登场。史诗在后半部分更多地赞扬充满着伟大人性的英雄，也更强调了命运漩涡中哈根所代表的人性力量与命运的抗争。这部史诗在叙事中融合了基督教和古希腊的因素，更加强调了人在命运面前的抉择。尽管史诗毁灭的结局不可更改，但人在这种结局中是可以自主作出选择的。在日耳曼部落大迁徙的背景下，这种在未知漂泊的命运中对人能动性的强调相信对于当时的日耳曼民族亦是一种慰藉，而来自基督教和古希腊的精神也能够内化成他们重建故国的期盼。

五、结　语

究竟何为命运？这是一个千百年来人们一直都在探讨的问题。人们总在寻求这个世界的规律，以祈求掌控自己的生活。但现实总是残酷的，人总是在探寻、发现命运的过程中又深陷于命运的漩涡，被裹挟在其中无法自拔。在《尼伯龙根之歌》之中，悲剧的叙事一方面受到了古希腊史诗和戏剧的影响，命运是外在于人者，而被命运裹挟之人是被动者，最终英雄的覆灭和英雄无法逃脱的死亡命运也体现了这种在命运中的悲剧感。另一方面，史诗也受到了同时代基督教文化的影响，这种叙事对日耳曼部落遭遇苦难的历史进行了合理化。而史诗故事前后两部分也包含着从"神性的退场"到"人性的登场"的叙事，通过对人性的歌颂我们也看到了史诗中萌芽的德意志民族意识。

或许在不同的文化语境下，或许当信仰有别、文化有异，人们对命运就会产生不同的认知。有以命运为"神祇决定"者，有把命运看作"物理秩序"者。然而，虽然人类对"命运"背后的力量理解不同，但无论如何，"命运"在任何语境下都天然具备外在强力的蕴意，而人在这种语境下不断去发现命运并试图改变命运的过程或许也正是命运的一部分。就像历史上的德意志帝国，曾是在欧洲上空展翅上腾的德意志之鹰，却在两次世界大战的硝烟中失去了往日的荣光，并险些造成德国乃至欧洲的毁灭。古老的预言中，德意志也如同这遥远的日耳曼史诗所预言的一样，不断毁灭，却也不断重生，今日的德国也依然在谱写属于自己未完待续的命运史诗。

参 考 文 献

[1] Bekker, Hugo. *The Nibelungenlied : a literary analysis* [M]. Toronto : University of Toronto Press, 1971.

[2] Fenik, Bernard. *Homer and the Nibelungenlied Comparative Studies in Epic Style* [M]. London : Harvard University Press, 1986.

[3] Thomas, Neil. The Testimony of Saxo Grammaticus and the Interpretation of the Nibelungenlied [J]. *Oxford German Studies*, 1991(1).

[4] Reichert，Hermann. *Das Niebelungenlied Text und Einführung*［M］. Berlin：De Gruyter，2017.

[5]尼伯龙根之歌：德国民间史诗[M].曹乃云，译. 桂林：广西师范大学出版社，2017.

[6]李钥，张铁夫. 论《尼伯龙根之歌》中的基督教因素[J]. 四川外语学院学报，2008（3）.

[7]凌曦. 尼采论"悲剧性"与希腊品质[J]. 西北师范大学学报(社会科学版)，2009（3）.

[8]刘宗坤. 基督教景观中的悲剧性结构——αμαρτια 与悲剧性再阐释[J]. 文艺研究，1998(5).

[9]圣经[Z]. 上海：中国基督教三自爱国运动委员会、中国基督教协会，2009.

[10]吴林英. 论《复乐园》里耶稣基督的神性与人性——兼论《基督教教义》中耶稣基督的身份[J]. 外国文学研究，2013(1).

[11]徐弢. 基督教哲学中的灵肉问题研究[M]. 北京：中国社会科学出版社，2017.

[12]亚理士多德. 诗学[M]. 罗念生，译. 上海：上海人民出版社，2006.

[13]郑百灵. 论哈根形象在《尼伯龙根之歌》中的地位与意义[J]. 世界文学评论，2011（1）.

[14]朱光潜. 悲剧心理学[M]. 张隆溪，译. 北京：人民文学出版社，1983.

疯癫的"迷宫怪兽"

——论迪伦马特戏剧《物理学家》中的"疯癫"话语①

华中科技大学　王　微

摘　要：瑞士悲喜剧大师迪伦马特的代表剧作《物理学家》讲述了几位假装精神病人的物理学家们荒诞的经历。贯穿始终的"疯癫"话语是该剧的一大艺术特色和醒目风格。本文以"疯癫"话语为线索，依次分析该剧中"疯癫"的表征、"疯癫"的美学效果和"疯癫"的意义，并由此揭开迪伦马特戏剧中神秘的"迷宫"世界，以及其背后所蕴藏的作者对世界的独特体验和对人类命运的深切关怀。

关键词：迪伦马特；《物理学家》；迷宫神话；疯癫

　　瑞士著名的德语剧作家、小说家弗里德里希·迪伦马特（Friedrich Dürrenmatt，1921—1990）不仅是瑞士现当代文学的伟大旗手，也是战后德语文学界最具影响力的经典作家之一，被誉为继布莱希特之后最杰出、最重要的德语戏剧家②。他与马克斯·弗里施（Max Frisch）共同构成了代表第二次世界大战后瑞士德语文学最高峰的"双子星座"，甚至被视为"瑞士民族丰碑"式的人物。

　　迪伦马特创作了大量优秀的戏剧、小说、随笔等文学作品，而且还是一名天赋异禀的优秀画家。在其擅长的各种门类的文艺作品中，最为人称道且特色最为鲜明、并给他带来世界性声誉的，自然非戏剧创作莫属。对此，德国著名学者瓦尔特·因斯（Walter Jens）曾给出这样的评论："迪伦马特的喜剧是在虚构，需要的是能够表现对环境那无可挽回的东西的想象和出人意料的睿智[……]是在创造风格；他的喜剧不是为现存的世界加砖添瓦，而是展现基石上的千疮百孔；它所追求的不是对存在的证明，而是要采用夸张性的模仿去讽刺、去嘲弄、去重新创造；它表现着变化的东西，而自身同样处于变化之中。"③可以说，迪伦马特的文学创作结合了虚构的现象与睿智的艺术，他的戏剧作品即是"良心"的写照。在戏剧创作中，他借助怪诞而创新的多样化艺术手段来表现变

①　基金项目：本文系教育部人文社会科学青年基金项目"德语奇幻文学的类型演变与发展研究"（20YJC752018）；湖北省教育厅人文社会科学研究项目（20G008）；华中科技大学人文社科自主创新项目"德国奇幻文学发展史研究"（2019WKYXQ）阶段性研究成果。

②　Walter Jens. *Ernst gemacht mit der Komödie*. Zürich：Diogenes Verlag 1990：15.
③　Walter Jens. *Ernst gemacht mit der Komödie*. Zürich：Diogenes Verlag 1990：31.

化的、引起痛苦和不安的现实生存与社会主题。其艺术风格别开生面，独树一帜，堪称典范。① 其中，诞生于迪伦马特创作巅峰时期的戏剧《物理学家》（1961），既是他的重要代表作，又是当时德语舞台上演出最多的剧目之一。它与后来的《流星》（1965）和《再洗礼派教徒》（1966）等彻底确立了迪伦马特在世界戏剧舞台上的重要地位。

那么，我们不禁要追问，迪伦马特戏剧中人物的语言与行动具有怎样的特点？他通过戏剧究竟向人们展现了一个怎样的世界？对此，本文将以《物理学家》为例，以"疯癫"话语为线索，揭秘迪伦马特戏剧中那荒诞奇异的迷宫世界。

1. 迪伦马特的迷宫世界与《物理学家》

纵观迪伦马特的戏剧创作历程，人们不难发现，他笔下的世界几乎呈现的是黑暗、混乱、颠倒和荒诞的模样，而对人和人在这个世界上存在状况的关注则成为贯穿迪伦马特剧作始终的核心。置身于这样的世界中，人们时常感到无理可循、无路可走，仿佛闯入一个巨大的迷宫，永远找不到出口。

"迷宫"（Labyrinth）一词可以说是对迪伦马特戏剧中的世界最形象、最准确的概括，也映射着其作品最重要的主题。"无论是第一出剧中的亚当，《盲人》中的公爵，《立此存照》中的克尼佩尔多林克，还是罗慕路斯或是《物理学家》中的默比乌斯，《老妇还乡》中的伊尔或是《密西西比先生的婚姻》中的密西西比、圣克劳德和于贝罗埃，最后到《同伙》中的道戈、比尔和柯普——他们都是身陷迷宫之人的形象写照，米诺陶鲁斯在迷宫中横冲直撞，迷宫是迪伦马特为这个世界所做的神话象征。"②

迪伦马特自己也很早就用"迷宫"这个概念来表达横跨他十六部剧作的世界感受。他曾在接受采访时说过："我在写《冬战》之前早就一次次地画迷宫的图了——它对我来说已经早就不自觉地作为图像存在了。然后我第一次在小说《城市》里处理了这个素材——但是当时它还只是个部分，还缺少迷宫的真正意义所在：这个意义在过去和现在都是米诺陶鲁斯。"③因为作为一个经历了第二次世界大战和战后的西方经济奇迹、军备竞赛、核战争危机等复杂世界局面的作家，从小痴迷于绘画的迪伦马特一直致力于塑造一幅既能表达自己对世界的基本感受、反映时代的基本特征，又能让读者产生形象联想和直观理解的图像。而这个图像就是迷宫。对此他的解释是："这个世界在我看来是排斥我的，我通过把这个世界，这个看来是排斥我的世界描绘成迷宫的方法来尝试取得一段距离，退后几步，像驯兽师观察一头野兽那样看着它。我把这个我所经历其中的世界拿来同我想象出来的那个世界进行对照。这样看来，这些我们想象出的图像并非偶然，

---

① Heinz Ludwig Arnold. *Text+Kritik. Friedrich Dürrenmatt* Ⅱ. München：dtv Verlag，1977：42.

② Danile Keel. *Über Friedrich Dürrenmatt*. Zürich：Diogenes Verlag，1980：85.

③ Franz Kreuzer. *Die Welt als Labyrinth. Ein Gespräch mit Franz Kreuzer*. Zürich：Diogenes Verlag，1986：25.

它们是一些已经存在的东西，每一个想出来的东西都是以前曾经想到过的，每一个比喻都是曾经有过关联的。"①对于迪伦马特来说，那纵横错乱、繁复莫测、无法深入甚至颇具危险的迷宫图像便是概括对这个世界之体验的公式。尤其是随着第二次世界大战的爆发，他那从小就开始萌芽的独特迷宫世界观就变得愈发清晰起来。"当战争爆发时，我勾画出一个迷宫形象，无意识地把自己认同为住在迷宫中的那个米诺陶鲁斯，我以这样的方式进行我的原抗议，我抗议自己的出生；因为我所来到的这个世界成了我的迷宫，迷宫这个词表达了这样一种谜一般的神话世界，我所不能理解的世界，它把无罪者定为有罪，而它的正义却无从知晓。"②

由此可见，迪伦马特戏剧中的迷宫世界涵盖了作家本人对国际局势的思考、对人类生存现状与命运走向的关切，也浓缩了他对整个世界的经验。当然，要读懂这迷宫世界里的奥秘，首先必须要追溯至古希腊神话的源头，了解这一原型的象征意义。

故事发生在古希腊的克里特岛上。国王米诺斯委派能工巧匠代达路斯为牛头人身的怪物米诺陶鲁斯建造了一座巨型迷宫，没有人能够找到迷宫的出口。而当时的雅典人每九年就必须进贡七对童男童女到克里特。这些孩童会被关进迷宫，作为献给米诺陶鲁斯的祭品。第三次进贡时，雅典王子忒修斯来到克里特岛。他得到国王女儿阿里阿德涅的青睐。在后者的帮助下，忒修斯把一个红色线团的一端系在迷宫入口处，走进迷宫并用宝剑杀死了米诺陶鲁斯，然后顺着线团幸运地逃出了迷宫。

这座神秘的克里特岛迷宫，极为形象地体现了迪伦马特对当今世界的感悟。无论是半人半兽的米诺陶鲁斯，还是其他走进迷宫的人，都无法了解它的真实全貌和终极奥秘。甚至可以说，根本没有人真正见到过迷宫中的米诺陶鲁斯，因为包括忒修斯与它的最终战斗都始终没有人证在场。从这个意义上来说，连米诺陶鲁斯的存在都要打上一个大大的问号。

至于迷宫的建造者，他确实可以置身其外，以一种全知的视角去审视迷宫的全局，但却不一定能够完全了解迷宫对那些身处其中的人来说究竟意味着什么。

而身处迷宫深处的米诺陶鲁斯，虽然作为怪兽来说拥有无比的野性和力气，但它始终只是动物而不是人，没有了解迷宫环境的智慧，也没有寻找出路逃离迷宫的愿望和意识。"米诺陶鲁斯也许把迷宫想象成一个巨大的、永远不会枯竭的饲料槽。"③可以说，"作为兽类的米诺陶鲁斯完全没有了解迷宫环境的意识和可能，它不可能理解自己所处的环境，也就无法冲出迷宫，而且即使它知道自己身处迷宫，也不能理解这到底是对自己的恩宠还是惩罚"④。它就这样孤独地困于这座表面看来鸟语花香的迷宫之中，没有

① Friedrich Dürrenmatt. *Gesammelte Werke in 6 Bänden*. Zürich：Diogenes Verlag，1996：80.
② Friedrich Dürrenmatt. *Gesammelte Werke in 6 Bänden*. Zürich：Diogenes Verlag，1996：80-81.
③ Friedrich Dürrenmatt. *Gesammelte Werke in 6 Bänden*. Zürich：Diogenes Verlag，1996：81.
④ 廖峻：《迪伦马特戏剧中的迷宫世界》，中国社会科学院研究生院博士学位论文，2007 年，第 21 页。

绝对的自由，也没有自己的同类。它所有的活动都被限制在迷宫的范围之内。它没有什么残酷或幸福的观念意识，不知道自己为何会被囚禁在这迷宫之中，也无法明白自己是否要为那些进入迷宫之人的死亡负责，更不会预料到自己被人杀死的结局。而反过来，当我们以走进迷宫之人的角度来看米诺陶鲁斯，它又象征了人在这个世界上遭遇到的偶然事件、命运中可能发生的最坏的转折和人最终的死亡命运。

这样的状态，让我们很容易联想到人与世界的关系。在这个纷繁复杂、变幻无常的世界上，无论善恶聪愚，不管幸福与否，人人都无法摆脱世界的禁锢，也没有人能够在这个世界上达到绝对的自由。尽管现在的知识体系和科学技术已经发展到如此程度，但始终没有一种能真正让所有人都完全接受的关于世界本质的万能说明。世间万象、人间百态的存在始终是个谜团。就像迷宫的意义和真相永远无法得到揭示，现实中也根本没有脱离世界之外的地点可供人类完全客观和完整地审视世界。正如迪伦马特所说："这样的尝试同米诺陶鲁斯以它的方式去理解迷宫的尝试一样是无能为力的[……]这个错误肯定会很怪诞，代达路斯的真相对它来说是无法了解的。"① 很多时候，也许我们可以用神学或科学的观点去解释各种问题，但从根本上讲，我们谁都不可能摆脱作为人的立足点，不可能完全脱离世界之外。所以从这种意义上看，每一种对世界的解释都值得怀疑。也正因如此，迪伦马特戏剧中的世界才这般的混乱、荒谬，如同没有出路的迷宫。

由上述分析可见，在迪伦马特所处的那个时代，世界在他面前呈现出的面貌就是扑朔迷离、晦暗不清的，确实找不到一个词比"迷宫"更能够概括出他心目中的世界图像了。古老的迷宫神话及其象征意义是迪伦马特的创作理念和世界观中最重要的组成部分，他的戏剧也一再向人们展现着迷宫般的世界和在迷宫中盲目奔走的人。而《物理学家》便是其中影响深远、广为人知的代表了。

两幕喜剧《物理学家》是为迪伦马特带来世界声誉的重要剧作之一，与《老妇还乡》同属当代世界戏剧的经典。它反映的主题无疑正是作者对当时世界局势发展最直接的感受、关切和思考的结晶，即超级大国的核军备竞赛将会给人类带来怎样的威胁和灾难，人们又应该如何反思科学与伦理的关系。② 故事发生在瑞士某地一家私人精神疗养院里。作为所谓的精神病患者，三位物理学家在这里接受著名女精神病医生暨该疗养院院长马蒂尔德·封·察思德(博士小姐)的治疗。其中一位名叫默比乌斯的物理学家预感到自己的科学成果将对人类产生巨大影响，但同时也非常可能会被超级大国利用于军事目的，于是他选择抛妻别子，装疯躲进了这家精神病疗养院。与此同时，东西方两个超级大国也各自派出两名同样是物理学家的间谍对默比乌斯的研究进行秘密侦察。他们也同样装疯进入到这家疗养院，准备伺机获取默比乌斯的成果或者说服默比乌斯为自己所属的政权服务。然而，整天装疯卖傻的三人却一一被护理他们的女护士们识破了。为了

---

① Friedrich Dürrenmatt. *Gesammelte Werke in 6 Bänden*. Zürich：Diogenes Verlag，1996：81.

② 参见 Manfred Eisenbeis，*Lektürehilfen：Friedrich Dürrenmatt. Die Physiker*. Stuttgart，Düsseldorf，Leipzig：Ernst Klett Verlag für Wissen und Bildung Gmb H，1994：25.

不暴露自己的真实情况，他们不得不各自含泪杀死自己的女护士。这不仅引起了警察局的调查，更迫使疗养院将看护人员全部换成力大无穷的男护士，实际上也把这里变成了一座监狱。在这种危急情况下，三位物理学家相互表明了身份，而默比乌斯也得以成功劝说另外两位放弃各自的间谍计划。三人都准备为使人类免受科学和政治的威胁永远躲在这疗养院中装疯下去。就在此时剧情突然急转直下，女院长博士小姐出现在他们面前，露出了自己的真实面目：原来这个外表看似善良温和的驼背老女人才是真正的疯子。正是身为名门望族后裔的她控制了一个巨大的托拉斯帝国，疗养院里发生的一切都在她的计划和掌握之中，而默比乌斯的成果也早已被她窃取了。她囚禁了三位物理学家，野心勃勃地准备开始实施她统治全宇宙的计划。这个已"落入一个癫狂的精神病女医生手里"的世界，或将不可阻挡地走向灭亡。

基于上文对迪伦马特迷宫世界观的探讨，《物理学家》中故事情节的发展和结局、人物的命运和选择、科学与罪责的关系、世界与人的关系，都同迷宫世界这种思维模式及创作手法高度吻合。作者自己也曾明确表示："例如，在《物理学家》中，迷宫肯定是很重要的，尽管是以一种相当简单的形式出现：作为疯人院。"①

既然如此，那作为受众的我们要如何透过《物理学家》这部戏剧中看似迷雾重重、荒谬怪诞的表象，解读作者迷宫世界背后的思想内涵呢？对此，我们不妨从该剧中人物最重要的"疯癫"特征入手，以贯彻始终的"疯癫"话语为红线，来寻找突破疑团的答案。

2. "疯癫"的表征

如果说迷宫是迪伦马特戏剧世界的核心，那么怪兽米诺陶鲁斯便是这核心的核心。在《物理学家》中，人们能明显感受到有一只神秘而疯癫的怪兽在一个千头万绪、层层交错的迷宫世界中蠢蠢欲动。这种"疯癫"主要表现出以下几个方面的特征。

首先是怪诞。在迪伦马特看来，怪诞是这个世界的标志。他曾表示："我们这个世界就像导致了原子弹一样，同样也导致了怪诞。"②因此怪诞也成了迪伦马特最重要、最独特的创作风格。他也一直在创作中力求以怪诞的艺术思维模式反映一个充满怪诞的、让人无所适从的世界。在《戏剧问题》一文里，迪伦马特对"怪诞"这个概念有一段格言式的阐释和界定："怪诞不过是一种感知的表现，一种感知的背谬，也就是说一个怪物的形象，一个面目全非的世界的面目。就像我们的思维没有背谬这个概念则寸步难行一样，艺术亦是如此，我们这个世界也不例外。"③具体而言，这样的怪诞是一种极端的风格化表现，一种出乎预料的形象化描写。它表现为一种"丧失和谐的不协调"，是那"熟

① Jan Knopf. *Friedrich Dürrenmatt*. München：Verlag C. H. Beck，1976：100.

② Peter Andre Bloch & Edwin Hubacher. *Der Schriftsteller in unserer Zeit. Eine Dokmentation zu Sprache und Literatur in der Gegenwart*. Bern：Francke Verlag，1972：119.

③ Friedrich Dürrenmatt. *Theater-Schriften und Reden*. Zürich：Verlag der Arche，1966：122.

悉的陌生物";它并不是"不合逻辑的非理性的东西,而是合乎逻辑的、在现实中必然遇到的矛盾体"①。也就是说,迪伦马特笔下的怪诞是一种逻辑中蕴藏着非理性,常规中包含着混乱,熟悉中体现出陌生的创作风格。而在《物理学家》中,精神病院的特定环境背景、病人和医生的人物设定,以及凶杀突发的特殊事件,都为展开这种和谐与失调、理性与荒谬之间的矛盾张力提供了绝佳的平台。

在第一幕前,作者给出了一个极为罕见、长达四页的舞台说明。说明首先交代了故事发生的地点:一座私人疗养院别墅,然后详细描述了它周围的环境:疗养院坐落在景色美不胜收、令人心旷神怡的郊区。那"青翠的连绵山峦,密林覆盖的山坡和宽阔的湖面以及近郊那一片广阔的、傍晚炊烟缭绕的平原——昔日是阴暗潮湿的沼泽,如今是沟渠纵横的良田沃土"②,展开了一幅颇具田园风味宁静画面。但与此同时出现的"难看的保险公司大楼""简陋的大学"与"不值一提的轻工业"却显得与之格格不入,甚至大煞风景。而接下来的描述则更加耐人寻味:"这一带不知什么地方有一座监狱及其所属的大农场,因此到处都可以看到大大小小一群一群的犯人,他们默默无语,有的在锄草,有的在掘地。"静谧的自然风光与"大楼""大学""轻工业""监狱""犯人"等字眼的联系,不仅产生了一种不和谐的悖谬感,同时也预示着在这样的宁静环境背后有可能隐藏着某种危险。

在接下来具体情节的发展中,几个主要人物身上也都以不同方式、在不同程度上体现出怪异荒诞的疯癫特征。

第一幕一开场,护士长与刑事巡官之间的对话就从侧面反映了作为"病人"之一的埃内斯蒂反常的性情与举动。当前来调查谋杀案件的巡官福斯提出要和有犯罪嫌疑的埃内斯蒂见面并进行讯问时,却被护士长告知:"他必须安静。因为他把自己当作爱因斯坦,他只有在拉小提琴的时候才能安静下来。"(1035)而且"爱因斯坦只有在博士小姐的伴奏下才能安静"(1036)。这种对音乐的极端迷恋,以及对特定伴奏者的依赖,都暗示着埃内斯蒂怪异的精神状态与性情。

随后出现的"二号病人"博伊特勒在与巡官的交谈中,其颠三倒四的思维方式也同样令人诧异不解。他先是说自己的任务是"思考万有引力,而不是去爱一个女人"(1046),但随后又表明"我不是艾萨克爵士。我不过是冒充牛顿罢了"(1049)。而这么做的原因是"为了不使埃内斯蒂精神错乱"(1050)。因为"如果埃内斯蒂现在知道,阿尔伯特·爱因斯坦原来是我,那恐怕非闹翻不可"(1052)。所以,这位人称牛顿的病人向巡官表明的最终身份是:"我就是著名的物理学家和相对论的奠基者。一八七九年三月十四日出生于乌尔姆。"(1060)这样一个思绪混乱不清、表述前后不一,连自己的身份

① Arnold Heidsieck. *Das Groteske und das Absurde im modernen Drama*. Stuttgart und mainz: W. Kohlhammer Verlag 1969: 31.

② 迪伦马特:《迪伦马特戏剧集(下)》,叶廷芳译. 北京:人民文学出版社2019年,第1028页。本文所引《物理学家》之处均出自该书,以下同类情况只在括号注明页码。

都胡乱臆想的人，只能用荒谬来形容了。

而在声称能看见所罗门王显灵的默比乌斯身上，那种无法用理性和逻辑解释的，甚至充满了超自然意味的疯癫话语则有了更为明显和直接的体现。当前妻带着家人来疗养院看望他时，默比乌斯首先当面否认了离婚的事实，接着又跳起来激动地阻止了他的孩子们热情的乐器表演，然后还对前妻的现任丈夫罗泽教士说道："我当面见过所罗门，他歌颂苏拉密特，歌颂在玫瑰花下吃草的孪生小鹿，但他已不是那个黄金时代的伟大国王了。他已扯下了他身上的紫袍……"（1058），紧接着他一边迅速推开房门，一边继续道："他赤裸着身子，散发着臭味，蹲在我的房间里，当潦倒的真理国王。他的赞美歌是可怕的，您仔细听，教士，您热爱赞美歌中的诗句，熟悉它所有的诗句，那么，请您把这些诗句也背下来吧。"（1059）然后便吟唱起了那毫无逻辑可言的所谓的"所罗门赞美歌"，而且任凭旁人如何阻止都停不下来。唱完后"他发呆似地坐在底朝天的桌子里面。面孔好像假面具"（1059）。最后他还"咄咄逼人"（1059）地叫前妻一家人"滚到太平洋去"（1059），并不惜诅咒自己的亲生儿子："我再也不愿意见你们了！你们侮辱了所罗门国王！你们应该受诅咒！你们应该同马里亚纳群岛一起沉入马里亚纳大海！一万一千米深。你们应当在大海的最黑暗的洞窟里腐烂发臭，被上帝遗忘，被人们遗忘！"（1059）由此可见，默比乌斯简直完全沉浸在对所罗门王的幻觉中，他的精神世界已彻底被他臆想出来"真理国王"所占据。而他的言行举止、神情态度也都完全与人类的理性伦常相悖。此般癫狂几乎达到了歇斯底里的程度，甚至连家人都被吓得"惊恐不安、哭哭啼啼"（1058）。如此，默比乌斯身上诡异乖张的形象也给受众带来了极其强烈的感官震撼。

其次，《物理学家》中的"疯癫"常常与"偶然事件"相伴，体现出偶然性的特点。迪伦马特认为，迷宫中的人与米诺陶鲁斯的遭遇就是一场"偶然事件"，这一事件的发生造成了剧中人身上"可能发生的最坏的转折"，而这恰恰是理解迪伦马特戏剧的关键要点。对此他曾这样表述："戏剧需要极端事件，它以此方能表现出人，因此舞台上才会出现那么多的谋杀和死亡场景。对我来说戏剧也同样是如此。这即是说，只有在人经受住这些事件之后才能去写它，而灾难使表现人成为可能。此时的人是最真的，或者我宁愿说，此时的人是最能够被表现出来的。"[①]可以说，迪伦马特笔下的"偶然事件"是能最真实地表现人的极端情况，如谋杀、死亡或灾难等。通过偶然事件，事情将朝着剧中人物为了达到目的而设定的计划之反面发展，并出现最令人担心、最糟糕的情况。这种无法预料却又随时可能发生的"最坏的转折"，使人处于一种提心吊胆、时刻精神紧绷的恐惧状态。而这种不安与恐慌正是迪伦马特想要表达的对当时世界的真实体验。

《物理学家》中的偶然事件很多，例如女护士爱上物理学家、三位物理学家竟然都是装疯等，其中最典型的便是默比乌斯谋杀护士莫妮卡和女院长博士小姐疯癫真面目的

---

① Franz Kreuzer. *Die Welt als Labyrinth. Ein Gespräch mit Franz Kreuzer*. Zürich：Diogenes Verlag，1986：27.

显现。

在第一幕的结尾部分，莫妮卡护士表示相信默比乌斯没有疯，并向他表明了绝对的忠诚与爱意。二人甚至准备收拾行李双双逃离疗养院。可是上一秒钟莫妮卡还噙着泪水看着眼眶同样湿润的默比乌斯感叹道："太幸福了。"（1048）而下一刻便只见"默比乌斯把窗幔扯了下来，并且蒙住了她。经过短时的搏斗，两个侧影不见了。接着一片寂静"（1048）。这段舞台说明没有过多的修饰和铺垫，而是极为巧妙地借用窗户侧影这一特殊的舞台场景，以最为干净利落的语言和紧张的节奏，将上述从扯下窗幔到蒙住眼睛，再到短时搏斗，然后侧影消失，最后一片寂静的步步升级的偶然事件环环相扣地呈现出来，让受众几乎在毫无喘息之机的情况下经历了一场谋杀凶案的发生。而这种出乎意料的事态急变也为默比乌斯的真实身份埋下了巨大的悬念和伏笔。对此下文将进一步详细探讨。

而说到反转的程度，全剧在女院长博士小姐的"终极揭秘"时刻可谓达到高潮。在事先毫无任何征兆的情况下，博士小姐命手下将三位物理学家病人叫出房间，并突然说出了其中两位病人的真实姓名："即亚力克·贾斯帕·基尔顿和约瑟夫·艾斯勒。"（1063）此时发现被识破真实身份的牛顿和爱因斯坦还没来得及掏出私藏的手枪，就被这女院长的手下给控制住了，紧接着连二人的发报机也被缴获了。随后，博士小姐开始一步步道出惊人内幕，而她的庐山真面目也终于被彻底揭开。

原来女院长早就知道这三位自称物理学家的病人的真实身份，而且多年来一直在窃取默比乌斯的研究成果。正如她所说："我小心翼翼地行事。起先我只利用了少数几项发明，筹集了必要的资本。然后我兴建大型工程，开设了一个又一个工厂，建立起一个强大的托拉斯。先生们，我将充分利用这个可能发明一切的体系。"（1070）其实，整个疗养院就是她掌控下的监狱，而之前发生的几起护士谋杀案也都是她一手操纵的阴谋。对此她"坦言"道："为使你们变得无害于我，我引导你们杀人。我指使三名护士跟着你们。我计算你们将如何动作，你们犹如自动仪器那样可以控制，你们犹如刽子手那样杀了人。"（1072）而她最终的目的便是："我的托拉斯将控制一切，将夺取各个国家、各大洲；将拿下太阳系，遨游仙女座。"（1073）

而更可怕、更令人意想不到的是，这位驼背的著名精神病女医生其实是个精神错乱的疯子。她曾数次强调其所效力的"金冠王国"："所罗门的金冠王向我显灵了［……］他的目光不离开我，他的双唇启动，他开始同他的侍女说话。他死而复生了，他要重新掌握他在尘世曾经拥有过的权力［……］凡是所罗门发现的东西，其他人也可能发现，金冠王国的事业应当存在，那是他建立对世界神圣统治的手段，于是他寻访我这个卑贱的女佣人［……］我拍摄了金冠国王口授的记录，直到我得到最后几页为止。"（1079—1080）可见，博士小姐的意识和行为已完全被她臆想中的国王所控制。她幻觉里的所罗门王成了统治一切的最高法则，而她自己的极端欲望也侵蚀了她作为常人的理智，正在将世界推向灾难的深渊。所以最后爱因斯坦感叹道："世界落入了一个癫狂的精神病女医生手里。"（1135）

正如迪伦马特在《关于〈物理学家〉的二十一点说明》中所述："如果故事的进展骤然间发生极坏的转折，那就必须把这个故事想透彻。"而这种转折"并不是事先能预见到的。它是通过偶然事件发生的"。所以，"剧作家的艺术就在于：在情节中恰到好处地插入偶然事件"。而偶然事件的表现就在于："何时、何地、何人偶然遇见了谁。"通过这样的偶然事件，按计划行动的人物便会遭遇"最糟糕不过"的事情，即"目的的反面"，这也是他们所担心、所要设法避免的事情。①

在《物理学家》中，默比乌斯不惜抛妻弃子，甘愿在疗养院一直装疯下去，就是为了避免自己的研究成果流入外界而造成不可挽回的可怕灾难。而牛顿和爱因斯坦隐匿身份的目的也是为了刺探与默比乌斯相关的情报。结果事态最终却朝着他们都最不愿意看到、也完全没有预料到的方向发展了：默比乌斯的手稿早就被博士小姐窃取了，甚至连一直为他支付疗养费的前妻也遭受牵连。所以得知真相后的默比乌斯不禁愤怒地向她控诉："您剥削了我这么多年。无耻。您甚至还要我可怜的妻子付钱。"（1088）而牛顿和爱因斯坦的间谍身份也早就被女院长识破。为了守住秘密、完成计划，他们甚至不惜杀害与自己关系亲密的护士。三人煞费苦心经营的一切，原来都在这个疯狂的女院长的掌控之中。三位物理学家各有谋划，却都沦为了博士小姐的提线木偶，遭遇了与最初目的背道而驰的"偶然事件"。

迪伦马特正是希望通过这些骤然发生的"极坏转折"，使人们更加透彻地感受到，我们在这个世界的生存状态，其实就是不知在何时何地，就会碰见错误的人，遭遇意料之外、与目的相反的偶然事件，充满着不确定性。

此外，《物理学家》中的"疯癫"还具有一种特殊的隐蔽性。在这所坐落于湖光山色间、被亭台楼阁环绕的疗养院里，整个机构的日常运转与管理的多处细节都暗藏着难以察觉但细想之下又令人毛骨悚然的"疯癫"。比如第一幕开场伊始，巡官想要抽烟和喝酒的要求都被护士长断然拒绝了，后者还强调："您是在疗养院。"（1030）当巡官问道："谁是凶手"时（1031），护士长还以"这个可怜的病人确实有病"（1031）而对"凶手"这一带有定论性的称呼表示反对，使得巡官只好马上改口为："案犯是谁?"（1031）当巡官想要审问拉琴的埃内斯蒂时，也被护士长坚决阻止。后来当博士小姐从巡官口中听到"谋杀"一词时，也立即提出警告："请注意用词，巡官。"（1032）

从这一点看来，疗养院的护士们似乎都非常维护病人的权益。但事实上这些护士们几乎都有特殊的来历。被牛顿杀死的多罗特娅曾是女子角力会的会员，命丧爱因斯坦之手的伊蕾妮是全国女子柔道冠军，就连护士长也表示自己练习举重。这些充满暴力性的女护士背景无疑暗示着疗养院管理的强制性。

在连续发生了两宗护士谋杀案后，疗养院新来了三个体型彪悍的男护理——前欧洲重量级拳击冠军西弗斯、南美角力冠军穆里洛和北美角力冠军麦克阿瑟。随后，几个病

---

① 迪伦马特：《迪伦马特戏剧集（下）》，叶廷芳译. 北京：人民文学出版社，2019 年，第 615 页。

人们房间里的窗户也被安装上了窗格子。而当窗格子被放下来时，"屋子里一下子就形成了一种牢房的气氛"。（1068）紧接着身为护理长的西弗斯命令麦克阿瑟用专门的锁将窗格锁上。这些措施表面上是为了加强安全防护，其实都是精神失常的博士小姐控制几个物理学家的阴谋。

这些渗透在疗养院日常管理中看似琐碎或无关紧要的细节，实则都是博士小姐精心编织的"权力网络"的组成要素：隐藏在白衣天使的伪装下、本该履行悉心照料之责的女护士，实则个个"身怀绝技"、实力不菲；后来的男护理更是身强体壮，无形之中就给人以无法抵抗的压力。这样的安排其实都是为了将病人们纳入监控的范围内，使其处于"被看"、被管控的状态中。因为无论是女护士还是男护理，他们在"看护"病人的整个过程中，就已经将监控与规训渗透进了双方交往的每一个细节里。而安窗格、锁窗子这样的措施，看似只是空间装潢上的常规处理，好像构不成身体上的伤害，其实却是统治暴力升级的实现手段。上锁的窗户隔绝了房里的病人与外界的联系，也剥夺了他们开放的视野与行动的自由。换言之，原本应作为休息、疗养场所的病房，此时已彻底变成了女院长魔爪下的监牢。可以说，在疗养院这样一个庞大的权力体系中，那些难以察觉的点点滴滴、细枝末节，都是博士小姐满足其疯狂权力欲望的前提和基础。而作者在这一层面独具匠心的设计和刻画，也让隐性的"疯癫"显示出了真实的模样。

上述分析的"疯癫"诸相，无不让人感到在《物理学家》这座深邃的迷宫之中，藏着一头令人谈之色变的米诺陶鲁斯怪兽。它就潜伏在看不见的黑暗之处，似乎无法驯服，也不知道何时会突然出现。身处迷宫之中的人，只能无奈地饱受着这怪诞、偶然和隐秘性所带来的痛苦煎熬。

3. "疯癫"的效果

从审美经验的角度看，《物理学家》中这些怪诞奇异、充满偶然性与隐匿性的"疯癫"话语，产生了无可替代的美学效果。这些效果主要体现在以下两个方面。

首先，剧作对于"疯癫"的描写形成了无可破解的悖谬。迪伦马特在《关于〈物理学家〉的二十一点说明》中写道："这样一个故事固然是怪异的，但并不荒诞（悖理）。剧作家同逻辑家一样不能避免这种悖谬。物理学家同逻辑家一样不能避免这种悖谬。一个描写物理学家的剧本必须是悖谬的。"[1]所以，《物理学家》全剧多处充斥着相互冲突、前后不一的矛盾点，让受众不断经历似是而非、茫然不解的困惑。这些悖谬包括了以下几种关系：

第一是此与彼的悖论。从最初的直观感受上来说，《物理学家》这部剧最明显的独特之处便是主角错综复杂的姓名。同一个人物，随着场景和情绪的变化，竟然出现了好

---

[1] 迪伦马特：《迪伦马特戏剧集（下）》，叶廷芳译. 北京：人民文学出版社，2019 年，第 615 页。

几个不同的称呼，一会叫作 A，一会又变成 B，而他的真正名字又是 C。更不用说，在"疯癫"话语的作用下，几位主角的名字相互间还存在替换和错位的关系。比如上文曾提到牛顿声称自己是为了不让爱因斯坦发病而冒充牛顿，其实自己才是爱因斯坦。可以说，单是人物的名字和身份就足以让受众陷入到一个颇具挑战的"迷魂阵"当中。所以，"谁是谁"的问题也就成为走进这个迷宫世界的第一道难关。

关于剧中三位物理学家的名字和称呼，可作如下梳理：首先，在两位"间谍病人"爱因斯坦和牛顿身上，都分别承载了三种称谓。其一是公开的姓名，其二是自封的称号，其三是真实的身份。具体来说，二号病人的公开姓名是埃内斯蒂，他自称为爱因斯坦，而其真实的名字却是约瑟夫·埃斯勒。三号病人的对外身份是博伊特勒，自称为牛顿，其原本的真名则是基尔敦。而一号病人默比乌斯的情况则相对简单，不过他为了装疯，一直声称自己是所罗门王，这也在无形中给他的身份披上了一层迷雾。

如此，不同的称呼就好像可以随时替换的标签，让人物在不同的身份间来回切换，形成一种"一时这样，一时那样"，"一会是，一会不是"的"错乱感"，由此让人体验到一种印象深刻的悖谬效果。

第二是理性与疯癫的悖论。随着剧中几位主要人物真实身份的揭露，一场理性和疯癫之间的拉锯战也逐步展开。刚出场亮相时，三位病人或癖好异常、或胡言乱语、或耽于幻觉，性情乖张的怪异表现让人们对其疯癫的状态确信无疑。然而随着剧情的推移，当三人的秘密逐渐被揭晓后，人们发现原来他们不仅没有患病，而且其所有的行为背后都暗藏着极为复杂的理性考量。默比乌斯有着惊人的物理天才，他的研究甚至能够影响世界、毁灭人类。因此他伪装成为精神病患者住进了这所名为樱花园的疗养院。而西方集团的物理学家基尔敦和东欧集团的物理学家埃斯勒为了获得默比乌斯的研究成果也分别在疗养院中隐姓埋名，伺机窃取机密。可当他们的身份遭受怀疑，秘密有被暴露的危险时，又不惜以牺牲他人的性命为代价，杀害有可能知情的护士，以达到掩护行动计划的目的。这样的行为又无疑是有违道德伦理的，甚至可以说是疯狂的。从这个意义上说，三人在犯下谋杀罪行的那一刻，人类的理性中善良、同情心的那一部分是缺席失效的。

然而，无论是研究还是窃取，不管是伪装还是杀戮，所有这些都在院长博士小姐的掌控之下，理性的谋划与算计似乎又一次占了上风。可谁料想策划出这惊天阴谋的女院长其实才是自认为受命于所罗门王、精神失常的疯子。于是，人们不禁要问，究竟是疯癫控制了理性，还是极端的理性导致了可怕的疯狂？在《物理学家》中，这天秤两端的砝码仿佛在不断地更改变换，而无解的悖谬就在这似乎永远实现不了的平衡中产生了。

第三是有罪与无罪的悖论。如前所述，《物理学家》的剧情就发端于疗养院护士被扼死的谋杀案。从第一幕开篇起，关于凶手罪责的疑问就成为贯穿全剧的一条重要线索。可是，当案件的谜底被逐一揭开，一系列更大的困惑却如同漩涡般席卷而来。从法律的角度看，剧中的物理学家们是残酷的杀人凶手，他们在疯人院里各自杀害了一个护士。对牛顿和爱因斯坦来说，他们被迫杀害护士是为了不危及他们的秘密使命，是为了他们更高的价值追求，而莫比乌斯被迫杀人是为了继续掩盖自己的身份和隐匿研究的成果，从而避免引发更可怕的屠杀，正如他自己所说："杀人是比较可怕的事情。我杀了人，这样，一种更为可怕的屠杀就不会发生。"（1095）可从原始动机的角度看，他们的出发点都是希望自己的研究或牺牲能够为更多的、或者绝大多数人谋福利。如此说来，他们的杀人行为似乎又是无罪的。可难道这样他们就有权剥夺他人的生命？如果真的认识到必须以个别人的小牺牲换取全人类的大利益，那默比乌斯为何不自杀——如果没有科学家，就不会有科学的发展，科学越不发达，岂不是它所带来的负面效果就会越小？当然，倘若我们真的这样看问题，就势必违背了一般的社会历史发展规律，甚至会滑向历史虚无主义的泥潭。① 这样的悖谬正如同迷宫中的米诺陶鲁斯，它永远无法意识并理解自己身上的"原罪"，但众多的童男童女又的确是在走入迷宫后有去无回。而事实上，又根本没有确凿的证据能坐实这迷宫怪兽的害人罪过。关于有罪与无罪的判定，仿佛比迷宫本身更加令人纠结不清。

第四是自由与威胁的悖论。在迷宫神话中，米诺陶鲁斯的生存状态本身是一种逻辑上的背反关系：它似乎是因为与生俱来的罪过而受到惩罚，被关进精心设计的迷宫之中，但在这座迷宫中，它似乎又是自由的，仿佛整个迷宫都归它主宰，所有进入者的命运都在它的掌控下。对于那些被送进来的童男童女来说，米诺陶鲁斯无疑是致命的威胁，可是它没有意识到，得到公主帮助的忒修斯却又是它生命的终结者。这样的悖论自然也体现在迪伦马特的戏剧世界里。《物理学家》中的默比乌斯起初认为即使外面的世界自己无法把控，至少疗养院里那个小世界的进程尚在自己的掌握之中。他可以选择什么时候吃饭睡觉，什么时候清醒，什么时候发疯，什么时候表明真实身份，他还可以劝说另外两位物理学家与他保持一致。在默比乌斯的眼中，外面的世界才是充满威胁的可怕监狱，隐匿于疗养院中才是安全而自由的选择："人们向我呈现的现实却是一样：一座监狱。因此我宁愿住进我的疯人院。这样我至少可以保证不被政治家们所利用。"（1088）他自以为："我还保持着秘密身份，这是我唯一的侥幸。只有在疯人院里我们还有自由，只有在疯人院里我们还可以思考，而在外面，我们的思想却是爆炸品。"（1089）殊不知这看似世外桃源般的疗养院其实与外部的世界一样，都不是他所能够凭借智力完全认识和控制的，因而早已泄漏了身份却自以为保密，身处不自由之中却自以为自由。此时，几位智力超群的物理学家与迷宫中的野兽没有区别，他们都是被困者，都是不能认识自己周遭环境的动物。② 谁都没料到后面还有举着剑的"忒修斯"——博士小姐在等着他们。而这个看似掌握了一切的疯癫女院长，又何尝不是被臆想中的金冠国王，又或者说是心中极端的控制欲所囚禁奴役着的呢？因此，在迪伦马特的迷宫世界

----

① 廖峻：《迪伦马特戏剧中的迷宫世界》，中国社会科学院研究生院博士学位论文，2007 年，第 68 页。

② 廖峻：《迪伦马特戏剧中的迷宫世界》，中国社会科学院研究生院博士学位论文，2007 年，第 67-68 页。

中，往往没有绝对的自由，也没有可以防御的威胁，人们看到的只有在悖谬中无限循环的疯狂。

其次，正是因为上述种种迷离而玄奥的悖谬，让受众脑海中不断浮现出带有重重问号的质疑之声。人们突然发现，我们赖以生存的基础不再安全可靠，我们最为熟悉的生存状态原来如此荒谬。

这样的质疑一方面是针对科学与人类的关系。按照迪伦马特对迷宫神话的理解，如果忒修斯手中的阿里阿德涅红线象征人类的科学和理性，那人类真的能以理性认识自己吗？真的可以用科学来征服和改造世界吗？对此，《物理学家》这座迷宫世界展现出的是怀疑的态度。在神话中，忒修斯是一个人从外面进入迷宫的，声称是去杀死米诺陶鲁斯，然后又一个人走出了迷宫。但其实还存在另一种可能，那就是进入迷宫的忒修斯不识路，他根本没有办法找到米诺陶鲁斯。既然这场战斗没有人证，就有可能根本没发生过二者之间的战斗。我们甚至可以再进一步大胆推测，迷宫中可能根本就没有什么怪兽，米诺陶鲁斯实际上就是忒修斯自己。所以迪伦马特从中看到并想借此在作品中表达的是，人类的理性思维毕竟存在着局限性，它不可能完全认清这个世界及其所有的因果联系。

在《物理学家》中，天才的默比乌斯不惜牺牲自己和家人的幸福，甚至还有与自己相爱的护士莫尼卡的性命，甘愿在疗养院里装疯卖傻度过余生。他的终极考虑是："我们的科学已经变成了恐怖，我们的研究是危险的，我们的认识是致命的［……］我们必须把我们的知识收回来。"（1091）这里足可见他对人类命运的深切关怀和强烈的个人责任感。从这点上看，他与闯入迷宫的英雄忒修斯颇有相似之处。但不同的是，"忒修斯知道自己进入的是迷宫，有致命的怪兽米诺陶鲁斯潜伏其中，而默比乌斯则以为自己逃离了一个迷宫，逃离了外部世界中的米诺陶鲁斯，而进入一个相对宁静，自己可以把握的世界"①。但事实上，他逃离了外部世界这座迷宫，却陷入了疗养院这座更为恐怖的迷宫。如果说忒修斯敢于进入迷宫的勇气源于手中的那条阿里阿德涅红线，那么默比乌斯作出如此巨大牺牲的决心所倚仗的则是他身为科学家的理智和判断力。只可惜这条原本救命的红线并没能最终引导他走出迷宫。而此时的英雄忒修斯也在无意间沦为了阿里阿德涅借他人之手铲除同父异母兄弟米诺陶鲁斯的工具。② 因为正如上文所述，默比乌斯一直处于女院长的控制之下。后者以治疗的名义长期对他进行了麻醉并伺机拍摄了他在无意识状态下吐露的"所罗门的秘密"——研究成果。正是借助这个"可能发明一切的体系"（1084），疯狂的女院长得以建立强大的托拉斯帝国，从而实现自己统治宇宙的野心。

① 廖峻：《迪伦马特戏剧中的迷宫世界》，中国社会科学院研究生院博士学位论文，2007年，第79页。
② 廖峻：《迪伦马特戏剧中的迷宫世界》，中国社会科学院研究生院博士学位论文，2007年，第79页。

再来看牛顿与爱因斯坦。第二幕中，牛顿坦白了自己的罪行，对自己杀死女护士的行为感到难过万分，但是他还是为此辩解，理由是"命令毕竟是命令啊。"（1088）"我没有别的办法。"（1010）因为"我的使命是完成我们情报机关的最机密任务，现在它发生了问题，为了避免使人怀疑，我不得不杀人"（1010）。由此可见，牛顿是视国家使命为最高原则的人，因此他觉得自己的罪责问题可以放在国家利益的框架下去看待、去弱化。爱因斯坦对自己杀人的解释与牛顿可谓如出一辙："有些事搞得一点也不好，比如今天下午发生的伊雷尼护士的事。她起了怀疑，于是我就对她判了死刑。这件事使我极为难过。"（1012）"但命令毕竟是命令啊。"（1013）"我没有别的办法。"（1013）"因为我的使命是完成我们情报机关的最机密任务。"（1013）从语言和思想看，二者没有什么区别，都是把责任、道义和科学的价值都归属于国家利益之下。

不过值得注意的是，两人在行为理念上还是有所差别的：牛顿主张科学研究不应受到任何限制，即"科学的自由"，研究是为了金钱和名誉。他认为默比乌斯"有义务把科学的大门向我们这些非天才的人敞开"（1014），"至于人类会不会去走我们为之开辟的道路，这是他们的事情，与我们无关"（1014）。其个人的行动准则是实用主义的利益追求。爱因斯坦主张科学研究是服务于政治体系。在他看来，集体的利益优先于个人自由；科学研究为政治体系服务。可见，牛顿和爱因斯坦那种简单的、不加批判的爱国主义导致他们也沦为某种政治力量或野心家的工具。他们背后的东西方大国都是企图控制世界的米诺陶鲁斯，在表面对科学的顺从态度下，其实都隐藏着那些政治家的野心，这样的大国强权与女院长其实没有什么根本上的不同。①

综合来看，三个物理学家，一个强调个人责任和个人义务，一个强调个人权利和自由，一个强调社会责任和义务。② 但是他们都将利益和信仰视作可以凌驾于一切之上、包括生命的最高法则，都以强烈的理性目的为行动导向，或者说都奉行理性至上的原则。可这群坚定的理性主义者从一开始就落入了疯子的圈套：科学成果被窃取，身份被识破，行动被监控。最后的结果无情地证明，他们试图以个人力量拯救全世界的想法从一开始就是错误的，他们的计划完全失败，他们的牺牲变得毫无意义。

那么，为何科学和理性的"红线"不仅没能成为助人走出困局与危机的向导，反而变为触发灾难的引线？要回答这个问题，就少不了对历史背景和国际时局的追溯。

于是，人们便有了另一方面的质疑：这个世界到底怎么了？尽管《物理学家》诞生之时第二次世界大战已经结束，但是战后的世界仍然远远没有等到真正和平时代的到来。雅尔塔体系之后基本形成了冷战格局，军备竞赛不断升级。到了 20 世纪 60 年代，世界政治的基本格局就是美苏争霸，而且双方的公开对抗使人们似乎又看到了战争的边

---

① 参见廖峻：《迪伦马特戏剧中的迷宫世界》，中国社会科学院研究生院博士学位论文，2007年，第 70 页。

② 参见黄凤祝：《论迪伦马特对理性社会非理性行动的批判》，《同济大学学报（社会科学版）》，2007 年第 2 期，第 23 页。

缘。尤其是 1961 年美国在西部荒漠试爆原子弹时，其中的六道保护装置有五套失灵。"一场核战争灾难看来日益迫近，难以避免，而人类却缺乏有效的机制来控制它。当时科学发展的主流方向就是服务于军事目的，科学成了政治与国家的附属品。"[1]另一方面，一股对科学与政治关系的反思浪潮也在西方社会中兴起。20 世纪 40 年代，被称为"原子弹之父"的著名物理学家 J·罗伯特·奥本海默就因拒绝美国当局委任的开发氢弹的任务被奉行麦卡锡主义的美国政府诬以"亲共""叛国"等罪名，受到指控和审讯，直到 1963 年才得以恢复名誉。这场轰动一时的"奥本海默案件"也直接反映了当时国际舞台的争霸局面与科学家的道德问题间的矛盾冲突。可以说，那个波卷云诡的时代已经为《物理学家》的产生创造了充分的前提。而对"物理学家在我们这个世界上应该怎样行动"的思考也成了迪伦马特创作《物理学家》的灵感来源和中心思想。

在《物理学家》中，那些疯癫的话语和最后荒谬的结局，都证明了人类理智的无能为力。原本应当作为"全人类财富而出现的"科研成果，却沦为欲望的傀儡和权力的工具。这正如迪伦马特所说的："改变世界的不是哪一种意识形态，而恰恰是科学，它已经改变了世界。技术是从科学中产生出来的。真正改变世界的是科学的观察、解释和认识，政治本来就是一瘸一拐地跟在科学后面的。科学努力尝试控制其发展。但是现在科学重新成了一种独立于人的现状之外的力量。"[2]科学的面貌已经变得同米诺陶鲁斯一样令人惊恐不安，这个世界也变得如迷宫般诡异难辨。如此怪诞的局面从而来？对此，迪伦马特的回答是："因为原子弹的存在，我们的世界就是出自对它的恐惧。"[3]"今天只有世界屠夫们一手导演的悲剧。人不再是自己行为的主体，无法保持个性的独立和自由，而是无可奈何地听凭一个超人力量的摆布。当今的国家成了一个匿名的官僚机构，一个不可思议的东西，一个无形体。"[4]迪伦马特就是要在这样一种让人惊恐的疯癫和困惑的悖谬中再现荒诞的现实世界，使人们重新审视科学与人类的关系，进而对那些希望掌握强大的暴力机器来统治世界，甚至企图将宇宙也纳入其势力范围的野心勃勃之徒提出质问和挞伐。

4. "疯癫"的意义

从笛卡儿的"我思故我在"开始，理性的地位一再高昂，人们惊喜地从自身发现价值，一洗被赶出伊甸园的屈辱，竭力地标榜自我的存在。疯癫如卵击石，看着理性对自

---

① 参见廖峻：《迪伦马特戏剧中的迷宫世界》，中国社会科学院研究生院博士学位论文，2007年，第 79 页。

② Franz Kreuzer. *Die Welt als Labyrinth. Ein Gespräch mit Franz Kreuzer.* Zürich：Diogenes Verlag, 1986：32.

③ Friedrich Dürrenmatt. *Theater-Schriften und Reden.* Zürich：Verlag der Arche, 1966：119.

④ Friedrich Dürrenmatt. *Theater-Schriften und Reden.* Zürich：Verlag der Arche, 1966：92.

己实行着绝对的统治而毫无还手之力。可以说，自从理性的光芒照进人类的灵魂以来，疯癫便作为古怪与病态的代名词被挤压进那个最黑暗的角落。人们小心翼翼地将疯癫封存进一个隐晦的世界，同时也赋予它近乎禁忌般的神秘。然而，在悲喜剧大师迪伦马特的笔下，疯癫却在常规秩序之外找到了存在的场域，获得了表现自我的机会。

在《物理学家》中，疯癫就表现在几位主人公谵妄性的语言、离奇的幻觉、混乱的思维、怪异的举动与歇斯底里的情绪之中。这样的话语似乎是荒诞的，"但是当我们仔细分析他的话语逻辑的时候，又会发现他建构起来的这一套思维方式是有严密逻辑的，似乎在疯癫之中包含了某种真理性的东西"①。比如默比乌斯装疯时"吟唱"的所罗门赞美歌中就提到："我们飞离地球进入天际，踏上月球的荒漠土地。有人已捷足先登身陷尘埃，无声无息。[……]而在火星上太阳甚至用我们充饥；它发出雷鸣般的轰响，这个放射性的黄色球体。"（1098）这看似呓语般的唱词里包含了地球、太空、宇宙、核辐射等多种元素，其实暗示了人类的科技与文明对地球，对我们赖以生存的空间乃至整个宇宙的影响。通过这些有关"疯癫"的书写，各种原本难以启齿的欲望堂而皇之地上演，原本被控制和掩藏的兽性也得以肆无忌惮地呈现。

福柯在《疯癫与文明》中说道："疯癫的实质最终可以用某种话语的简单结构来确定。"②《物理学家》中那些"疯癫"话语就是具有荒诞、隐匿和偶然性特征的话语结构。而通过对这些话语的深层"解构"，人们便可以清晰地看到这疯癫背后的秘密，那是人类堕落的绩点、罪恶的记号，是这个世界的荒谬，更是对在知识和理性面前迷失了自我的人类无情的惩罚。

在疯癫这种"从灵魂到肉体和从肉体到灵魂的运动"中③，人性的真实与存在的真相透过某些特定的符号、语言和姿态爆发出来，也使得那些隐藏在某种理性秩序外表下的本质暴露出来。虽然疯癫是令人不安的，是无理性的，但是对疯癫的理性把握永远是可能和必要的。疯癫存在的意义就在于，以一种戏谑的态度揭示这个世界的真理，向宇宙中最深切的秘密表达最直觉的感悟，并以这理性永远无法透析的真理，来对抗巨大的道德禁锢。

"疯癫"的这种意义与迪伦马特对于怪诞的痴迷不谋而合。他曾经这样描述过自己的创作过程："任何创作都是凭某一瞬间的癫狂。""我所写的东西看起来是绝对癫狂的、幻想的事情，并且突然间我就能把每一件这种幻想的事情还原为某种可以体念的东西。"④这种经过"疯癫"捣碎、搅拌和发酵过而面目全非的"怪相"，恰好就是那些我们在常态下看不见的真相。《物理学家》一剧也正是通过这怪诞的"疯癫"话语实现了"笑中

① 陈怡含：《福柯说权力与话语》，武汉：华中科技大学出版社，2017 年，第 87 页。
② 福柯：《疯癫与文明》，刘北成译. 北京：生活·读书·新知三联书店，2003 年，第 91 页。
③ 福柯：《疯癫与文明》，刘北成译. 北京：生活·读书·新知三联书店，2003 年，第 95 页。
④ 叶廷芳：《含泪的笑——论迪伦马特的戏剧美学特征》，《同济大学学报（社会科学版）》，2005 年第 2 期，第 2 页。

带泪"的戏剧效果，使人们在大跌眼镜的惊诧与百思不解的困惑中发出对自我本质与世界真相的灵魂叩问。这一点在迪伦马特本人对该剧的解释中也得到了最好的印证："物理学的内容涉及物理学家，而它的后果涉及一切人。凡涉及一切人的，只能由一切人来解决。涉及一切人的问题，个别人想自己解决的任何尝试都必然失败。现实显现于悖谬之中。谁面对悖谬的事物，他就置身于现实之中了。"①换言之，这几位物理学家的命运折射出的其实是一切人类的命运，我们身处世间的每一个人都逃不出这悖谬的命运。剧中这些令人无所适从的"疯癫"话语，就如同一把无形的利剑，有力地刺破了秩序与理性粉饰下的表象，将那些或因习以为常而麻木，或因沉迷于利益的法则而离自我的本质越来越远的人们，以诅咒般尖锐的方式从可笑可悲的日常现实中唤醒。

至此，我们可以深切地感受到，《物理学家》中的"疯癫"话语，将变态的人物、扭曲的事件、可悲的环境置于怪诞的聚光灯下，让人们在被驱赶出舒适圈的惊诧中思考科学对人类发展的作用与反作用这个与每个人都切身相关的问题，从而向世人发出不同凡响的震颤警告："科学的发展并非坏事，也并非难事，但一定要首先认清其意义，考虑到它的各个方面，才可能正确地去发展它和控制它，将其负面效应降到最低，才不致于危害人类的生存。"②否则，我们每个人都有可能成为这迷宫悲剧的肇始者和怪兽口中的牺牲品。

参 考 文 献

[1] Arnold, Heinz Ludwig. *Text + Kritik. Friedrich Dürrenmatt* Ⅱ [M]. München：dtv Verlag, 1977.

[2] Bloch, Peter Andre & Hubacher, Edwin. *Der Schriftsteller in unserer Zeit. Eine Dokmentation zu Sprache und Literatur in der Gegenwart* [M]. Bern：Francke Verlag, 1972.

[3] Dürrenmatt, Friedrich. *Theater-Schriften und Reden* [M]. Zürich：Verlag der Arche, 1966.

[4] Dürrenmatt, Friedrich. *Gesammelte Werke in 6 Bänden* [M]. Zürich：Diogenes Verlag, 1996.

[5] Eisenbeis, Manfred. *Lektürehilfen：Friedrich Dürrenmatt Die Physiker*. Stuttgart, Düsseldorf[M]. Leipzig：Ernst Klett Verlag für Wissen und Bildung Gmb H, 1994.

[6] Heidsieck, Arnold. *Das Groteske und das Absurde im modernen Drama*[M]. Stuttgart

---

① 迪伦马特：《迪伦马特戏剧集（下）》，叶廷芳译. 北京：人民文学出版社，2019 年，第 616 页。

② 廖峻：《迪伦马特戏剧中的迷宫世界》，中国社会科学院研究生院博士学位论文，2007 年，第 81 页。

und Mainz：W. Kohlhammer Verlag，1969.

［7］Jens，Walte. *Ernst gemacht mit der Komödie*［M］. Zürich：Diogenes Verlag，1990.

［8］Keel，Danile. *Über Friedrich Dürrenmatt*［M］. Zürich：Diogenes Verlag，1980.

［9］Knopf，Jan. *Friedrich Dürrenmatt*［M］. München：Verlag C. H. Beck，1976.

［10］Kreuzer，Franz. *Die Welt als Labyrinth. Ein Gespräch mit Franz Kreuzer*［M］. Zürich：
Diogenes Verlag，1986.

［11］陈怡含 . 福柯说权力与话语［M］. 武汉：华中科技大学出版社，2017.

［12］迪伦马特 . 迪伦马特戏剧集（下）［M］. 叶廷芳，译. 北京：人民文学出版
社，2019.

［13］福柯 . 疯癫与文明［M］. 刘北成，译. 北京：读书·生活·新知三联书店，2003.

［14］黄凤祝 . 论迪伦马特对理性社会非理性行动的批判［J］. 同济大学学报（社会科学
版），2007（2）。

［15］廖峻 . 迪伦马特戏剧中的迷宫世界［D］. 中国社会科学院研究生院博士学位论文，
2007 年。

［16］叶廷芳 . 含泪的笑——论迪伦马特的戏剧美学特征［J］. 同济大学学报（社会科学
版），2005（2）.

从神恩操控到人类觉醒①

——对马克思叙事谣曲《路琴德》之阐释

同济大学　张克芸　许渤翊

摘　要：较之马克思中晚期的作品，青年马克思的文学创作一直未得学界深入研究。本文基于语文诠释学方法指出，马克思在其早年诗作《路琴德》（*Lucinde*）中已将古希腊神话人物形象、德意志古典-浪漫文学人物形象及谣曲形式与人类主体觉醒的精神内涵相结合，既遵循德语传统诗学的美学形式，又突破题材的思想限制，传达出激昂的抗争精神，是文学家马克思同时也是革命者马克思的早年佳作。同时，对马克思早期作品的研读将更好追溯马克思主义的发展路径，推进马克思研究的完整性和深入性。

关键词：马克思；叙事谣曲；《路琴德》；神恩操控；人类觉醒

引　言

　　尽管中外学界对马克思在政治、哲学领域的研究蔚为大观，成果丰硕，近年来对马克思作品中文学性的研究也方兴未艾，然而对马克思青年时代文学创作的研究依然处于起步阶段。事实上，1835—1836 年，年仅 18 岁的马克思用短短一年时间创作了共约 60首诗作。② 这些诗作是完整研究马克思主义的起源、发展和成熟所不可或缺的重要组成部分。对它们的研究，可以将马克思主义研究的区间再向前推进至青少年阶段，是对马克思理论体系的有益补充。此外，马克思是德语母语者，文以载道，他以德语撰写的著作能够最精确地表达其精神理念。因此本文将立足于德语原文本，从德语语言与诗学的视角出发，观察、体味马克思原作所传达的思想精华。

　　目前学界对马克思早期诗作的研究甚少，在语文学层面上对德语原文所作的研究更寥寥无几。大部分学者认为，马克思早期诗歌的创作主要师从海涅、歌德、席勒，主题多为悲剧性的爱情、被神秘力量操控的人类命运、艺术家与市民社会之间的矛盾③，因

---

　　① 基金项目：本文系国家社科基金一般项目"马克思德文原著与欧洲文学视域融合的研究"（项目编号：22BWW001）阶段性成果、2022 年度同济大学重点课程建设项目"德语文学史"阶段性成果。

　　② William M. Johnston. Karl Marx's Verse of 1836-1837 as a foreshadowing of his early philosophy. *Journal of the History of Ideas*，1967：260-261.

　　③ David McClellan. *Marx before Marxism*. London：The Macmillan Press，1970：44.

而将马克思早期的文学创作一律视作对德意志浪漫派风格的全盘继承，从而很大程度上忽视了马克思早期文学尝试中迸发出的剧烈火花。在这些诗作中，马克思于 1836 年 10 月至 11 月创作的叙事谣曲《路琴德》(*Lucinde*)①是文学性与思想性结合的典范，是青年马克思用欧洲文学的经典图像(希腊神话中的奥德修斯形象和浪漫派路琴德形象)所表达出的一曲觉醒者的反抗之歌。但迄今为止，《路琴德》只被当作一首爱情诗来解读②，而这首谣曲与弗里德里希·施莱格尔的《路琴德》的互文关系，以及马克思从体裁、题材、情节、人物形象等方面传达的隐含信息，也未得到足够重视。本文将结合德语谣曲的体裁特点和诗学意象，揭示马克思的《路琴德》所传达的觉醒、抗争与反叛的主题，这既是文学家马克思对诗之美的追求，也是革命家马克思对人类自由解放精神的呼吁。

一、路琴德形象演变：从逐爱的浪漫女性到启蒙的现代人类

马克思的《路琴德》(*Lucinde*)并非横空出世之作，它与三十余年前德意志早期浪漫派代表人物弗里德里希·施莱格尔(Friedrich von Schlegel，1772—1829 年)的同名之作《路琴德》(*Lucinde*)遥相呼应。施莱格尔在小说《路琴德》中践行了自己的"整全诗学"(Universalpoesie)，把信件、对话、诗歌、编年纪事、短篇故事等融于一炉。《路琴德》也因其创新性被誉为那个时代"有史以来最具革命性的书之一"③。同时，其内容之独特也令它在文学史上始终占有一席之地：施莱格尔在小说中描绘了画家尤里乌斯与女艺术家路琴德的婚外恋情，他们以肉体-精神之爱反抗受到市民道德束缚的无爱婚姻，以热烈的情爱宣扬人性的和谐，赞美男女自由结合，反抗封建婚姻。④ 小说之外，作者施莱格尔本人彼时同样与多罗特娅·门德尔松展开不伦之恋且非婚同居。无论是小说还是作

---

① 目前，马克思早期诗歌的德文原版主要收录在《马克思恩格斯全集(历史考证版)》第一卷 (Karl Marx，Friedrich Engels，*Karl Marx Friedrich Engels Gesamtausgabe*(*MEGA*)．1. Abt.：*Werke · Artikel · Entwürfe*. Bd. 1：*Karl Marx Werke*，*Artikel*，*literarische Versuche bis März* 1843. Berlin：Dietz，1975：496-502)中，此版本偏向历史考证，脚注中的信息补充较为详尽，因此本文对《路琴德》德文原文的分析主要参考此版本。这首《路琴德》已有中文翻译. 以"卢欣妲"一名收录于《马克思恩格斯全集(中文第二版)》第一卷(卡尔·马克思、弗里德里希·恩格斯：《马克思恩格斯全集》第一卷，中共中央马克思恩格斯列宁斯大林著作编译局编译. 北京：人民出版社，1995 年，第 498-508 页)中。为明确这两者实际为同名人物，避免造成误解，本文将两个人名统一，又因为施莱格尔的"路琴德"在前，此译名已为人熟知(译名参考范大灿、任卫东、刘慧儒：《德国文学史》第三卷，南京：译林出版社，2007 年，第 92 页)，故本文统一沿用译名"路琴德"。

② 聂锦芳：《爱是什么：青年马克思的体悟和理解——〈爱之书〉第一部解读》，《新视野》，2014 年第 4 期，第 8-9 页。

③ Helmut Koopmann. *Freiheitssonne und Revolutionsgewitter*：*Reflexe der Französischen Revolution im literarischen Deutschland zwischen* 1789 *und* 1840. Tübingen：Max Niemeyer Verlag，1989：90.

④ Baerbel Becker-Cantarino. Schlegels Lucinde：Zum Frauenbild der Frühromantik. *Colloquia Germanica*，1967：130.

者本人已成为轰动思想界的"丑闻"，广受非议和诟病，① 但施莱格尔塑造的"路琴德"是一位通晓时代艺术、大胆逐爱的浪漫女性，她追求女性平权、男女平等关系，② 这在当时无疑具有革命的进步意义。

深得德意志浪漫文学浸染的马克思谙熟施莱格尔及其名作《路琴德》。马克思创作同名叙事谣曲时，法国大革命已爆发三十余年，在同时代的德意志哲学家和思想家看来，这场巨大的政治革命推动了德意志在精神领域的快速启蒙，使人们努力尝试从依赖、精神压迫和迷信中挣脱出来，换言之，是"自决的艺术""内在独立的艺术"③。马克思沿用"路琴德"这个著名的叛逆者之名，将其演化为启蒙意义上觉醒的现代人。如果说，施莱格尔将女性视作独立人从而赋予其平等地位，那么年轻的马克思则走得更远，把路琴德及其爱人塑造为合力反抗神创旧秩序，争取人类主体意识的现代人。

同时，谣曲中的男主人公身上也清晰可见史诗《奥德赛》中"返乡者"奥德修斯的影子：二人都受神恩赐，在沙场斩获赫赫战功，满载荣誉踏上回乡之途；④ 二人也遭遇了背叛⑤，并在神的帮助下意图施行复仇之计；⑥ 二人都被原本的家乡人误认为陌生的"外乡人"，并被拦在家门外。⑦ 然而二者又在特定的时间节点走上不同的道路——奥德修斯靠神之助力完成了复仇，虔诚而温顺地依附于神的脚边，⑧ 而《路琴德》的男主人公却拒绝神的一切操纵，宁可以釜底抽薪的决心毁灭自身，争取人自身的尊严。可以说，《路琴德》中的男主人公是饱受考验的奥德修斯形象在马克思所处的政治变革与信仰动荡之下的最新映射。如果说，谣曲中的反叛者路琴德形象使作品具有更深刻的思想内涵，那么在此处，虔诚的奥德修斯形象之大胆"脱格"，则让人类意欲挣脱束缚的呼唤显得更振聋发聩。

此外，谣曲内部的戏剧性特征⑨——即古希腊命运悲剧的范式向现代性悲剧框架的转变——也体现出人类争取独立自决的思想。谣曲完整叙述了这一过程：一名征战沙场

① Richard Spuler. Lucinde：Roman des Romans. *Colloquia Germanica*，1983(16)：166.

② Baerbel Becker-Cantarino. Schlegels Lucinde：Zum Frauenbild der Frühromantik. *Colloquia Germanica*，1967(10)：134.

③ Helmut Koopmann. *Freiheitssonne und Revolutionsgewitter*：*Reflexe der Französischen Revolution im literarischen Deutschland zwischen* 1789 *und* 1840. Tübingen：Max Niemeyer Verlag，1989：212.

④ 荷马：《奥德赛》，陈中梅译. 南京：译林出版社，2003 年，第 6 页。

⑤ 荷马：《奥德赛》，陈中梅译. 南京：译林出版社，2003 年，第 16 页。

⑥ 其中，奥德修斯妻儿受欺、家产被肆意挥霍，意图回到家中，夺回属于自己的一切；《路琴德》中的男主人公则是被联姻者横刀夺爱，要夺回自己的爱人路琴德。

⑦ 荷马：《奥德赛》，陈中梅译. 南京：译林出版社，2003 年，第 554 页。

⑧ 荷马：《奥德赛》，陈中梅译. 南京：译林出版社，2003 年，第 808 页。

⑨ Gottfried Weißert. *Ballade*. Stuttgart：Metzler，1993：5. 根据歌德的"原蛋理论(Ur-Ei Theorie)"，叙事谣曲中同时存在三种文体类型，即叙事(Epik)、抒情(Lyrik)以及戏剧(Dramatik)。这三种元素同时存在于一种叙事谣曲中，只是它们之间的构成比例并非一成不变，因此最终呈现出来的叙事谣曲，实际上就是三方在此"原蛋"中互相博弈后所孵化出的结果。

的勇士在神的帮助下斩获荣誉，回到家乡，找寻自己心爱的恋人路琴德，但在神的操控下，路琴德要在当晚嫁为他人之妇。得知此消息的勇士愤怒不已，他在宾客齐聚的宴会大厅斥责恋人不忠，而路琴德却沉默不语。勇士此时本应遵从神的意愿，将匕首刺向路琴德，却在最后一刻把匕首转向自身。路琴德也在此时摆脱神的控制，发出一声沉闷而含冤的尖叫，将勇士自尽的匕首刺入自己的身体。众宾客惊惧之下，四散逃窜，片刻前热闹非凡的大厅一片荒芜。

谣曲开头遵循经典叙事，男主人公受神恩赐荣归故里。但在情节中段，面对神的强力操控，傀儡状态的男女主人公逐渐具有了思考、表达和行动的能力，最终通过自我毁灭（代表主体的自觉和自决）消灭肉身，从而获得了精神上的自由。谣曲最后"空荡荡的大厅"预示着新的现代秩序即将建立。在形式上，路琴德以开放式结尾取代古希腊悲剧中严整的封闭结尾，隐喻新秩序的建立尚是一个指向未来的现代规划。

二、情节结构：神恩操控与人类主体觉醒和反抗

基于谣曲内容的分析可以看出，人类争取自身对神的独立自决这一抗争过程的始末，于谣曲的情节结构中完整彰显。《路琴德》共 50 诗节，200 诗行，[①] 从内容情节出发对谣曲整体划分，可归纳为：神恩操控（Str. 1-28）、人的主体觉醒和反叛（Str. 29-50）两大部分。谣曲剧情便围绕两部分依次展开。

第一部分中，神恩操控首先体现为神对人的赐予与惩罚。谣曲首先交代了神对人施以惩戒的原因。前三诗节中，形态学中的动词过去时和现在时依次出现：开头使用动词过去时，并出现了"被选中的（auserwählt）"这一有着宗教神学色彩的词汇，描述人们虔信诸神的过往时光（Str. 1）。那时人们相信拥有的一切皆为诸神赐予，并心怀虔敬悦纳一切，神在与人的关系中占据着绝对优势地位。而紧接着，动词转换为现在时的形式，描绘人主体意识觉醒、不再虔诚依附众神的现代状况（Str. 2-3），其中出现了"兄弟亲吻（Bruderkuß）""心灵合一（Herzenseinung）"等词汇，并提到"等级（Stand）"和"观念（Meinung）"不再区分人群，人们仅凭人间之爱，而非众神的赐予，就能获得 Str. 1 所描述的那种幸福，因此神在人们的生活中渐渐隐没。随即 Str. 4-5 指出：以上种种不过是人们一场幸福的幻梦，诸神绝不能容忍人们如此妄自尊大，威胁到自己至高无上的地位，由此引出诸神即将施予惩罚：厄运将降临到任意选中的无辜者身上，而被选中之人毫无反抗之力。

其次，神与人的力量消长在博弈过程中稳定呈现，表现为二者多次分别作为语义上的施事者和受事者出现。基于语义内核的稳定性，尽管句法上的主动或被动句式不同，语义中的主动予夺和被动接受的地位却始终得以清晰凸显。例如，马克思首先将"诸神

---

① 为简洁起见，下文全部使用"Str."加诗节序数的形式标注引自原诗的诗节，使用"V.（单数）"或"Vv.（复数）"加谣曲行数的形式标注引自原诗的诗行。

(Götter)"放在剧中的施事者位置，讲述"诸神为他的渴盼加冕"这一事实，表明男主人公在战场上的功勋和荣誉皆是诸神赐予（Str. 8）；随后，位于施事者位置的是三位命运女神（Parzen）："命运女神对着她们的牺牲者/嘶嘶地重复着诅咒和誓言"（Str. 23）；当受事者路琴德羞愧之下意图逃跑，"这时响起了一声轻蔑的嘘声/一位神将她定住"（Str. 30）；在受事者路琴德意图为自己辩解之时，她的"气息和咽喉/似乎被诸神紧紧挤压关闭"，令她无法发声（Str. 32）。由此可以整合一条线索，即诸神多次介入并操控男女主人公在尘世诸人面前上演的戏剧：诸神凭借其全知全能的力量，在由男女主人公上演的戏剧中始终在场，并总能在关键时刻，控制剧情向着自己设想的方向发展。因此在这一部分，采取行动并占据上风的总是神。至此，《路琴德》与古希腊史诗《奥德赛》构成互文：男主人公与奥德修斯同样都是从战场带着赫赫战功返回，二者的返乡之途遵循的都是神的旨意，且都背负着复仇的使命。

第二部分则生动展现了人类主体觉醒和反抗的过程。在男主人公选择自戕后，原本作为掌控者的诸神陷入被动局势。在谣曲尾声部分，神再次作为施事者出现，只是这里用到了否定句式："再没有神能将他重新唤醒"，神的力量在人类主动选择的死亡面前变得束手无策（Str. 41）。而与此同时，男女主人公的行为也开始超出神的预判，当男女主人公在婚礼大厅相遇、对峙，他们之间的冲突本该进一步发展，然而男主人公尽管怀揣匕首，却并未作出任何伤害路琴德的行为，而是保证："我从未想伤害于她/不必担忧她的康宁"。被神力定住动弹不得，且其最重要的表达途径——语言——受到神的限制的路琴德，也并未屈服于神的操纵，而仍努力试图用眼神与爱人沟通。"目光（Blick）"一词作为眼睛这一器官的实体化形式，第一次出现在男主人公自戕前的自述中："只是再让我汲取一次/你目光（Blick）中的欢乐与炽热"，而该词的第二次出现，是在路琴德目睹爱人逝去，陷入愤恨时："她毁灭般地抬起目光（Blick）/看向那与她联姻的男子"。由此可知，面向爱人时，"眼神中的欢乐与炽热"表明路琴德竭尽所能地向爱人传达爱意，希望能够制止他自我毁灭的意图，而第二次，路琴德用她的目光传递了滔天的恨意，无论是对同为神之傀儡，但直接导致自己爱人身亡的联姻者，还是对操纵这一切的诸神。至此，男女主人公不寻常的行为暗示人类的自主意识逐渐觉醒，也表明人的行为在此时渐渐脱离了神的掌控。在谣曲尾声，男女主人公的反抗加剧，将神的威严彻底摧毁。首先是男主人公将揣在怀中的匕首刺向自己，"生命之线喷射而出/黑夜压进了他的眼睛"。随后，马克思直接用"女神（Göttin）"喻指路琴德："一位女神自裁"（Str. 48），这表明人与神之间的界限已经模糊，尽管路琴德是"那被选中的必死之人"，但她并未按照神的设计，死于爱人之手，而是将匕首刺向自己，通过"自裁"的方式，用自己的力量实现了解脱，神由此丧失了掌控对象。紧随其后的诗节更是直接表明了路琴德的反抗："一种冰冷、嘲讽的微笑/牵扯在她苍白的嘴边/一声恐惧的尖叫，沉闷而含怨/彻底揭露了癫狂"（Str. 49）——被神扼住喉咙无法言语的路琴德终于冲破了神的束缚，振聋发聩的尖叫声响彻在整个宴会大厅，神寂然落败。

综上所述，《路琴德》与《奥德赛》在情节方面殊异分明：奥德修斯在神的帮助下成功复仇，依靠的是神的旨意与提示；路琴德与爱人不甘臣服于神的操控，主动选择激烈的自戕，令神彻底失去可操作的傀儡。神的光环渐趋黯淡，尘世中的人走到了舞台中央。此时，"大厅一片荒芜"（Str. 50），世界仿佛回到了创世之初的混沌状态，在静默中等待新秩序的建立。

三、谣曲特色：德意志现代精神的觉醒之歌

作为叙事性和音律性相综合的诗体形式，叙事谣曲《路琴德》在叙事、图像、语音语调上，无一不凸显德意志现代精神之觉醒与萌发。三者相互贯穿、相辅相成，共同铺就了从晦暗到光明的觉醒之途。

首先，整首谣曲的叙事策略方面，本地人叙事视角和男主人公"异乡人"视角交替变换，贯穿整首谣曲，却唯独没有标题人物路琴德的视角，这展现出她无意识、无觉知的傀儡般的处境，与她后面的剧烈反抗形成醒目反差。

本地人视角的叙事主要体现在对男主人公的称呼上——男主人公被多次称为"客人（Gast）"、"外乡人/陌生人（Fremdling）"："带着匕首和魄力/一位阴郁的**客人**①潜行于人群中"（Vv. 21-22）、"而这位大步流星的**客人**/被一名侍者拦住"（Vv. 45-46）、"这位**外乡人**如被击中一般矗立当场"（V. 57）。这说明，此处是以不认识男主人公的本地人视角（路人、仆人、宴会宾客）叙述。此外，在婚宴上，当男主人公逼近路琴德，马克思同样使用了"外乡人/陌生人（Fremdling）"的称谓："她想要将自己混入人群/想要避开这名**陌生人**。"（Vv. 117-118）男主人公本是路琴德曾经的恋人，对路琴德来说并非"陌生人"。因此，此处叙事亦来自旁观者视角：在场的宾客看到路琴德见到男主人公后惊慌的表现，以为她不认识这名男子，因此想当然地称男主人公为"陌生人"。

除去本地人视角的叙事，叙事谣曲全篇大部分以男主人公角度写就。这体现在大量对男主人公的心理和情绪的描写中："他的胸中妒火中烧/讥讽席卷了可怜的心灵"（Vv. 23-24）、"他已看到城垛/他的心脏几乎不能承受"（Vv. 37-38）、"走在那熟悉而痛苦的路上/愤怒与疼痛分裂了他的胸膛"（Vv. 66-67）等。在男主人公视角中，观察对象变成了路琴德及其周围的众人，前面作为叙事主体的本地人群体在此处又转化为男主人公的观察对象。

然而，作为标题人物的路琴德却始终保持沉默，谣曲中亦不存在对路琴德心理活动和感情波动的描绘。诗中甚至明确写道：神扼住了路琴德的喉咙，使她不能发声。（Str. 32）因此对路琴德的一切行为和反应的了解皆来自旁观者视角。可以说，叙事策略上对路琴德视角的刻意忽略，无形中将她刻画为一个被神操控的温顺傀儡，服务于神预设的目标。在此铺垫下，她在后文的惊人反转才令人印象深刻：她挣脱束缚，发出尖叫，成为一位"自决"的女神。（Str. 49）

---

① 加粗文字为本文作者所作。

　　其次，谣曲内部多次塑造的图像对整部谣曲的基调起到了铺垫作用，即人类用暴力与死亡争得觉醒与独立。在男主人公开始用实际行动表达反抗时，血腥与暴力的元素开始大量涌现（Str. 38）。频频出现的血红色与纯白色之对比构成了谣曲的鲜明颜色图像。例如，路琴德将匕首刺向自己后，"洁白的纱裙"（weisse Gazbedeckung）被"血污"（Blutbefleckung）沾染（Str. 45），随后路琴德"苍白而血流如注地"（bleich und blutend）站起身来（Str. 47），这种极纯洁和极血腥的对比构成极具视觉冲击力的一幕，暴力破坏性得以淋漓尽致地彰显。同时，谣曲中多次出现"绛红色（Purpur）"，其隐喻内涵也随着故事的发展而不断变化更新：男主人公赴宴的盛装之上，绛红色布料（Purpurn）从肩膀倾泻而下，象征正值壮年的男主人公于沙场上斩获功誉的傲骨（Str. 20），路琴德初次出场时血色充盈、光彩照人的面庞（Purpurwange）是蓬勃生命力的显现（Str. 29），而她自伤后，代表鲜血的"绛红之泉（Purpurquell）"喷涌而出，这无疑意味着生命流失，死亡降临（Str. 42）。

　　除颜色外，刀刃与鲜血的对照组也数次作为尾韵，出现在男女主人公作出自戕选择之时。例如，V. 157"那刀刃迅速刺穿了他"的尾韵"刀刃（Klingen）"，与 V. 159 男主人公的"生命之线喷射而出"的尾韵"喷射（springen）"相互呼应，共同刻画出了由匕首、鲜血和死亡构成的惨烈之状。路琴德用同一把匕首刺向自己后，侍女"颤抖地面对鲜血喷射"这一诗行的结尾"鲜血喷射（des Blutes Strahl）"（V. 170），与 V. 172 中，侍女"迅速拽走路琴德的锋利钢刃"的结尾"锋利钢刃（den scharfen Stahl）"，亦构成一幕由钢刃与鲜血构建的血腥暴力场景。

　　最后，在音律性上，就其韵图式（Reimschema）而言，谣曲以规律的交替韵（Kreuzreim）写就，① 每逢情节转折或将强烈推动整个剧情发展之处，马克思就将水平上（horizontal）或垂直上（vertikal）发音舌位（Zungensposition）②区别更大的韵脚进行交叉来增强效果。这在描写诸神出场以及主人公意识觉醒并采取行动的诗节尤为明显。

　　诸神出场部分，谣曲首先描写了人们团结一致不再虔信诸神的场景（Str. 3），接着表明诸神感受到了来自人世间的威胁并对此嗤之以鼻（Str. 4）。这一组诗节在语音上构成重要转折：从韵脚的发音方式看，Str. 3 一改前面诗节中双元音韵和单元音韵交替的结构，而全部使用一致的双元音"ei"的韵；从发音口型看，Str. 3 亦改变了前文圆口型（gerundet）和非圆口型（ungerundet）相互穿插的韵脚结构，而一致使用由非圆口型发声的双元音"ei"组成的韵的排列方式。然而在紧随其后的 Str. 4 中，Str. 3 之前的韵图式得

　　① Horst Joachim Frank. *Wie interpretiere ich ein Gedicht*? Tübingen：Francke Verlag, 1991：34.

　　② Albert Busch, Oliver Stenschke. *Germanistische Linguistik. Eine Einführung*. Tübingen：Gunter Narr Verlag, 2008：48. 根据 Busch 提出的元音系统（Vokalsystem），不同元音不仅可以根据其发音口型为圆口型（gerundet）和非圆口型（ungerundet）区分，还可以就其发音时舌位（Zungensposition）为水平方向上的前位（vorn）、中位（zentral）、后位（hinten）和垂直方向上的高位（hoch）、中位（mittel）、低位（niedrig）相互区分。

以恢复，并持续到后续诗节，韵脚的水平发音位置也开始区分为后位（hinten）和前位（vorn）的相互交替。这说明，与 Str. 3 强调众人团结一致的内容相似，马克思在诗节内部韵脚的处理上也采用了全部一致的排列，从而在语音上再次对此处情节关涉的"团结统一"作出强调，而 Str. 4 中韵脚发音舌位的骤然区分也相应地预示了下文中人与神产生分歧、走向对立的趋势。

紧随其后的诸神出现场景，马克思同样用韵的突变予以强调："众神保佑了他如愿以偿/勇气和业绩伴随着他胜利"（Str. 8），明确展现了神的赐予，在这一关涉神的操控的重要诗节处，马克思少见地将垂直方向上区别很大的低舌位（niedrig）"a"韵与高舌位（hoch）"u"韵交替使用，而没有像文中大部分诗节中那样，采用低位与中位（mittel）、中位与高位交错的方式进行排列，此种发音部位的短促剧烈变化起到重点强调的效果。在路琴德看到男主人公，惊惧之下意图躲入人群时，"一位神将她定住"（Str. 30）。此处神再次出现，并出手干预情节的发展。马克思采用了同 Str. 8 类似的处理：将低位"a"韵与高位"i"韵交替使用，以发音位置的大幅度转换突出情节的急剧变化，增强戏剧效果。

与神的操控相对应，人类作出反抗的桥段亦通过音律变化得以强调。男主人公悲愤地控诉："谁也别敢打扰我！"而众人也"不得不听从于他/向他的痛苦致以毫无保留的全神贯注"。（Str. 35）此处尾韵的发音口型突然从前面的圆口型和非圆口型规律交错结构，转化为一致的圆口型发音韵"ö"。在男主人公发表控诉时（Str. 35-39），一个诗节内尾韵的发音口型始终统一，直到男主人公骤然拔出匕首施行自杀（Str. 40）："生命之线①喷射而出/黑夜压进了他的眼睛"，此时发音口型再次恢复交叉结构。在路琴德自我审判时（Str. 49），同样出现了韵的突变：前几个诗节中，韵脚发音水平舌位始终在同一诗节内保持一致，而这一结构在此处突变为前位"öh"与后位"u"的交替。

此外，四步扬抑格（Vierheber）②贯穿全诗，而其中出现五步扬抑格（Fünfheber）③的两处，具有尤其重要的点明主旨的含义："以尘世之精神为尺度，在心灵中将天国丈量"（V. 20）指人们团结一致，相信自身，敢于主动以人间的标尺衡量众神的居所——天国，从而萌生了精神上的独立自觉；"而他将复生/如若渴盼能为死者重新注入灵魂"（Vv. 183-184），描绘出众神在男主人公突然选择自戕后，束手无策，无论如何也不能使他复活的窘迫状态，这恰恰体现了众神从全知全能的至高地位跌落神坛的过程，着重凸显了神操控的失灵和神设计情节的脱轨，与谣曲开头人类占据主导、主动丈量天国的行为形成呼应。由此，人与神的位置发生置换，人类独立自觉的精神愈发昂扬。

总体而言，叙事谣曲的前两部分更多使用了低舌位和中舌位的韵脚，较为低沉饱

---

① 德文原文为"Lebensfaden"，译为生命/命运丝线，是由三位命运女神编织的、人类生命的象征。

② Horst Joachim Frank. *Wie interpretiere ich ein Gedicht?* Tübingen：Francke Verlag, 1991：28.

③ Horst Joachim Frank. *Wie interpretiere ich ein Gedicht?* Tübingen：Francke Verlag, 1991：28.

满。这两部分偏重叙事，为叙事谣曲的前两部分情节积淀了更为深沉压抑的情感，同时也使得第三部分短暂而强烈的爆发更具冲击力。第三部分则更多使用了高舌位发音的元音作韵，产生明亮高亢的效果，从而使整个谣曲的情感丰沛程度更上一层台阶，并结合音调与剧情内容，将情节推向高潮，奏出一曲从低沉隐晦到明亮高亢的觉醒之歌。

四、结　语

本文从主人公形象、谣曲情节结构和谣曲艺术特色三方面入手，对《路琴德》作分析和阐释，可以看出：马克思 1836 年所作叙事谣曲《路琴德》中，在由神掌控的世界中，由于人类主体意识觉醒，为摆脱神的操控，人们强力毁灭自身。由此，神的操控在与人的反叛的对抗中落败。谣曲中，马克思用经典文学图像的发展与"脱格"，用蒙昧中的逆来顺受与觉醒后的奋起反抗两相分治的结构设计，用视角分配的精妙巧思和诗之韵律，塑造出了争取精神上的独立的现代人形象。

从文学性与思想性结合的角度看，《路琴德》是马克思早期文学作品中文学性与思想性相结合的典范之作。它以诗体形式体现了青年马克思对浪漫派笔下路琴德这一文学形象的进一步发展：施莱格尔尚执着于对人际间婚姻制度的反叛，马克思则已开始关注人的觉醒，反思人与神的传统关系，让主人公从神赐恩典走向自决行动。谣曲的结尾意味深长：在路琴德以命相搏后，须臾前金碧辉煌、秩序俨然的大厅众宾逃散，诸神消隐，瞬间寂寥的大厅"白茫茫一片大地真干净"。这隐喻着旧世界已然坍塌，人类的新世界、新秩序、新关系即将开启。

《路琴德》的思想性和艺术性足以说明，与马克思成熟时期的科学性、体系性著作的熠熠星光相比，马克思的早期诗学作品毫不逊色。其间充溢的"少年扬眉剑出鞘"的赤子心性、壮烈情怀，无疑是马克思一生独特的"青春之歌"。对这些早期诗歌的研究也有助于进一步贯通马克思主义起源、发展、成熟的全脉络。因为在这首创作于 1836 年的谣曲《路琴德》中，解放被压迫者的理想已在 18 岁的大学生马克思心中盎然怒放。而之后历史的进程也已告诉我们，马克思的这一诗学理想很快就变成了革命现实。

参 考 文 献

[1] Becker-Cantarino, Baerbel. Schlegels Lucinde：Zum Frauenbild der Frühromantik [J]. *Colloquia Germanica*，1967(10)：S. 128-139.

[2] Busch, Albert, Stenschke, Oliver. *Germanistische Linguistik. Eine Einführung* [M]. Tübingen：Gunter Narr Verlag，2008.

[3] Frank, Horst Joachim. *Wie interpretiere ich ein Gedicht?* [M]. Tübingen：Francke Verlag，1991.

[4] Johnson，William M. Karl Marx's Verse of 1836-1837 as a foreshadowing of his early

philosophy[J]. *Journal of the History of Ideas*，1967(28)：S. 259-268.

[5]Koopmann，Helmut. *Freiheitssonne und Revolutionsgewitter*：*Reflexe der Französischen Revolution im literarischen Deutschland zwischen 1789 und 1840*[M]. Tübingen：Max Niemeyer Verlag，1989.

[6]Marx，Karl，Engels，Friedrich. *Karl Marx Friedrich Engels Gesamtausgabe*(*MEGA*). 1. *Abt.*：*Werke · Artikel · Entwürfe. Bd.* 1：*Karl Marx Werke*，*Artikel*，*literarische Versuche bis März* 1843. *Erster Band*，*Hamburg* 1890[C]. Hrsg. von der internationalen Marx-Engels-Stiftung. Berlin：Dietz，1975.

[7]McLellan，David. *Marx before Marxism*[M]. London：The Macmillan Press，1970.

[8]Schlegel，Friedrich von. *Lucinde. Ein Roman*[M]. Jena：Diederichs Verlag，1907.

[9]Spuler，Richard. Lucinde：Roman des Romans[J]. *Colloquia Germanica*，1983(16)：S. 166-176.

[10]Weißert,Gottfried. *Ballade*[M]. Stuttgart：Metzler，1993.

[11]范大灿. 德国文学史(第三卷)[M]. 范大灿，主编. 南京：译林出版社，2007.

[12]荷马. 奥德赛[M]. 陈中梅，译. 南京：译林出版社，2003.

[13]卡尔·马克思，弗里德里希·恩格斯. 马克思恩格斯全集(第一卷)[C]. 中共中央马克思恩格斯列宁斯大林著作编译局，编译. 北京：人民出版社，1995.

[14]聂锦芳. 爱是什么：青年马克思的体悟和理解——《爱之书》第一部解读[J]. 新视野，2014(4).

"所有时代最伟大的诗人之一"

——赫尔曼·黑塞评爱德华·默里克①

北京大学 马 剑

摘 要： 在赫尔曼·黑塞关于德国比德迈耶时期代表作家爱德华·默里克的评论文章中，黑塞以诗人作品的接受为出发点，着重探讨了诗人的天性与才华以及从事创作时的精神和心理状态，从而进一步阐释了默里克的艺术观及其具有代表性的作品。这些评论文章不仅能够帮助读者了解和学会欣赏默里克的作品，而且从中也可以窥探到不同时代的德语诗人在文学创作方面的传承与发展，进而促使和启发读者去深入思考更多关于文学的问题。

关键词： 诗人；地域性；天性；艺术观；比德迈耶

"我的愿望是，这本小册子可以对人们正确地理解默里克有些许帮助，从很早的少年时代开始，我一直把他当作所有时代最伟大的诗人之一来仰慕。"②这句话出自黑塞为他 1911 年编选的《默里克诗选》(*Ausgewählte Gedichte von Eduard Mörike*) 所撰写的序言，毫无疑问，黑塞在这里给予默里克的评价是相当高的，这在他的文学评论中其实并不多见，然而对于德语文学圈外的读者来说，爱德华·默里克(1804—1875 年) 这个名字就显得非常陌生了，正因为如此，黑塞在这里所表达的愿望才别有深意——同黑塞评论过的一些著名作家情况类似，爱德华·默里克并不是一位从一开始就被人所认可、为人所喜爱的作家，因此，如何正确地理解他和他的作品还是一项有待完成的任务。

1. 浓郁的地域性

在编选这部诗集之前，黑塞对于这位他一直仰慕的诗人的评论是以一个重要的纪念日开始的，那就是诗人的百岁诞辰——默里克生于 1804 年 9 月 8 日，因此在百年之后的 1904 年，黑塞借这个机会发表了一系列评论文章，一方面纪念诗人的诞辰，另一方

---

① 基金项目：本论文系国家社会科学基金一般项目"赫尔曼黑塞文学文化评论研究"(项目编号：18BWW065)的阶段性成果。

② Hermann Hesse, *Eduard Mörike*. In：*Sämtliche Werke in 20 Bänden. Band* 17. *Die Welt im Buch II. Rezensionen und Aufsätze aus den Jahren* 1911-1916. Frankfurt am Main：Suhrkamp 2002：7-14；hier S. 7. 以下引用简称 *Eduard Mörike*.

面，他也希望通过这些评论能够让更多的读者理解和欣赏这位作家的作品。

在这样一个时间跨度的背景下，黑塞首先谈论的仍然是诗人及其作品的接受问题。在默里克活着的时候，他的名气主要还是局限在他的家乡施瓦本地区，假如不是著名作家特奥多尔·施托姆（Theodor Storm）写作的《回忆爱德华·默里克》（*Meine Erinnerungen an Eduard Mörike*），假如没有罗伯特·舒曼（Robert Schumann）、约翰内斯·勃拉姆斯（Johannes Brahms），尤其是胡戈·沃尔夫（Hugo Wolf）等著名作曲家为他的诗歌谱曲的话，他在整个德语文化圈里就不会有那么高的知名度；但尽管如此，黑塞仍然认为，默里克是一位"长期默默无闻的诗人"，[①] 他既"没有经历大世界对他的承认"，[②] 也"没有怎么经历其作品出版的快乐……从没有见到他的书籍被印制得这么精美"。[③] 针对这一现象，黑塞试图给出自己的解释。一方面，由于和默里克是老乡，所以，同样出生于施瓦本地区的黑塞谈到了默里克与其家乡的关系，在发表于 1904 年 8 月《莱茵兰》（Die Rheinlande）上的文章《九月八日》（Zum achten September）中，他这样写道：

> 在谈论一些我们特别珍视的东西的时候，我们施瓦本人总是有一点害羞，恰恰在默里克身上，我们还有某种执念和骄傲，认为他在其他地方可能不会像在家乡一样被人完全理解和欣赏。他的作品中的确有很多内容，只有同乡才能够完全理解地体会其最甜蜜的内核，它们与施瓦本民风的最深层的根源有着紧密而又活跃的联系。[④]

表面上看起来，黑塞似乎是在为施瓦本人一种特殊的"谦逊"或者固执做某种"辩解"，但与此同时，他也强调了默里克作品的地域性特征，事实上，浓郁的地域性也正是以默里克为代表的比德迈耶（Biedermeier）时期文学的一个突出的特点。[⑤] 而正是在这样一种地域性的对照之下，默里克作品的更为本质的内容才显得愈发突出——黑塞的话

---

① Hermann Hesse，*Zum achten September*. In：*Sämtliche Werke in* 20 *Bänden. Band* 16. *Die Welt im Buch I. Rezensionen und Aufsätze aus den Jahren* 1900-1910. Frankfurt am Main：Suhrkamp 2002；80-83；hier S. 80. 以下引用简称 *Zum achten September*.

② Hermann Hesse，*Eduard Mörike. Zu seinem* 100. *Geburtstag am* 8. *September* 1904. In：*Sämtliche Werke in* 20 *Bänden. Band* 16. *Die Welt im Buch I. Rezensionen und Aufsätze aus den Jahren* 1900-1910. Frankfurt am Main：Suhrkamp 2002；93-99；hier S. 98. 以下引用简称 Eduard Mörike. Zu seinem 100. Geburtstag.

③ Hermann Hesse，*Mörike für die Wohlhabenden*. In：*Sämtliche Werke in* 20 *Bänden. Band* 16. *Die Welt im Buch I. Rezensionen und Aufsätze aus den Jahren* 1900-1910. Frankfurt am Main：Suhrkamp 2002；244ff；hier S. 244.

④ *Zum achten September*. S. 80f.

⑤ 参看任卫东、刘慧儒、范大灿：《德国文学史（修订版）第三卷》。北京：商务印书馆，2020 年。第 335 页。以下引用简称《德国文学史（修订版）第三卷》。

锋一转：

> 但是，即使在施瓦本，默里克或许也被人低估了，之所以如此，是因为那里的人们带着过于片面的舒适感看重这些民间特色。其实，尤其是他最优美的诗歌却并没有多少施瓦本特色。——如今，他几乎已经被看作属于德国民族财富的经典作家，人们对他的了解也早已超越了其乡土的界限，他完全可以凭借一己之力找到成名的办法，尽管过程比较缓慢。①

通过这样的阐述，黑塞不仅回击了一些关于默里克和施瓦本人的偏见，而且更为重要的是，这里的最后一句话恰恰说出了默里克在当时被接受的最新情况——读者阅读其作品的视角正在悄然发生着变化。那么，他的作品中那些"超越了其乡土的界限"的内容又是什么呢？作为他的仰慕者，黑塞自然希望通过他的理解把这些内容挖掘出来与读者分享，这也构成了他的多篇评论文章的主要内容。而在他看来，首先最值得关注的地方莫过于诗人自身，而他身上最发人深思的则是他的天性和才华，于是这也就成了黑塞阐释的出发点。

2. 过于敏感的天性

"默里克是一个异乎寻常敏感的人，对于声音、香气和颜色都过分敏感；在他看来，微小的结果也会变成启示和激烈的震动。"②这句话可以被看作黑塞对默里克天性的最浓缩的概括。"敏感"这个词也频繁地出现在他的评论中，这个在字面上并不难以理解的词汇对于默里克来说却有着非同寻常的意义和影响，就像任何事物都有两面性一样，这种意义和影响也两极分化。就其积极的一面而言，自然会体现在人对外部世界的感知上，黑塞这样描绘着默里克在这方面的天赋：

> 只有少数诗人、也许甚至是只有少数人会像这位不起眼的施瓦本牧师一样，如此令人震惊地居住在所有生命的内心旁边，凭借如此敏锐的神经感受聆听尘世的力量和酝酿中的命运。他生来具有为人所知的先见之明，在观察鸟的飞翔和倾听一阵春夜的轻风时，会听到上帝的声音，很早就预先感觉到即将来临的暴风雨，在喜悦和恐惧中体会造物的秘密。③

除了强调默里克在感知方面的天赋异禀之外，黑塞在这里的几句描述其实是非常具

---

① *Zum achten September.* S. 81.
② *Zum achten September.* S. 82.
③ *Zum achten September.* S. 81.

有启发性的，他强调了默里克所感受的外部世界并不是一个静止的、而是一个充满了生命力的世界，也就是说，默里克的敏感并不仅仅意味着他的感官容易受到外部世界的刺激，更为重要的是，在这种感受中，无论是透过实实在在的生物还是自然现象，他的内心都仿佛能感受到一种神秘力量的存在并且与之相互交流。不难想象，这样的敏感对于默里克的文学创作、尤其是诗歌创作会起到非常重要的作用。

而在另一方面，默里克这种敏感的天性却给他的生活、尤其是精神带来了非常大的痛苦。在他百岁诞辰的这一天，也就是 1904 年 9 月 8 日，在维也纳的《新自由报》(*Neue Freie Presse*)上刊出了黑塞的长篇评论《爱德华·默里克——1904 年九月八日纪念他百岁诞辰》(Eduard Mörike. Zu seinem 100. Geburtstag am 8. September 1904)，文章是以默里克 1838 年 6 月 26 日写给他的朋友赫尔曼·库尔茨(Hermann Kurz)的一段话开始的："发自内心地建构一部优秀的作品，用我们自身的力量满足它，这首先需要——你和我都心知肚明——宁静和一种允许我们耐心地等待这种心境的存在。"①显然，引用这几句话绝不是黑塞随意而为的，其真正的目的就是想告诉读者言语背后的内涵，黑塞的解读是这样的：

> 看上去，诗人似乎真的曾经拥有过这种"宁静"和舒适的生存状态……因为……大多数他的作品都表达出一种满意的舒适的真正田园诗般的安详宁静的感觉……
>
> 但是，……即使不了解诗人的生平和个性，也可以从他的作品中读出，他无论如何不是一个惬意地感到舒适和满足的人。相反，这个'首先需要的宁静'恰恰出自一种深切的向往和充满痛苦的缺乏。默里克天性中最内在的东西是一种异乎寻常的敏感，易于激动，他的一生就是不断渴望追求那种宁静的过程，它已经成为他的一种生活需求。②

这里，黑塞不仅明确地指出了默里克敏感的天性是给他的内心带来莫大痛苦的原因，从而——至少是向不熟悉诗人的读者——展现了他内心中更真实的一面，同时，通过揭示默里克作品给人的表面印象和诗人真实的内心世界的巨大反差，黑塞也展示了诗人过于敏感的天性给他造成的另一种影响——面对内心的痛苦和伤感、面对生活的不如意，诗人仍然在不断地追求那种宁静的生存状态，因为它们是他文学创作的前提条件，从这个意义上说，敏感的天性给他造成的消极影响反而变成了他取得文学成就的"原动力"。在发表于 1905 年 9 月 13 日《慕尼黑报》(*Münchner Zeitung*)上的文章《论爱德华·默里克》(Über Eduard Mörike)中，黑塞便直接地指出了这种影响的表现："他生活在有时甚至几乎绝望的孤独之中，这种孤独总是违背人的意愿伴随在每一位真正的创造者身

---

① *Eduard Mörike. Zu seinem 100. Geburtstag.* S. 93.
② *Eduard Mörike. Zu seinem 100. Geburtstag.* S. 94.

边，深邃的金色光芒曾经使他的作品成为无数人生命乐趣的不老泉和源泉，而这种光芒却是来自沉重的苦痛和抗争。"①这里，从黑塞的描述中，读者可以清楚地感受到评论者在其中投入的情感，尤其是这句关于孤独的判断听起来很有同病相怜的味道，显而易见，正因为是同道中人，正因为也具有同样敏感的天性，因此虽有时空的阻隔，但依然感同身受，也正因为如此，黑塞对默里克及其作品的理解才格外深刻，视角也与众不同。

3. 文学才华和艺术观

了解了默里克这种过于敏感的天性，也许有人会说，具有类似天性的人、尤其是作家其实也不在少数，为何爱德华·默里克会使其作品显得如此不同寻常呢？黑塞在他的评论中也思考了这个问题，他给出的解释是，一方面，这缘于默里克对于自身文学才华的运用，另一方面，则依赖于诗人在文学创作过程中逐渐形成的艺术观。

如上所述，和多数人相比，敏锐的感知使周围的大千世界在默里克的眼中呈现出一种不同的景象，然而，感知和创作毕竟是两个完全不同的行为，感知虽然为创作提供了素材，但如何把所感知的内容转化为文字，则需要人发挥他的才能，关于二者在默里克身上的关系，在《九月八日》中，黑塞作了这样的概括：

> 在工作中，他怀着忐忑不安的敬畏聆听着自然和命运的声音，他自己的创作从不做作和夸张，而是看似直接从创造的土地中涌出，就像出自新鲜的甘泉。
> 但他也有这样的才能——以优美的、高贵的形式说出每一个灵感，他谦虚而勤奋，使接受到的突然而又琐碎的内容变得成熟，同时并不破坏它们的新鲜感，在一种彻头彻尾的语言艺术家风格的所有装饰的包裹下，将它们扩展为优秀的完美的作品。②

短短两句话，已经将默里克文学创作的过程描写得活灵活现。第一句话里的"看似"一词使用得非常巧妙，准确地描绘出默里克作品兼顾素材的真实性和艺术的创造性的特色；而第二句话则无疑强调了默里克在文学创作过程中驾驭语言的高超技能，这里特别值得注意的是"突然而又琐碎的内容"与"完美的作品"之间的反差，在黑塞看来，这也正是默里克与那些天性同样敏感、但在文学创作上却乏善可陈的作家之间最大的区别——将细腻的感受捕捉下来、记录下来其实并非难事，但能像默里克这样"一丝不苟

---

① Hermann Hesse, *Über Eduard Mörike*. In: *Sämtliche Werke in 20 Bänden. Band 16. Die Welt im Buch I. Rezensionen und Aufsätze aus den Jahren 1900-1910*. Frankfurt am Main: Suhrkamp 2002: 214-220; hier S. 216. 以下引用简称 *Über Eduard Mörike*.

② *Zum achten September*. S. 81-82.

地"使"所有瞬间的印象和想法看上去纯洁、令人神清气爽，像一个完整的整体的装饰"①却只有极少数人才能做到。在一年之后发表的《论爱德华·默里克》中，黑塞更是把这两方面的特点总结为默里克创作的"两个终点，同时也是主要的力量"：

> 在接受中，极其细腻的、对每一次最细微的振动和每一次冲动作出反应的敏感性；在赋予形式时严格得近乎无情的、谨慎入微的周到。他令人难以置信地细腻地领悟每一种颜色、声音、光亮、香味、云彩流动的特点，但却并不是去叙述它们，而是进行破译，进行重新的创造。②

从黑塞在这里阐释的用词来看，他无疑想要特别强调的正是诗人在创作中的强烈的主动性，无论是接受（aufnehmen）、领悟（erfassen），还是破译（übersetzen）、创造（schaffen），这一系列积极主动的动作与"一个深深地忍受苦痛的人的羞怯的遁世和自身不断加重的伤感"③恰恰形成了巨大的反差，同时，尤其是领悟和破译这两个动词则再次强调了诗人对"所有生命的内心"的探究，进而在作品中用独特的方式表达那神秘的"造物的秘密"；与上文所说的追求那种内心的宁静一样，它们充分地反映了默里克身上一种执着追求的精神，而这种精神又恰好可以回答这样的问题——文学创作对于默里克来说到底意味着什么？

既然由敏感的天性所造成的内心的痛苦无法避免，那么，就像"追求那种宁静"已经成为他的"一种生活需求"一样，文学创作首先就变成了默里克对抗或者说平复痛苦和悲伤，同时又可以获取快乐和满足感的最好手段。在《九月八日》一文中，黑塞认为诗人"把艺术工作看作了最好的、最令人感到慰藉的庇护所"，④ 而在《爱德华·默里克——1904 年 9 月 8 日纪念他百岁诞辰》中，默里克的创作状态则被描绘得更加形象生动：

> 从起初的充满预感的游戏到越来越清楚的意识，在日常世界和那些无法探究的力量的神秘的领域之间——前者不能令他满足，而对于后者，他无法通过自身完全融入其中——默里克为自己构建了一个第三世界，一个光明的想象的空间，一个美妙的虚无的地方，那里是他的家，可以摆脱所有的困难，毫不费力地、优美地、喜悦地展翅翱翔。⑤

① *Eduard Mörike. Zu seinem 100. Geburtstag.* S. 95.
② *Über Eduard Mörike.* S. 217.
③ *Über Eduard Mörike.* S. 215.
④ *Zum achten September.* S. 82.
⑤ *Eduard Mörike. Zu seinem 100. Geburtstag.* S. 96.

　　显然，按照黑塞的理解，对于默里克来说，文学创作已绝不仅是简单地获得精神慰藉的问题，不仅是简单地"在自己和严酷的生活之间建起一层防护"①的问题，而是诗人给它赋予了一种极其特殊的意义。这里所说的"第三世界"，黑塞解释得很清楚，并不是仅仅指诗人创作的作品，而更多的则是指诗人在创作过程中人的精神状态，是一个凭借文学创作构建起来的、又可以在文学作品中窥探到的精神世界，在这个世界里，诗人已经"将自己从令人昏聩的种种印象中解救到艺术之中"，② 同艺术融为一体，达到了他所期待的那样一种存在状态，由此，默里克的文学创作也就被他赋予了一种深刻的本体论的涵义。

4. 富于魔力的诗作

　　如上所述，黑塞撰写这些评论文章的终极目标，就是希望有更多的读者能够理解和欣赏默里克的作品。所以，在深入探讨诗人的天性、才华、精神和心理状态、创作的理念的同时，黑塞自然会充分利用哪怕是有限的篇幅来评价诗人的代表作品，而黑塞的评论视角自然也与上述的讨论有直接的关联。

　　如上所述，敏锐的感知和高超的艺术手法是做到对各种细节进行细腻刻画的前提条件，而这样的刻画也恰恰是以默里克为代表的比德迈耶文学的特色，是细节现实主义，③ 然而，由于默里克的创作观，诗人已将自身的情绪和感情带入被他细致入微地体验和描绘的景物之中，因此，黑塞格外关注默里克诗中被赋予了生命的景物。无论是在《论爱德华·默里克》中，还是在 1911 年他为自己编选的题为《爱德华·默里克》（*Eduard Mörike*）的诗歌选集所撰写的序言中，黑塞都摘引了《两人的夜歌》（Gesang zu zweien in der Nacht）这首诗的第一诗节，可见对它的喜爱和欣赏：

> 夜风如此悦耳地掠过草地
> 现在又爽朗地穿过青春的林苑！
> 因为狂放的白昼还在沉默不语，
> 便可听见大地的力量低语的拥挤，
> 它向上哼唱着化作
> 心境纯真的空气的温柔的歌曲。④

---

① 　Hermann Hesse, *Eudard Mörike. Erzählungen.* In: *Sämtliche Werke in 20 Bänden. Band 18. Die Welt im Buch III. Rezensionen und Aufsätze aus den Jahren* 1917-1925. Frankfurt am Main: Suhrkamp 2002: 494ff; hier S. 494. 以下引用简称 *Eduard Mörike. Erzählungen.*

② 　*Über Eduard Mörike.* S. 217.

③ 　可参看《德国文学史（修订版）第三卷》，第 333 页及以下。

④ 　*Über Eduard Mörike.* S. 217. 和 *Eduard Mörike.* S. 11.

　　自然，黑塞对它的评价也非常之高："在这些诗行之中有一种无法用言语来表达的与众不同的魔力，只有歌德(Goethe)的诗和个别几句出自尼采(Nietzsche)之口的诗行（在疲惫地紧绷的弦上，风儿弹奏着它的歌曲）能与之相媲美。"①这里提到的尼采的诗行出自他的诗《秋》(Der Herbst)，② 虽然黑塞只提到了这一句，但仅仅从内容和风格上就可以看出与默里克的这一诗节非常相似——用拟人化的手法描绘自然的现象，这里，被人的各种感官所感知的周围的一切都几乎被诗人赋予了人的情绪，在这里，这种情绪又主要是通过一系列描写声音、尤其是描写音乐的词汇被抒发出来，于是，通过诗人这样的"破译"和"创造"，一幅混合了细腻的感知和丰富的想象的、充满了诗意的自然的画面就呈现在了读者面前。而这样的一幅"有声的"画面之所以具有不可言说的魔力，第一，正是因为这种感知和想象、这种诗意的表达实在不可思议，于是由此而产生的意象也就带着神秘的色彩；第二，又是由于其背后所隐藏的默里克的思考，用黑塞的话说，那是"对于象征性、对于自然与人生之间的意义深刻的类似的深切感受"，③ 也就是说，对自然的拟人化正是他探究那些被他意识到的神秘力量的方法，在这个意义上，黑塞引用这一诗节非常恰当——一旦白天的各种嘈杂的声响归于沉寂，夜晚的一切都变成了美妙的音乐，不仅包括能够被人感觉到的"夜风"，还有只能凭借想象感知的"大地的力量"。全诗一共四节，就像它的题目所透露的那样，由一男一女两个伙伴的对唱组成，第一节正是女性歌唱的内容，而这幅充满了夜晚"歌声和乐声"的画面也为诗人后面的想象营造了氛围——由这种天籁之声，人会想到一边歌唱着一边编织着生命之线的命运女神。而就像人摆脱了白日各种生活的困扰获得了内心的安宁一样，在这天籁之声中，夜晚也"体验"到了宇宙间的和谐，不再受命运的羁绊。④ 第三个原因，也是无论如何只有母语者才能够完完全全体会和欣赏的东西，那就是默里克的语言，因为任何其他语言的翻译都无法反映出原作的全貌。如上所述，黑塞赞誉默里克是"语言艺术家"，在这首诗中，除了用词之外，诗的语言的音乐化也与诗的内容——世界的音乐化相得益彰，形成了一个完美的整体，这恰恰可以解释默里克的诗为何如此受到音乐家们的青睐。对于同样是诗人的黑塞来说，默里克的语言自然是他格外看重的一点。在《论爱德华·默里克》中，他写下了这样一句耐人寻味的话："他从不想在文学上，而是在艺术上发挥影响。"⑤也许有人会觉得这句话有些自相矛盾，文学本来不就是艺术的一个门类吗？默里克既然是文学家，自然也可以被称为艺术家了。这里的文学和艺术又有什么区别呢？

---

　　① *Über Eduard Mörike.* S. 217f.

　　② 可参看 Hermann Hesse. *Sämtliche Werke in 20 Bänden. Band 16. Die Welt im Buch I. Rezensionen und Aufsätze aus den Jahren* 1900-1910. Frankfurt am Main：Suhrkamp 2002：545.

　　③ *Über Eduard Mörike.* S. 218.

　　④ 可参看 1400 *Deutsche Gedichte und ihre Interpretationen.* Herausgegeben von Marcel Reich-Ranicki. *Vierter Band. Von Heinrich Heine bis Theodor Storm.* Frankfurt am Main und Leipzig：Insel Verlag 2002：401ff.

　　⑤ *Über Eduard Mörike.* S. 219.

黑塞接下来的解释或许可以揭示他对默里克的理解："他希望描绘，令人信服，而不是引人关注和使人困惑。"①没有人否认，文学是语言的艺术，但作家在创作文学作品时却要把握语言的尺度，恰恰以默里克为例，黑塞探讨了语言表达与艺术效果的关系问题："在尽力表达的过程中，创作者总是一再努力去获得普遍的理解，而又不失去影响的直接性，缺少了这个，就不可能产生纯粹的文学作品。以牺牲明白易懂和清晰的形式为代价标新立异……这不是艺术。"②显然，以这个标准来衡量的话，默里克的作品不仅完全达到了纯粹的艺术的要求，而且，如上所述，他用并不艰深晦涩的语言文字、用完美的诗歌形式"描绘"出来的意象既保持了它们的"新鲜感"，又大大超越了它的载体，用更丰富、更丰满的手段促使读者和诗人一起展开想象和思考，这也就是所谓的"影响的直接性"。也就是说，上述黑塞的评价其实并不矛盾，在默里克看来，他创作的虽然是文学作品，但他所追求的境界却是真正艺术的境界。

5. 传统与创新之间的平衡

在黑塞看来，默里克之所以能做到这一点，除了自身的天赋之外，自然也少不了外界的影响，古代文化和他所成长、生活的环境都给他的创作提供了营养，而他也在传统与创新之间保持着平衡：

> 作为训练有素的古文化研究者，作为古代文学作品的读者和译者，他始终保持着对于完美形式的绝对敬畏，也本能地厌恶不成熟的随意的形式。于是，几乎他的每一个诗行、他的无韵文的每一句话都很成熟而且准确。但在每个单独的表达中，在语句的选择上，有时是新的词句的创造上，默里克又是一位独立的、信心十足的大师。他从生动的民间用语的宝藏中汲取营养，在使用方言的语句或者朴素的新词上，他并不缩手缩脚，但他却放弃了所有极力使自己标新立异、奇特古怪的尝试。③

众所周知，默里克曾经翻译出版荷马（Homer）的颂歌、阿那克里翁（Anakreon）、贺拉斯（Horaz）等古希腊古罗马诗人的诗作，不难想象，这些古代作品反过来也对他的诗歌创作产生了很大的影响。而另一方面，正如本文开头所提到的那样，终其一生，默里克活动的范围仅仅局限在施瓦本地区，因此，关于他对于民间用语和方言的运用，同是来自施瓦本的黑塞应该最有发言权。也正是出于这个原因，对于默里克创作的叙事作品，相比于在文学史上经常被讨论的小说《画家诺尔顿》（*Maler Nolten*）和《莫扎特在去

---

① *Über Eduard Mörike*. S. 219.
② *Über Eduard Mörike*. S. 218f.
③ *Über Eduard Mörike*. S. 219.

布拉格途中》(*Mozart auf der Reise nach Prag*),黑塞在评论中讨论得更多的反而是默里克1852年创作的童话《斯图加特的小精灵》(*Das Stuttgarter Hutzelmännlein*)。

对于中国读者来说,这部作品没有被译成汉语,所以十分陌生。然而,从童话的题目就已经可以看出地方特色了。童话的故事也并不复杂,讲述了具有魔法的斯图加特的小精灵促成了一对青年男女彼此相爱的故事,中间自然穿插了很多有趣的情节。黑塞之所以如此看重这部作品,首先就是因为它浓厚的地域色彩,在《爱德华·默里克——1904年9月8日纪念他百岁诞辰》中,黑塞表达了类似于上述《九月八日》中的观点:"我认为,对于默里克最美丽的童话《斯图加特的小精灵》,只有土生土长的施瓦本人才能够欣赏它妙到毫巅的技巧。这是我所知道的最好的施瓦本文学作品。"①而在1925年为他编选的默里克的短篇小说集所写的后记中,他再次强调了这部作品的地方特色:"格外出色和独一无二的是《小精灵》。19世纪只有在少数的作品中,一位诗人个人的诗意的游戏从最原始的民间力量中如此汲取营养。尽管默里克多数的诗作都具有古典的倾向和形式的纯正,但在《小精灵》中人们却会看到施瓦本对他的影响有多深。"②如果说,默里克的很多诗歌作品能够被包括施瓦本地区在内的德语区的广大读者接受和喜爱是因为它们"并没有多少施瓦本特色"的话,那么,以《斯图加特的小精灵》为代表的作品尽管充满了地方的民间特色,但黑塞仍然坚信它能够"超越其乡土的界限",究其原因,还是因为它在艺术性方面的价值,在《爱德华·默里克——1904年9月8日纪念他百岁诞辰》中黑塞作了这样的阐释:

> 整部作品是纯粹的艺术,可以被任何一种敏锐的感觉所理解。在创造力和天分上,这个童话远远超过了作为珍品而闻名的关于莫扎特的中篇小说……在这个珍贵的形式的光亮的镜面下孕育着无法衡量的深邃,即使这个镜面只是偶尔轻微地颤动,充满预感的目光便会窥见深渊和世界的内心。然而,这些深渊并不仅仅是在这样一些揭示的时刻才存在,而是人们会时刻感到它们就在附近,在光鲜的表面下方,即使在最安全的和最快乐的地方也不会忘记它们。③

也就是说,即使在这样一部默里克得以充分表现"他诙谐和质朴的优雅"④的作品中,其表面呈现出来的内容也与其真正的思想内涵之间仍然存在着差距,即使黑塞没有明确地解释,这里的"深渊"具体指的是什么,但只要联想到诗人一生的经历和遭遇,便不难理解它们的涵义,然而恰恰是这样的反差才又一次证明了默里克对生活的非同寻常的理解和高超的艺术技巧。正因为如此,黑塞才会断言:"他的作品的内核是不朽的,

---

① *Eduard Mörike. Zu seinem* 100. *Geburtstag*. S. 97.

② *Eduard Mörike. Erzählungen*. S. 495.

③ *Eduard Mörike. Zu seinem* 100. *Geburtstag*. S. 97f.

④ *Eduard Mörike. Zu seinem* 100. *Geburtstag*. S. 98.

将会使成千上万的人的心灵变得更加丰富多彩。"①

6. 结 语

随着时间的推移,黑塞这样的看法也变得越来越坚定,尤其是在与20世纪前30年的一些文学作品的比较中,他认为默里克作品的价值才越发清晰地体现出来。30年代初,施瓦本席勒协会(der Schwäbische Schillerverein)将艺术家路易丝·封·布赖特施韦特(Luise von Breitschwert)为《斯图加特的小精灵》创作的剪纸制作成画册和童话的文本一起出版,不久之后,黑塞的评论文章——《翻阅一部套装书时的思考》(Betrachtungen beim Durchblättern einer Mappe)便发表在1933年2月5日的《民族报》(National-Zeitung)上。在与默里克作品的比较中,他对当时的文学提出了批评:"当人们……逐字逐句地、再次仔细品味着读完像默里克的小精灵童话这样的令人陶醉和独一无二的作品时,当今的全部文学可能会在某一时刻令人感到厌恶,与这样纯粹的文学作品相比,如今的文学缺少爱、缺少内容、缺少自然的生活的温暖。"②反言之,在默里克的作品中,这些缺少的内容都得到了充分的展现,同时,这里的关键词"爱"也成了黑塞对默里克的后期评价的一个核心概念。1919年3月,黑塞为增订版的默里克和施托姆的通信集撰写了前言,虽然最终这篇文章并未出现在书中,但读者在其中却读到了黑塞关于默里克的最具启发性的、也可以说是最具总结性的评价:"我们可以从诗人那里学到的唯一的东西——爱,爱这个世界和生命,即使在痛苦中也要去爱,带着感激之情拥抱每一缕阳光,即使在困苦中也不要完全忘记微笑——每一个真正的文学作品给人的教益从不会过时,今天比以往任何时候都更加必要和有益。"③无疑,黑塞在这里所概括的"爱"的内涵是非常丰富而深刻的,它引领着读者们从一个更高的精神层面去阅读和欣赏默里克的作品;就像文学创作对于诗人来说具有非凡的意义一样,这样的一份教益——爱——也不仅超越了"乡土的界限",而且,它更是已经超出了文学本身,具有永恒的意义。

参 考 文 献

[1] Hermann Hesse. *Sämtliche Werke in 20 Bänden. Band 16. Die Welt im Buch I. Rezensionen und Aufsätze aus den Jahren 1900-1910* [M]. Frankfurt am Main:

---

① *Eduard Mörike. Zu seinem 100. Geburtstag.* S. 99.

② Hermann Hesse, *Betrachtungen beim Durchblättern einer Mappe.* In: *Sämtliche Werke in 20 Bänden. Band 19. Die Welt im Buch IV. Rezensionen und Aufsätze aus den Jahren 1926-1934.* Frankfurt am Main: Suhrkamp 2003:364ff; hier S. 364f.

③ Hermann Hesse, *Eduard Mörike-Theodor Storm. Briefwechsel.* In: *Sämtliche Werke in 20 Bänden. Band 18. Die Welt im Buch III. Rezensionen und Aufsätze aus den Jahren 1917-1925.* Frankfurt am Main: Suhrkamp 2002:58-64; hier S. 64.

Suhrkamp，2002.

［2］Hermann Hesse. *Sämtliche Werke in 20 Bänden. Band* 17. *Die Welt im Buch II. Rezensionen und Aufsätze aus den Jahren* 1911-1916 ［M］. Frankfurt am Main：Suhrkamp，2002.

［3］Hermann Hesse. *Sämtliche Werke in 20 Bänden. Band* 18. *Die Welt im Buch III. Rezensionen und Aufsätze aus den Jahren* 1917-1925 ［M］. Frankfurt am Main：Suhrkamp，2002.

［4］Hermann Hesse. *Sämtliche Werke in 20 Bänden. Band* 19. *Die Welt im Buch IV. Rezensionen und Aufsätze aus den Jahren* 1926-1934 ［M］. Frankfurt am Main：Suhrkamp，2003.

［5］Marcel Reich-Ranicki. *1400 Deutsche Gedichte und ihre Interpretationen. Vierter Band. Von Heinrich Heine bis Theodor Storm* ［M］. Frankfurt am Main：Insel Verlag，2002.

［6］任卫东，刘慧儒，范大灿 . 德国文学史（修订版）第三卷［M］. 北京：商务印书馆，2020.

献给德意志民主共和国的一首挽歌

——评布劳恩的短诗《财产》①

西南交通大学　　莫光华

摘　要： 作为具有批判意识的知识分子，民主德国著名诗人布劳恩虽然痛恨自己所处社会的种种弊端，但却对于社会主义事业和理想具有一贯的热情，对资本主义制度也有着清醒的认识。本文通过分析布劳恩的短诗《财产》，揭示了以他这位忠实的共产主义者为代表的那些民主德国作家对于两德统一的独特认识和主观感受，凸显了他们对于民主德国社会主义理想之实现的那份曾经十分殷切的期望和一如既往的执念。

关键词： 布劳恩；《财产》；两德统一；德意志民主共和国；社会主义理想

Das Eigentum

von Volker Braun

Da bin ich noch：mein Land geht in den Westen.

KRIEG DEN HÜTTEN FRIEDE DEN PALÄSTEN.

Ich selber habe ihm den Tritt versetzt.

Es wirft sich weg und seine magre Zierde.

Dem Winter folgt der Sommer der Begierde.

Und ich kann bleiben *wo der Pfeffer wächst*.

Und unverständlich wird mein ganzer Text

Was ich niemals besaB wird mir entrissen.

Was ich nicht lebte，werd ich ewig missen.

Die Hoffnung lag im Weg wie eine Falle.

Mein Eigentum，jetzt habt ihrs auf der Kralle.

Wann sag ich wieder *mein* und meine alle.

---

① 该诗首发于 1990 年 8 月，此处据 Volker Braun, *Die Zickzackbrücke. Ein Abrißkalender*. Halle：Mitteldeutscher Verlag GmbH 1992. S. 84. 译出。本文参考了陈良梅：《德国转折文学研究》，南京：江苏文艺出版社，2003，第 48-64 页，第三章"转折在诗歌创作中的体现"，在此向作者谨致谢意。

财产

[德]福尔克·布劳恩(Volker Braun)著　莫光华译

我还在这儿：而我的国家走进西方。

给茅屋以战争给宫殿以安康。

我本人也曾给了它一脚。

它委弃自身和它菲薄的光彩。

严冬过后欲望之夏接踵而来。

而我可以留在胡椒生长之处。

我的全部文字会变得难以解读。

我从未拥有的将被褫夺。

我从未亲历的，将永远失落。

希望曾在途中犹如一个陷阱。

我的财产，此时被你们的利爪霸占。

何时我又能言说我的和我全部的。

　　民主德国的重要作家福克尔·布劳恩(Volker Braun，1939—　　)如今被评论者称为"一个业已消逝的梦境之诗人"(Poet des verschwundenen Traumlandes)①。他生于德累斯顿，中学毕业后当过三年印刷厂工人，随后在莱比锡大学完成学业。1972年起他在柏林德意志剧院工作，1983年成为德意志民主共和国艺术学院院士。德国重新统一后，布劳恩于1993年当选为德国艺术学院院士，1996年入选萨克森艺术学院以及德国语言与文学院院士。他二十岁左右开始写诗，深受布莱希特和马雅可夫斯基的影响，并逐渐形成独特的诗艺。他的诗形式自由，指涉丰富，具有很强的互文性。从题材上看，布劳恩算得上一个政治诗人，他有敏锐的政治嗅觉和广泛的视野。② 布劳恩对自己所处的民主德国社会现实中的种种阴暗现象有深刻的洞察，常常把现实事件与自我体验结合起来，表达自己对时局的批判态度。

　　他的诗歌虽然看似平淡无奇，字里行间却总是含有深刻的现实指涉，呈现了一种"理想与现实的辩证关系"，但是在政治上，布劳恩始终是一个忠实的共产主义者，尽管他作为诗人难免批判现实中的某些弊端，并因此一度被误解③。

　　也正因为如此，无论在民主德国还是在统一后的当代德国，布劳恩的作品都获得过

---

① Volker Weidermann, *Geheimes Deutschland*. Der Spiegel. Nr. 54/2019.

② Frank Thomas Grub, „*Wende*" und „*Einheit*" *im Spiegel der deutschsprachigen Literatur. Ein Handbuch. Bd 1. Untersuchungen*. Berlin & New York：Walter de Gruyter，2003，S. 458.

③ Fritz J. Raddatz, *Entzweites Leben. Ein Porträt des Dichters Volker Braun, der in diesen Tagen den Büchner-Preis erhält. Die Zeit*，Nr. 44/2000.

高度的认可，并为他赢取了各种层次的文学奖项。2000 年，布劳恩荣获毕希纳奖，《时代》周刊遂以"分裂的生活"为题，刊登了一篇介绍他的文章。该文作者认为，布劳恩是一位无可争议的重要作家，他的不少诗作堪称当代德语文学中的精品，其文字精确，极富诗意；他同时指出，布劳恩的文学方法具有高度的复杂性，① 因而值得认真对待。

1990 年，正当德意志联邦共和国与德意志民主共和国的统一进程进入决定成败的关键时刻，两国的文化界之间发生了一场针锋相对的论战。《时代》周刊第 26 期刊登了格莱纳（Ulrich Greiner）撰写的文章《波茨坦深渊：评一份关于"作为文化民族的德国"的公开争论》②。格莱纳强调，恰好是德语语法将原民主德国的著名知识分子跟联邦德国的文化维系在一起，而"民主德国的所有作家，凡是不肯无条件地与他们的历史、他们的希望和他们的理想分道扬镳的，统统都应该带着自己理想主义的灵魂留在胡椒生长的地方"③。或许正是格莱纳的这句十分偏激的断语，刺激布劳恩这位忠实的共产主义诗人写出了《财产》——这首"最早、也是最著名、同时引起的争议也是最大的一首表现转折的诗"。④

1990 年 3 月，民主德国大选，4 月，民主德国基民盟和民主德国社民党宣布联合组阁，民主社会主义党未能入阁。5 月，民主德国新政府与联邦德国签署国家条约，条约规定了两德将建立货币、经济和社会联盟。7 月 1 日条约生效，民主德国马克退出流通，西德马克成为两德共同的货币。7 月 6 日两德确定了统一的原则、方式和时间以及两德统一后的政治制度。

我们或许可以援引布劳恩的散文集《未被占领的地区》封底上的一段话来描述他当时的心情，虽然它并非直接针对那个事件："这件事情本身就是一切：一个糟糕的时期，一个激动人心的时期，一个孕育希望的时期，就像一条绳子的无数股线索交错在一起。"⑤不难想象，耳闻目睹这一场来势凶猛、不可逆转的历史剧变，诗人定然倍感痛心与无奈：他的国家，他的社会主义理想，他作为诗人赖以存在的精神生活土壤，在两个德国统一之后将荡然无存，与民主德国及其意识形态相关的一切精神文化语境将被嘲讽、被消解、被批驳、被否定。就此而言，我们完全可以把"财产"这首短诗看作一次对仓促结束民主德国的做法之无声控诉，一首献给一种即将在德国消失的社会制度之挽歌。

实际上，《财产》这个题目是诗人后来加上去的，它起初就叫"悼词"（Nachruf），首

---

① Fritz J. Raddatz, *Entzweites Leben. Ein Porträt des Dichters Volker Braun*, *der in diesen Tagen den Büchner-Preis erhält*. Der Spiegel, Nr. 44/2000.

② Ulrich Greiner：*Der Potsdamer Abgrund. Anmerkungen zu einem öffentlichen Streit über die „Kulturnation Deutschland"*. In：Die Zeit. Nr. 26/1990.

③ wo der Pfeffer wächst：本指胡椒原产地印度，口语中用来比喻遥远、偏僻的地方，现实中不存在的地方。

④ 陈良梅：《德国转折文学研究》，南京：江苏文艺出版社，2003 年，第 48 页。

⑤ Volker Braun. *Das unbesetzte Gebiet*. Frankfurt am Main：Suhrkamp Verlag, 2004,

发于《新德意志日报》(*Neues Deutschland*)1990 年 8 月 4/5 日的周末版，8 月 10 日在《时代》周刊上重刊，随后各种刊物纷纷转载，引发了激烈而广泛的争论。①

面对自己的国家即将并入西德这一发生在眼前的历史事实，诗人开篇就表明了自己的立场："我还在这儿"，虽然"我的国家走进西方"。可为什么是"还"(noch)呢？上文提到，布劳恩的作品具有丰富的互文性并且与其个人生活体验密切相关，因此如果试图充分理解这首《财产》，我们有必要了解诗人此前写成的《采邑》(*Das Lehen*，1980)一诗。作者本人曾经指出：《财产》回答了他在《采邑》一诗中提出的问题：我如何熬过结构之严冬。②

> 我留在国内并在东部养活自己。
> 以我的言论，我会首身分离
> 在别的时代：我仍在岗位上。
> ……
> 我何以熬过结构之严冬。
> 党是我的指引：它给我们一切
> 可一切还不是生活。
> 采邑：我之所需，没有分封给我。③

由此可见，诗人之所以在民主德国即将并入西德这一历史转折时刻，"还"待在民主德国，是因为他一直"留在国内并在东部养活自己"，④ 而没有像他的不少同胞那样，因为向往资本主义的物质生活而逃往西德。作为具有批判意识的知识分子，他一直坚守自己的"岗位"，希望通过可能让自己性命不保的言论为民主德国的社会主义建设事业尽心竭力。

布劳恩几乎总是采用"秘密书写"的方式进行诗歌创作，以至于没有哪首诗不会暗中指涉歌德或兰波(Rimbaud)、惠特曼(Walt Whitman)或聂鲁达(Neruda)、荷尔德林甚至切·格瓦拉(Che Guevara)和黑格尔。⑤ 例如，荷尔德林于 1799 年在其颂歌"我的财

---

① Frank Thomas Grub, „*Wende*" und „*Einheit*" im Spiegel der deutschsprachigen Literatur. Ein Handbuch. Bd 1. Untersuchungen. Berlin, New York：Walter de Gruyter, 2003, S. 458.

② Frank Thomas Grub, „*Wende*" und „*Einheit*" im Spiegel der deutschsprachigen Literatur. Ein Handbuch. Bd 1. Untersuchungen. Berlin, New York：Walter de Gruyter, 2003, S. 458.

③ Frank Thomas Grub, „*Wende*" und „*Einheit*" im Spiegel der deutschsprachigen Literatur. Ein Handbuch. Bd 1. Untersuchungen. Berlin, New York：Walter de Gruyter, 2003, S. 459.

④ 典出《圣经·诗篇 37：3》，原句是：Bleibe im Lande und nähre dich redlich(住在地上，以他的信实为粮)。

⑤ Fritz J. Raddatz. Entzweites Leben. Ein Porträt des Dichters Volker Braun, der in diesen Tagen den Büchner-Preis erhält. *Die Zeit*, 44/2000.

富"（Mein Eigentum）最后一节发出祈愿：

> 你们在凡人头顶，天国的势力！
> 仁慈地保佑每个人的财富，
> 哦，也保佑我的财富吧，别过早，
> 命运女神，让我的梦结束。①

因此我们或许可以认为，布劳恩这首《财产》的题目乃至全诗的题旨正是来自荷尔德林。当然，从上文述及的历史语境着眼，结合当时如火如荼向前推进的德国统一进程，"财产"也可以解读为诗中的"我"对自己赖以生存的国家与民族命运的重新审视和痛惜：具有四十年历史的民主德国即将从历史舞台上消失，民主德国百姓的生活正在发生巨大的变化。诗人憎恨这一切突如其来的巨变，因为是卑鄙的"欲望"让两者一拍即合：西部的资本主义急于向东部扩张，而东部的物质主义者极度渴望放纵其自身的物欲——这其实是物质主义和享乐主义的胜利，其直接后果是："我"的"财产"不可避免地被资本主义的"利爪"收入囊中。此处的"利爪"（Kralle）很容易让人联想到联邦德国国徽上那只凶悍的鹰②——诗人借此充分表达了自己对资本主义之贪婪本质的拒斥。

虽然有人指出，"尽管布劳恩的诗具有重要的感性力量，但当被问及其政治含义时，却有一种回避的倾向"③，然而在这首诗中，对于眼前发生的一切，诗人毫不隐瞒地表示，民主德国并入西德——简直就像一个不顾廉耻的家伙在贱卖自己，其行径无异于"自我遗弃"，如同颇有几分高贵血统的女子"委身于"一个满身铜臭的资本家。实际上，民主德国在其近半个世纪的发展历程中，特别是在某个时期某个方面，它显示出了相对于资本主义的西部德国的巨大优越性；然而这些曾经的"光彩"如今却被有些人片面地一概否定。对于这样的行径，诗人怒其不争，只能无奈地"给了它一脚"，好让它赶紧滚蛋。

诗歌第二行，出自法国大革命时期并被毕希纳写入其《黑森快报》那句极具煽动性的口号"给茅屋以和平，给宫殿以战争"，在布劳恩笔下被颠覆性地置换为特意用印刷黑体大写的"给茅屋以战争给宫殿以安康"——不妨再直白一点：给东部以战争给西部以安康。诗人借助这种十足的文字游戏，揭露了匆匆实现的两德统一对东部地区经济结构的毁灭性打击和对普通劳动人民的掠夺，表达了诗人因民主德国的突然终结而产生的满怀悲愤和感伤之情。不难想象，凡是与诗人具有同样经历的读者，肯定会产生深深的

---

① 荷尔德林：《追忆》，林克译. 成都：四川文艺出版社，2010 年，第 22 页。

② 鹰是罗马帝国的象征，深受罗马文化影响的德国人将鹰看作圣洁的神鸟，相信它会给人类带来幸福、恩宠和力量，所以德意志民族的神圣罗马帝国、德意志帝国、魏玛共和国、纳粹德国乃至今天的联邦德国，都以鹰作为其各自国徽图案中的保留元素。

③ Hermann Korte. *Geschichte der deutschen Lyrik seit* 1945. Stuttgart：Metzler，1989，S. 131.

共鸣；相反，对于绝大多数西德民众和对资本主义民主政治早已心向往之的民主德国居民而言，这首诗发出的无非是丧家犬般的哀鸣。

不久，两德统一后的经济现实证实了诗人的预言：身居"宫殿"的资产阶级权贵和富豪不愿承担统一进程中给民主德国地区造成的巨大经济损失，他们甚至趁火打劫通过金融手段大发其财，致使那些身居"茅屋"的民主德国广大工人阶级在统一后多数陷入失业状态，并没有享受到与西德人同等的经济待遇，其后果时至今日仍未完全消除。

第五行里的"严冬"既可以理解为诗人对民主德国时期精神文化生活的特征的概括，也可以解读为对冷战时期的隐喻；而火热的夏季万物勃发，生机盎然，欲望丛生——这不仅是自然景观，同时也是1990年前后德国如火如荼的精神文化生活的生动现实。换言之，资本主义的全面胜利实质上是物质主义和享乐主义的胜利；东部地区在漫长的严冬般的冷战期间被压抑的物欲，随着柏林墙的倒塌，遽然获得了毫无遏制的宣泄；"欲望"的宣泄当然是双向的，西部德国的资本主义向东扩张的贪欲此时也水到渠成地得逞了。

布劳恩既然"把两德统一视为向资本主义生活方式的统一"①，他便让诗中的"我"逆流而动，心甘情愿地留在"胡椒生长之处"，亦即继续生活在民主德国的故土，宛如一个被离弃的恋人或者被听众背弃的朗读者。此时，诗人预感到：他作为诗人将不再被人理解，因为他数十年的人生经历和作为其结晶的全部作品，都将随着民主德国的消失而彻底失去其赖以产生和存在的土壤；不仅这首诗，就连他的全部作品、他的身份、他的自我认同，都将不再可能获得同胞们的理解，既然这些东西统产生于民主德国的历史语境。可想而知，诗中的"我"差不多就是诗人本身，所以"我"只能选择留在"胡椒生长之处"，留在自己理想主义的故土。

不仅诗人的作品将被夺去其存续所需的土壤，而且诗人自身也将遭受无以复加的巨大损失：他将被剥夺得一无所有。他失去的是什么呢？是他未曾真正拥有和未曾真正经体验过的一切——而这竟然是他真正的"财产"：对未曾真正实现过的理想中的社会主义的幻想与希望。显然，尽管诗人笔下的"拥有"是"虚幻的"或者说"想象中的"，但是当他预感其将不复存在，他内心的痛楚却是剧烈、深切而真实的。

值得注意的是，诗中的"我"在诗中与民主德国的告别，并不是与他理想中的社会制度本身告别，而只是与"我"所生存的那个实际存在的还很不完善的民主德国社会的告别，因此，"我"对于自己理想中那个社会的梦想与希望，其实并未因此受到削弱。这一点恰好隐含在两句看似悖谬的诗行中："我从未拥有的将被褫夺。/我从未亲历的，将永远失落。"这是典型的具有哀歌性质的诗句，表达了诗人对理想在严酷现实中沦丧的哀痛。

在布劳恩的心目中，民主德国其实只是现实中存在的一种弊端重重、有待于改良的

---

① Walter Hinderer(Hg.). *Geschichte der deutschen Lyrik vom Mittelalter bis zur Gegenwart*, Stuttgart: Königshausen & Neumann, 1983, S.614.

社会制度。在那个东西两大阵营对垒的冷战时期，由于种种内部和外部条件的限制，真正的理想社会形态，以及与之相关的一切美好的事物，在民主德国是不可能完全实现的，而是在很大程度上只能存在于"我"的乌托邦中，虽然"我"未曾亲身拥有和体验，但是如今也绝不会因为民主德国的消失而泯灭，因为一个人不曾拥有过的东西，是不可能被人夺走的，未曾体验过的，倒是可以成为常常惦念的对象。由此可见，"我"的"财产"，"我"的精神财富是不会因为民主德国被合并而消失的，它们同"采邑"一样，既能代表一个具体的、也可以代表一个乌托邦的想象空间。

如是观之，之所以"我可以留在*胡椒生长之处*"，之所以"我留在国内"，继续忠于自己的国家，这样的选择原本是出于一种殷切的希望：那个真正的社会主义的乌托邦有朝一日能在东部实现。诗中对于社会主义之未来和前途的这种执着态度，实际上代表了当时的民主德国一部分知识分子的心态，所以他们也同布劳恩一样，对于自己的国家，哀其不幸，怒其不争，但是他们绝不会成为所谓"持不同政见者"，也绝不叛逃，而是始终认为"党是我的君王"，并孜孜以求地以严厉的批评家态度看待自己国家中的各种问题，希望自己的批评有助于现存社会主义制度的不断改善与提高，直至臻于他们的理想。这正是布劳恩所代表的那一部分民主德国人毕生的信念。

从心理学上讲，一个人往往希望越大，失望也就越大，以至于"希望在途中犹如一个陷阱"，使人难以逃离。诗人对理想社会制度之实现的殷切期望，此时已被两德统一击碎，成为一个无法挽救的美梦，只能留存在诗化的想象空间。对于普通民众来说，民主德国曾经唤起他们对于美好生活的巨大希望，许给他们彼岸世界般美妙的诺言，然而由于历史和现实的原因，他们未能实现自己的社会和生活理想，因此会感觉自己曾经就像落入了一个"陷阱"，普通人都会因失望而愤懑，这也是人之常情。

尽管如此，诗人笔下的"我"却并始终没有遗弃自己的理想，相反，面临严酷的现实，"我"依然坚信有那么一天，届时"我又能言说*我的和我全部的*"财产。这一信念无疑是坚定的，诗人虽以"何时"起句，如同质疑，但句末并没有使用问号，既是一种否定性的结句，也是一种死不瞑目般的倔强质问。从而这一句表达的语义是明确的："我"的理想有朝一日还是有可能实现的——这充分体现了诗人对于社会主义理想坚定信念。由此也证明了，布劳恩的诗，"在任何情况下，它们都有一种明显的反思口吻"①。

参 考 文 献

[1]Braun, Volker. Das unbesetzte Gebiet[M]. Frankfurt am Main：Suhrkamp Verlag, 2004.

[2]Braun, Volker. Die Zickzackbrücke. Ein Abrißkalender[M]. Halle：Mitteldeutscher

---

① Hermann Korte. *Geschichte der deutschen Lyrik seit* 1945. Stuttgart：Metzler, 1989, S. 171.

Verlag GmbH，1992.

［3］Greiner，Ulrich. Der Potsdamer Abgrund. Anmerkungen zu einem öffentlichen Streit über die „Kulturnation Deutschland"［J］. Die Zeit，Nr. 26/1990.

［4］Grub, Frank Thomas. *„Wende" und „Einheit" im Spiegel der deutschsprachigen Literatur. Ein Handbuch. Bd 1. Untersuchungen*［M］. Berlin，New York：Walter de Gruyter，2003.

［5］Hinderer，Walter（ Hg. ）. *Geschichte der deutschen Lyrik vom Mittelalter bis zur Gegenwart*［M］. Stuttgart：Königshausen & Neumann，1983.

［6］Korte,Hermann. *Geschichte der deutschen Lyrik seit 1945*［M］. Stuttgart：Metzler, 1989.

［7］Kulick，Holger. DDR-Schriftsteller Volker Braun und das Stasi-Theater ［J］. In：https：//www. spiegel. de/kultur/literatur/ddr-schriftsteller-volker-braun-und-das-stasi-theater-a-99987. html(Stand：06. 05. 2022.)

［8］Raddatz，Fritz J. Entzweites Leben. Ein Porträt des Dichters Volker Braun，der in diesen Tagen den Büchner-Preis erhält［J］. Die Zeit，Nr. 44/2000.

［9］Weidermann，Volker. Geheimes Deutschland［J］. *DER SPIEGEL*，Nr. 54/2019.

［10］荷尔德林. 追忆［M］. 林克，译. 成都：四川文艺出版社，2010.

［11］陈良梅. 德国转折文学研究［M］. 南京：江苏文艺出版社，2003.

历史研究

中世纪晚期德意志城市行会参政机制考察

——以奥格斯堡为中心(1368—1548)[①]

北京师范大学　吴　愁

摘　要：在中世纪的城市治理体制建立过程中，行会是民众与政府上下互动与合作的重要渠道与方式。从中世纪晚期的行会参政体系到近代国家的建立，行会构成了向近代社会转型的重要社会治理机制基础。本文以德意志帝国城市奥格斯堡为中心，细致考察了中世纪晚期德意志城市行会作为一种经济自治团体，如何逐步转变为自下而上共同参与城市建设与管理的参政体系，论证了行会参政体制是实现中世纪城市治理的重要机制，为向近代社会转型奠定了结构性基础。

关键词：中世纪晚期；德意志；城市行会；参政机制；奥格斯堡

引　言

14、15 世纪，德意志神圣罗马帝国的城市逐渐形成了行会参政制度，确立了"行会宪法"（Zunftverfassung），这一制度常常被视为欧洲近代民主制度的前身。19 世纪以来，学界普遍赞同近代的宪法起源于中世纪的城市法。[②]例如，艾迪特·艾恩（Edith Ennen）认为中世纪的城市秩序孕育了今日的"公民平等权"（Staatsbürgerlicher Gleichheit），为此追溯并分析了上德意志区域的城市市民的参政情况。[③]中世纪的行会参政被视为源头，其近代特征在研究中尤其受到重视。本文认为，中世纪的行会参政体制，也是达成中世

①　基金项目：本文系国家社会科学后期项目"博弈与平衡：奥格斯堡城市宗教改革研究（1518—1537）"（项目编号：22FSSB017）的阶段性成果；中央高校基本科研业务费专项资金资助项目"全球史框架下的宗教改革研究"（项目编号：00200-310422138）的阶段性成果。

②　Klaus Schreiner, Die Stadt des Mittelalters als Faktor bürgerlicher Identitätsbildung: zur Gegenwärtigkeit des mittelalterlichen Stadtbürgertums im historisch-politischen Bewußtsein des 18., 19. und beginnenden 20. Jahrhunderts., in " *Stadt im Wandel: Kunst und Kultur des Bürgertums in Norddeutschland 1150-1650* ", Meckseper, Cord〔Hrsg.〕., Bd. 4, Braunschweig, 1985, S. 517-541; Matthias Schmoeckel. *Rechtsgeschichte der Wirtschaft* ,. Tübingen: Mohr Siebeck, 2008.

③　Edith Ennen,. *Die Europäische Stadt des Mittelalters* ,. Göttingen: Vandenhoeck und Ruprecht, 1987, S. 11.

纪城市治理的重要社会机制与方式，构成了向近代社会转型的重要社会管理机制的基础。正是藉由行会，中世纪的城市市民得以获自下而上参与政治的合法途径，[①]继而表达自身的诉求，参与城市治理，完成与政府的互动与合作，可以说，行会在此过程中发挥了在政治上整合中下层民众的关键性作用，是实现中世纪城市治理的关键机制。

德意志城市的行会参政体制在德语学界有十分丰富的研究[②]，也涉及较多城市，如梅明根[③]、乌尔姆、艾斯灵根和格木德[④]、莱比锡[⑤]、奥格斯堡[⑥]、斯特拉斯堡[⑦]、卢采恩[⑧]、苏黎世[⑨]等。这些聚集在上德意志地区的帝国城市行会，先后在 14、15 世纪获取了参政权力，自此，行会作为一种参政主体，逐渐在上德意志地区的城市中构建了一种

① Peter Eitel,. *Die oberschwäbischen Reichstädte im Zeitalter der Zunftherrschaft*, *Untersuchungen zu ihrer politischen und sozialen Struktur unter besonderer Berücksichtigung der Städte Lindau*, *Memmingen und Überlingen*, Stuttgart, 1970; Pius Dirr,. Studien zur Geschichte der Augsburger Zunftverfassung, 1368-1548, in *ZHVSN*, Jg. 39, 1913, S. 144-243.

② Albrecht Eckhardt, *Eschweger Zunftverfassung und hessische Zunftpolitik in Mittelalter und früher Neuzeit*, Marburg/Lahn & Witzenhausen: Trautvetter & Fischer, 1964; Hans Lentze,. *Der Kaiser und die Zunftverfassung in den Reichsstädten bis zum Tode Karls IV. : Studien zur städtischen Verfassungsentwicklung im späteren Mittelalter*,. Breslau: Marcus, 1933; Clamor Neuburg, *Zunftgerichtsbarkeit und Zunftverfassung in der Zeit vom 13. bis 16. Jahrhundert: ein Beitrag zur ökonomischen Geschichte des Mittelalters*,. Neudruck der Ausgabe von 1880., M. Sändig Edition, Wiesbaden, 1966.

③ Raimund Eirich, *Memmingens Wirtschaft und Patriziat von 1347 bis 1551: eine wirtschafts-und sozialgeschichtliche Untersuchung über das Memminger Patriziat während der Zunftverfassung*,. Weißenhorn: Konrad Verlag, 1971.

④ Eberhard Naujoks,. *Obrigkeitsgedanke*, *Zunftverfassung und Reformation: Studien zur Verfassungsgeschichte von Ulm*, *Esslingen und Schwäb. Gmünd*,. Stuttgart: Kohlhammer, 1958.

⑤ Georg Zöllner, *Die Zunftverfassung in Leipzig bis zum Jahre 1600*,. Leipzig: John Verlag, 1915.

⑥ Uwe Heckert, „Im Zweifel für die Freiheit": Ein Mustergutachten Conrad Peutingers zu Bürgerrecht und Bürgeraufnahme im spätmittelalterlichen Augsburg, in: Schreiner, Klaus (Hg.) *Stadtregiment und Bürgerfreiheit Handlungsspielräume in deutschen und italienischen Städten des späten Mittelalters und der frühen Neuzeit*, Göttingen: Vandenhoeck u. Ruprecht, 1994.; Josef Koch, *Beiträge zur Geschichte Augsburgs von 1368-1389: die Augsburger Zunftrevolution von 1368 und ihre Folgen*,. Biberach a. d. Riss: Anzeiger vom Oberland, 1935.

⑦ Martin Alioth,. *Gruppen an der Macht. Zünfte und Patriziat in Straßburg in der katholischen Reichstadt Überlingen (1500-1618)*, *im Kontext der Reformationsgeschichte der oberschwäbischen Reichstädte*,. Basel: Verlag Helbing & Lichtenhahn, 1988.

⑧ Kurt Messmer & Peter Hoppe,. *Luzerner Patriziat*, *Sozial-und wirtschaftsgeschichtlicher Studien zur Entstehung und Entwicklung im 16. und 17 Jahrhundert*,. Mit einer Einführung von Hans Conrad Peyer, Lucerne-Munich, Rex-Verlag Luzern, 1976, Published online by Cambridge University Press: 26 July 2017.

⑨ Hans Morf, *Zunftverfassung und Obrigkeit in Zürich von Waldmann bis Zwingli*, Zürich: [Antiquarische Ges.], 1969; Klaus Strolz, *Das Bauhandwerk im alten Zürich unter besonderer Berücksichtigung seiner Löhne: von der Zunftrevolution bis zum Zusammenbruch der Alten Eidgenossenschaft (1336-1798)*, 1970.

行会宪法秩序,①中下层民众由此得以获得自下而上参与政治的唯一合法途径。本文将以上德意志区域代表性城市奥格斯堡为中心,考察中世纪晚期到近代早期的行会参政机制及其历时演变历程,并对前文所述观点进行论证。

1. 历时发展:1368 年行会革命及参政权力的获得

城市行会参政权力的获得,经历了漫长的斗争过程,表现为行会与贵族之间的政治斗争,也称"行会斗争"(Zunftkämpfe)、"行会革命"(Zunftrevolution)或"市民斗争"(Bürgerkämpfe)。②在奥格斯堡,行会参政权力是通过 1368 年行会革命取得的。可以说,市民对参与政治的需求导致了这场 14 世纪的宪法改革。进一步来说,是新兴起的商人团体、手工业者家族与传统的贵族之间,在经商缴税以及政治话语权上的争斗,也是前者争夺与其自身经济实力相匹配的政治权力的斗争。

早在 13 世纪末,奥格斯堡的行会已初现端倪,那个时候一些手工业者发展出自己的团体,如 1283 年的面包师团体、1298 年的纺织工团体,它们代表着城市行会的早期面貌。行会推举出 4 位委员,对本行业进行一定的监督和管理。③1324 年行会又推举出"总管"(Gemain der ledrer)职位,1340 年以后,这些"总管"们已经开始携行会委员管理各自行业了,但是管治能力相对有限。同一时期,奥格斯堡的市议会在 1257 年建立,最初市议会由 12 人组成,贵族候补,到了 13 世纪末,小议会扩充到 24 人,市议会的章程大约在 13 世纪中叶才确立。此外,13 世纪的市民仍处在选举市民代表的比较古老的发展阶段。因此,中世纪中期,城市的市政管理与行会管理乃至市民发展,都处在共同发展的起步阶段。市议会在 1276 年领导建立了大议会,从 14 世纪开始,大议会中开

---

① Johannes Mordstein (Bearb.),. Die ländlichen Zunftordnungen in Ostschwaben während der Frühen Neuzeit. Dokumentation, in: Rolf Kießling (Hg.), *Stadt und Land in der Geschichte Ostschwabens (Augsburger Beiträge zur Landesgeschichte Bayerisch-Schwabens 10)*, Augsburg: Wißner Verlag, 2005, S. 351-412.; Anke Sczesnz, Zünfte, in: Historisches Lexikon Bayerns. https://www.historisches-lexikon-bayerns.de/Lexikon/Startseite (2023.05.24)

② Karl Czok,. Zunftkämpfe, Zunftrevolution oder Bürgerkämpfe, in: *Wisschenschaftliche Zeitschrift der Karl-Marx-Universität Leipzig*, Bd. 8 (1958/59), S. 129ff.; K. Czok,. Städtebünde und Zunftkämpfe in ihren Beziehungen während des 14 und 15 Jhs. dargestellt am Oberlausitzer Sechsstädtebund. Chr. -Weise-Bibliothek, in: *Wisschenschaftliche Zeitschrift der Karl-Marx-Universität Leipzig*, Bd. 6 (1956/57) S. 517-542; K. Czok,. Die Bürgerkämpfe in Süd-und Westdeutschland im 14. Jh., in: *Die Stadt des Mittelalters* Tl. 3 (1966/67) S. 303-344; K. Czok,. *Städtische Volksbewegungen im deutschen Spätmittelalter: ein Beitrag zu Bürgerkämpfen und innerstädtischen Bewegungen während der frühbürgerlichen Revolution* (2 Teile) Phil. Habil., Karl-Marx-Universität Leipzig, 1963.

③ Peter Geffcken,. Zünfte (Stand: 2. Auflage Druckausgabe), Augsburg Stadtlexikon, https://www.wissner.com/stadtlexikon-augsburg/artikel/stadtlexikon/zuenfte/5980 (2023.05.24).

始有行会中的手工业者加入。①

1348 年欧洲爆发黑死病之后，纺织业在意大利、法兰克以及英格兰遭到了沉重打击，由于业务上的往来，上德意志区域也受到波及。中世纪以来，奥格斯堡和其他上德意志区域城市占据着阿尔卑斯山口最优越的地理位置，成为威尼斯最重要的经销中转站。奥格斯堡的商人从威尼斯进口棉花，再反向销售布料，促进了自身的经济繁荣。在纺织品贸易上发家的商人家族们实力迅速增强后，很快发现自身的政治诉求与城市的政治结构不再匹配。到了 1368 年前后，新兴起的商人团体、手工业者家族与传统的参政贵族阶层之间，在缴税以及参政这两件事上的矛盾积压已久，终于在 1368 年 10 月 22 日和 23 日爆发。在这场武装抗议中，市民们选举了行会代表，与市议会谈判，要求市议会推行"行会宪法"。因形势所迫，市议会交出了象征城市权力的城市法卷和城市印章以及进入城市大钟楼和档案馆的钥匙，并且立誓推行"行会宪法"。由此，1368 年 11 月 24 日奥格斯堡出台了第一份"行会宪法"草案，允许行会人员进入市议会。随后，在 1368 年 12 月 16 日，在第二份"行会宪法"中，奥格斯堡听取了其他南德主教城市（斯派尔、沃尔姆斯、美因茨、巴塞尔、斯特拉斯堡、康斯坦茨、乌尔姆）的建议，确定了城市税法、城市宪法的基本原则，并确定了贵族和 18 个行会（后来变成 17 个）的具体的议会席位和市政官员。②

1368 年行会宪法的出台，标志着行会的崛起，从根本上确立了延续近三个世纪的自下而上的行会参政的政治体制。首先，行会自此具有明确的参政资格。行会的正式成员选出行会委员和行会会长，然后又从这些人中选出大议会与小议会成员；其次，行会宪法以及随之而起的 18 个行会联盟，将议会的权力向下关联到行会，明显地削弱了贵族的权力，增加了行会的权力，代表着行会背后新兴的商人和手工业者的崛起；反过来，参政权力的改变又进一步促进了行会的整合，乃至成为城市新贵参政的重要途径：在行会联合过程中，不同的手工业者被整合进大的行会中，尽管在概念上还有"行会"（商人行会）与"手工业会"的共存，但实际上的组织层级结构差异已经初见端倪，当时，"手工业会"仅被看作商业上的垄断，其政治角色不甚重要，而"行会"（商人行会）作为

---

① Pius Dirr,. Zur Geschichte der Augsburger Zunftverfassung 1368-1548, in: *ZHVSN.* 39 (1913), S. 144-243;

② 市民推选了汉斯·维斯（Hans Weiß）（纺织工）、海因里希·布登巴赫（Heinrich Burtenbach）（面包师）、海因里希·维斯（Heinrich Weiß）（皮草商）、汉斯·维斯普纳尔（Hans Wessisprunner）（盐加工商）、吉格哈特·施雷伯尔（Sieghart Schreiber）（酿酒商）和汉斯·艾灵格尔（Hans Erringer）（屠夫）作为发言人，其中前三名人物已跻身于大议会，担任税务主管，有参政经验。市民们当时占领了市政厅大门，拉起 24 个横幅旗帜，要求推行行会宪法。参见：Rolf Kießling, Zunfterhebung（Stand：2. Auflage Druckausgabe）, von Augsburger Stadtlexikon. https：//www. wissner. com/stadtlexikon-augsburg/artikel/stadtlexikon/zunfterhebung/5983（2023.05.24）.

参政基础的权力的存在，被看作具有政治性的、管理能力和司法能力的团体协会，地位一下擢升，也因其具有进入市议会的被选举权，行会开始成为一些有野心的家族的重要政治选择。一些家族会根据政治需要而不是自身所属行业来选择行会。例如，霍林（Hörnlin）家族①尽管很早就迈入了大商人的行列，但是始终保留在最初的屠夫行会中；再如远洋贸易商人博格豪夫（Johann Buggenhofer），并不更换到自己的同业行会，而是保留在最开始的裁缝行会。②同样，也有一些人会因为竞争激烈而选择更换行会。行会成为一种选举方式，人们会率先选择加入那些可以确保其被选为十二委员的行会。

2. 模式确立：自下而上的参政模式与政治结构

1368 年奥格斯堡出台的"行会宪法"，基本上奠定了行会自下而上参政的模式。这种模式主要构成如下：行会的正式成员选出 12 位行会委员和行会会长，再从中选出大议会与小议会成员。拒绝参加行会的贵族们没有主动选举权，但是具有被选举权。此时小议会包含 44 人，其中 15 个贵族，29 个行会人士。所有行会会长都当选，其中 11 个比较大的行会允许有第二名代表当选。大议会包含小议会的全部成员以及行会的全部 12 名委员，一共 249 人。③仍需一提的是，行会委员具有轮流替换的可能性，但是不存在备选的委员会机构。这一模式经过 1372 年的调整，到了 1403 年变得更加完善。1397 年在酒业公会和盐贩公会合并后，小议会只剩下 35 人，其中 8 名贵族，27 名行会人士，与此并列的是"老议会"（Alter Rat）包含 4 名贵族，23 名行会人士，共 27 名成员。这两

---

① 霍尔林（Hörnlin）家族在 1331—1571 年期间在奥格斯堡有据可查，是奥格斯堡比较有名望的商业家族，早年从事屠宰行业，后来转入商业，1538 年被纳入贵族。家族代表人物有路德维希一世（Ludwig Hörnlin I, —1346/51）以及他的侄子路德维希二世（Ludwig Hörnlin II, —1419），他是一位行会政治家，1398 被选举为城市行会市长（Stadtpfleger），主导了奥格斯堡城市政治二十多年。有关其家族描述还可参见 *Die Chroniken der deutschen Städte vom 14. bis ins 16. Jahrhundert*, Band 4, Hrsg. von Bayerische Akademie der Wissenschaften. Historische Kommission, Leipzig：Verlag von Hirzel, 1862, S. 259-261.；Albert Haemmerle,. *Deren von Stetten Geschlechterbuch*, 1955, München, S. 86-88；Eduard Zimmermann,. *Augsburger Zeichen und Wappen*,. Hrsg. vom Stadtarchiv Augsburg, Verlag Hieronymus Mühlberger, 1970, S. 4094f；Fritz Peter Geffcken, *Soziale Schichtung in Augsburg 1396-1521*, 1995, München Diss. 1983, S. 143, S. 197, Anm. 18-198；W. Reinhard, M. Häberlein, U. Klinkert, K. Sieh-Burens & R. Wendt（Eds.）. *Augsburger Eliten des 16. Jahrhunderts：Prosopographie wirtschaftlicher und politischer Führungsgruppen 1500 – 1620*. Berlin：Walter de Gruyter GmbH & Co KG. 2015.

② Rolf Kießling, Zunfterhebung, http://www.wissner.com/stadtlexikon-augsburg/artikel/stadtlexikon/zunfterhebung/5983（2023.05.24）.

③ 一共是 18 个行会，在小议会中，11 个行会各有 2 名代表，即 22 名代表，加上剩余的 7 个行会会长，共 29 名。小议会共 44 人。大议会包含每个行会的 12 名领袖，也就是 12×18＝216 名，再加上小议会 44 名，共 260 名，减去行会 12 领袖中已经在小议会中任职的 11 名代表，所以大议会一共 249 名成员。

个机构的 62 名成员共同组成了"内阁委员会"，由他们担任市政要职。大议会具有最高宪法权力，平均包含 180 名至 190 名成员。此外，还设置了一个专门的议会咨询委员会，负责提供咨询，虽然这个委员会只有咨询的功能，但实际上在决策过程中由于其自身机构的专业优势和信息优势往往会发挥决定性的影响作用。①

15 世纪下半叶，市议会机制再次发生改变，市长不断加大行会参政的力度，形成了奥格斯堡影响深远的政治结构模式，一直延续到宗教改革期间。这一改变主要由 1469 年至 1476 年在选的市长乌尔里希·施瓦茨（Ulrich Schwarz）②完成。自从 1462 年起，所有的 17 个行会再次以每个行会 13 名代表（即行会会长与每个行会的"十二委员"③）进入大议会，再加上 12 名贵族委员会，共 233 名成员。1476 年，剩下的 7 个"小行会"也在小议会中加入了第二名成员，由此委员会包含 42 人④，其中 8 名贵族，34 名行会人士⑤。直到 1548 年，内阁委员会共有 69 名成员，其中包含 12 名贵族，57 名行会人士。⑥ 小议会的成员再选出主导市议厅（Ratsamt）的市长，共两位，其中一位是出身贵族的市长（Bürgermeister），另一位则是出身行会的市长（Stadtpfleger）。自 1436 年，在史料中出现了一个特别的被称为"十三委员会"的"枢密委员会"，该委员会汇集最高级别的市政人员，做最重要的政治决定，然后再把意见带到小议会中去。⑦

中世纪的行会参政体制是保障当地社会政治稳定的一个重要机制。通过行会的选举，所有的市民都可以竞选"十二委员"，继而再竞选市议会的议员。这样，如果市民进入了行会的决策团，同时也就意味着进入了市议会大议会的层面，可以参与政治决策。大议会被称为"公众意见"处，它拥有的权利有限，主要是在战争、粮食收割、提高征税这三件大事上，其中最主要的作用就是在财政上的参政权。⑧此外，因为行会是包含不同手工业的，因此每个手工业都在这个行会的十二委员里都占有一定比例，如此

---

① Rolf Kießling, Zunfterhebung, https://www.wissner.com/stadtlexikon-augsburg/artikel/stadtlexikon/zunfterhebung/5983（2023.05.24）.

② Ulrich Schwarz（1422-1478），奥格斯堡的市议员和行会市长，在任期间努力提高行会参政的力度。参见：Günther Grünsteudel, Günter Hägele, Rudolf Frankenberger（Hrsg.）：*Augsburger Stadtlexikon*. 2. Auflage. Augsburg：Perlach Verlag, 1998.

③ AUK（Augsburger Urkundenbuch）II, S. 149f.

④ 罗吉（Järg Rogge）研究认为当时小议会共有 44 名成员，自 1476 年之后有 59 名成员。参见：Jörg Rogge, Ir freye wale zu haben: Möglichkeiten, Probleme und Grenzen der Politischen Partizipation in Augsburg zur Zeit der Zunftverfassung（1368-1548）, in Klaus Schreiner und Urich Meier ［Hrsg.］, *Stadtregiment und Bürgerfreiheit: Handlungsspielräume in Deutschen und Italienischen Städten des Späten Mittelalters und der Frühen Neuzeit*, Göttingen：Vandenhoeck u. Ruprecht, 1994, S. 246.

⑤ Peter Geffcken, Ratsverfassung bis 1806（Stand：2. Auflage Druckausgabe）, von Augsburger Stadtlexikon. https://www.wissner.com/stadtlexikon-augsburg/artikel/stadtlexikon/rat/5105（2023.05.24）.

⑥ Peter Geffcken, Zünfte, https://www.historisches-lexikon-bayerns.de/Lexikon/Startseite（2023.05.24）.

⑦ K. Sieh-Burens,. Die Augsburger Verfassung um 1500, in：*Zeitschrift des Historischen Vereins für Schwaben*（ZHVS）Jg. 77, 1983, S. 136.

⑧ K. Sieh-Burens,. Die Augsburger Verfassung um 1500, in：*ZHVS*, Jg. 77, 1983, S. 135.

就保障了所有手工业团体同等的参政机会，同时也在一定程度上规避了城市政党别立和专制者出现的可能性。①行会委员会具有召开会议、制定和修改行会制度的权力，但是也必须在市议会上为自己的行会争取利益。因此，行会在奥格斯堡，是民众获得公民身份和独立贸易资格的一种方式，普通民众通过申请加入相关的行会，取得会员资格，就能获得参加政治选举的资格。从这个角度来看，行会是一种工具，它在政治上组织市民，建构了一种政治选举的层级秩序；另一方面，行会通过自身的管理，凝聚市民成为城市管理体系当中半自治的下级系统。②

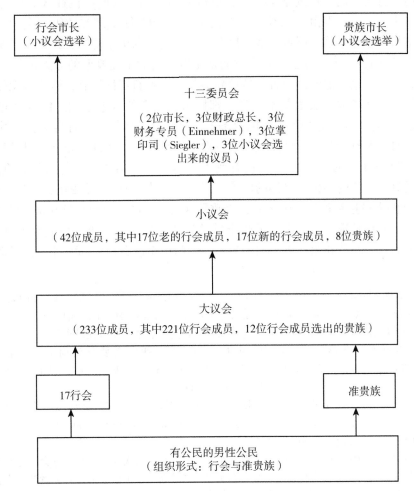

图 1　1368—1548 年奥格斯堡市议会选举架构示意图③

① R. Schneider u. H. Zimmermann（Hrsg.），. *Wahlen und Wählen in Mittelalter*，. Sigmaringen，1990，S. 345-374，hier. S. 374.

② Peter Geffcken，Zünfte，https://www.historisches-lexikon-bayerns.de/Lexikon/Startseite（2023.05.24）.

③ 本示意图根据 1368 年至 1548 年奥格斯堡市议会选举信息绘制。

3. 上下互动：行会参政选举流程的基本图景

"行会宪法"确立的选举流程整体上可以分为两大步骤：第一步是行会选举，为期一周左右；第二步是市政官员和市长选举，为期两天，共十个环节。

行会选举各个行会总体上程序相同，先选举十二委员，再由十二委员投票选出一位新的会长。行会选举通常是在圣诞前一周召开的年度总结会之后进行。①以奥格斯堡规模最大的纺织行会为例，在选举这一天，成员们会聚集在其所居住社区的广场，②然后投票选举出十二委员，再由十二委员投票选出一位新的会长。③在纺织行会中，十二委员的选举结果并不是直接按照得票数顺序公布，而是根据历来传统，先宣布年纪最大的委员，然后依次往下。④行会会长的选举通常是以秘密的书面投票的方式进行。⑤在公布票数之后，老会长宣布他的继任者。然后新会长首先致新年祝福辞，然后宣念效忠的誓词，誓词的内容在各大行会上基本一样，都模仿市议会的效忠誓词。1439 年市议会出了一个标准版本："你们应当藉上帝以及圣人之名发誓，你们对待行会会长，姓名 XX，在他不在之时，保持恭顺，互助友爱，无论白天还是黑夜，并且遵守议会以及行会的规章制度……"⑥这个誓词直到 1525 年还有效力。⑦这个誓言对于每个行会都有重大意义。行会会长通过誓言从内心树立自己的职责，以实践和建议的方式帮助他所在的行会解决问题。⑧行会的人员选举预先确定之后，市政厅这边开始准备市政官员和市长的选举。

市政官员和市长选举是选举中最受全城关注的一环，整个流程也相对繁复、细致，分为第一天的六个环节和第二天的四个环节，专门由市议会司礼部安排。为了选举流程

---

① "item am Chrysttag oder vor dem Chrystag hat man den lestzen Ratsdag bis das man Rat und Recht widerumb besetzt." StAA, Schätze 63 (Memorialbuch des Ratsdieners P. H. Mair) fol. 19^v.

② 行会成员通常居住在同一个区域，这样安排的目的主要是为了方便城市管理，以便一些例如特殊气味或者噪音不会影响整个城市，也有一些因为其手艺需要傍河而居。参见：Matthias Schmoeckel, *Rechtsgeschichte der Wirtschaft*. Tübingen：Verlag Mohr Siebeck, 2008, S. 38ff.；这个广场叫作 Weinmakrt，StAA (Stadtarchiv Augsburg)，Zünfte 266 (Weber)，S. 214.

③ 实际上行会成员会通过问询会长来提前了解和确定被选举人，然后他们会宣誓就选这些人出任十二委员和会长。StAA, Zünfte 226 (Salzfertiger)，S. 214, fol. 9^v；StAA, Zünfte 266 (Weber)，S. 215.

④ StAA, Zünfte 266 (Weber)，S. 215.

⑤ 以纺织行会为例，行会会长的选举程序如下：十二委员依次而坐，并在行会书记员的协助下填写选票，接下来由一位检查员将选票收集在帽子里，然后在一位市议会书记官或者法律书记官的监督下，由老会长进行唱票。最早可以查到 1443 年盐商行会的选举文字记录，参见 StAA, Zünfte 226 (Salzfertiger)，S. 214, fol. 9^v.

⑥ "Ir werdetzt schweren gelert aid zu got und den heligen mit aufgeboten vigern daz ir dem zunftmaister mit namen X oder in seinem abwesen seinem stathalter bey tag und bey nacht gehorsam bygestendig brauten beholfen und allen iren gescheften und goboten von rautz und der zunft wegen auch ainz ratz und der zunft ordnungen und gesatzten gehorsam zu sein" StAA, RP. (Ratsprotokoll) S. 269，1439 年的誓词。

⑦ StAA, Schätze 52 (Sammlung von Ratserkenntnissen) fol. 9^r.

⑧ StAA, Zünfte 224 (Salzfertiger)，fol. 7^v。

顺利，通常市议会司礼部会在新年到 1 月 6 日"三圣节"之间进行准备。首先，第一个重要环节就是弥撒仪礼。司礼部通常会提前 1 至 5 天确定好在圣彼得教堂做宣讲的神父。①神父会应议会要求，在弥撒中请议员"藉圣灵之光……"作出最明智的决定，②并且在此期间市议员不允许与神父有单独的接触。司礼人员除了提醒参加弥撒外，③还须准备好投票用的豌豆、豆子和坚果，④以及装点庆祝场地，⑤如此准备工作才算告一段落。

第二个环节就是召开大议会，在大议会上对新选出的行会会长和"十二委员"进行审查，审查后进行就职宣誓。弥撒仪式结束后，2 位市长、4 位"连任的贵族参议员"（Alten Herren，也称为 Vier Räte）⑥，新选出的行会会长和"十二委员"共同来到市政厅的大厅来参加大议会。在大议会上，首先对新选出的行会会长和"十二委员"进行审查，审查他们是否"忠于城市和市议会"⑦被审查者须暂时离场。大议会审查结束之后，那 4 位"连任的贵族参议员"、新上任的行会会长等分别宣誓。⑧ 第三个环节是在小议会选举 4 位新的小议会贵族成员，并进行就职宣誓。⑨

---

① 在 1 月 6 号，圣彼得教堂将在清晨 5 点半到 6 点之间敲钟，召集人来教堂做弥撒。神父布道不能超过三十分钟，一般是在 6 点 45 分前结束。StAA, Schätze 63, fol. 23ʳ；StAA, Schätze 63, fol. 21ʳ。

② StAA, Ratsbücher 277 fol. 23ʳ；StAA, Ratsbücher 277 fol. 23ʳ ab. 1507。

③ 市议会司礼人员会提前提醒市长与十二委员，以及所有其他参与选举的成员和政治团体的领导人物参加弥撒。StAA, Schätze 63, fol. 22ʳ。

④ StAA, Schätze 63, fol. 24ᵛ。

⑤ 其中首要的任务就是把市政厅的法庭大厅布置成庆祝场所，铺上地毯，点上蜡烛……"Mit penncken und mi deppich desgleichen mit wechsin kertzen"，StAA, Schätze 63, fol. 21ᵛ。

⑥ 通常参议员任期一年，但在 1434 年之后，12 位参议员中有 4 位贵族代表任期两年，称之为"连任参议员"（Alten Herren，也称为 Vier Räte），连任参议员不需要重复参加选举，因此他们和市长、行会市长以及十二委员一起，参加弥撒仪式，然后去市政厅。K. Sieh-Burens, Die Augsburger Verfassung um 1500, in: ZHVS, Jg. 77, 1983, S. 125-149, S. 136；StAA, Schätze 63, fol. 20ᵛ。

⑦ "ob der und seine Zwoelfer der Stadt und dem rautfuglich sein oder nit." StAA, Ratsbücher 277 fol. 2ʳ。

⑧ 宣誓誓词由城市书记官朗读，宣誓仪式由他带领，誓词内容主要为："你们应当宣誓，为城市、穷人和富人，……从今日起，到下次弥撒仪式（2 月 2 日）……谋求福祉，……以市议会之名，……愿上帝以及所有的圣人帮助你们。""Ir wert sawern, das ir der stat, reycher und armer, getrui rautgeb seyend bis zu der liechtmess [2. Februar], die nun shierst komt, und von dannen uber ain jar, ode rob man die raet ungefarlichen ee besatzte, und der stat reychen und armen rautend mite wren trewwn das pest und das waegst, das ir wißen künden und berstend, und ze rechter yezt an den raut gangend, den raut verschwigent, ratschatz mezdent, brief und buch halltent on alls gefärde. Das bitt euch Got zu helfen und all hayligen." StAA, Ratsbücher 277, fol. 2ᵛ。

⑨ 在上一个环节结束后，两位市长，新选出来的 27 位（自 1476 年变成 34 位行会人士）和 4 位贵族"连任参议员"，随后聚集在专门的会厅，用坚果、豌豆和豆子进行选举，选举出 4 位新的小议会贵族成员。一位司礼人员向每位市议员分别发一个"核桃、榛子、豌豆和豆子"，市长指定这四种坚果分别代表哪一位贵族候选人，然后每位选举人将代表自己想选的那位候选人的坚果投入司礼准备的一个兜帽里，坚果多的候选人胜出。整个流程反复三遍，依次选出剩下的三位。然后市长安排这几位被选举出来的贵族在小议会厅里宣誓。SStBA, 4° Cod. Aug. 108, S. 5-7。

　　第四个环节是最受关注的市长选举环节，以推荐提名和书面投票的形式进行。[①]根据 1434 年法规，市长还是通过选票的方式选举出来，[②] 后来根据新的规定改成用豌豆、豆子和坚果的方式选举。第五个环节是重要的市政官员的选举与就职宣誓。1470 年后，市政官员主要包括 2 名市长，1 名贵族市长、1 名行会市长、3 名财政主管（Baumeister）[③]（1 位来自贵族，2 位来自行会）、2 名掌印司（Siegler）[④]（1 位来自贵族，1 位来自行会）、3 名神职司礼（Weinungeldter）（1 位来自贵族，2 位来自行会）、6 名税务主管（Steuermeister）[⑤]（2 位来自贵族，4 位来自行会）。所有的市政人员都从小议会成员中选举出来。[⑥] 在公布结果后，当选者需在大议会面前进行就职宣誓。[⑦]

　　第六个环节是全城通告选举结果、市长宣誓与市民宣誓。[⑧] 教堂大钟敲响，各社区市民们聚集在市政厅前的派拉赫广场（Perlach Platz）上，市长站在市政厅的宣讲高台，

---

　　① 两位书记官会提前离开小议会厅，来到另一个会议厅，老市长等人逐一来到书记官那里，告知心目中的合适的市长人选。书记官将被推荐之人的名字分别记录在两张"选票"上，一份是贵族市长的，一份是行会市长的。选票会被摊在一张桌子上，票数多的当选。SStBA, 4° Cod. Aug. 108, S. 7f.

　　② StAA, Ratsbücher 277, fol. 3ʳ.

　　③ 财政主管，是市议会的核心财务管理人员，最开始是 2 位，1369—1372 年变成 4 位，1373—1404 年又变成 2 位，1405 年之后由 3 位市议会核心成员管理。1368 年之前只有贵族能够担任，1368—1372 年改革后，变成 2 位行会人士，2 位贵族，1373—1404 年，1 位贵族，1 位行会人士，1405—1508 年，1 位贵族，2 位行会人士，1548 年以后，重新变成 2 位贵族，1 位准贵族。可参见：Richard Hoffmann,. Die Augsburger Baumeisterrechnungen 1320-1331, in: *ZHVS* 5（1878），1-220; Ernst Schumann, *Verfassung und Verwaltung des Rates in Augsburg 1276-1368*, Kiel Diss. 1905; Ingrid Bátori, *Die Reichsstadt Augsburg im 18. Jahrhundert*, 1969; Hans Georg Kopp,. *Das Einnehmer-und das Baumeisteramt in Augsburg im 16. Jahrhundert.*, Diss. Augsburg 1994; Fritz Peter Geffcken,. *Soziale Schichtung in Augsburg 1396-1521*, München Diss. 1983, S. 173, S. 183-187.

　　④ 掌印司，也是市议会的核心成员，从 1268 年就设置了这一职位，到 13 世纪末的时候，有 2 位掌印司。主要负责掌管城市的印章。1368 年改革之后，由 1 位贵族 1 位行会人士共同担任。1548 年改革之后，掌印司办公室取消，由行会市长兼任此职。可参见：Ernst Schumann, Verfassung und Verwaltung des Rates in Augsburg 1276—1368, Kiel Diss. 1905; Ingrid Bátori, Die Reichsstadt Augsburg im 18. Jahrhundert, 1969; Fritz Peter Geffcken, Soziale Schichtung in Augsburg 1396-1521, 1995, München Diss. 1983.

　　⑤ 税务主管，也是市议会财务核心管理人员，一般有 6 个人。1320—1367 年由 3 位贵族成员和 3 位大议会成员组成；1368—1548 年由 2 位贵族、4 位行会人士组成；1548 年以后，改成由 5 位贵族，1 位社区代表组成。Ernst Schumann,. Verfassung und Verwaltung des Rates in Augsburg 1276-1368, Kiel Diss. 1905; Ingrid Bátori, Die Reichsstadt Augsburg im 18. Jahrhundert, 1969; Fritz Peter Geffcken, Soziale Schichtung in Augsburg 1396-1521, 1995, München Diss. 1983.

　　⑥ Meyer, Stadtbuch, S. 303-304; Jörg Rogge,. *Für den Gemeinen Nutzen: Politisches Handeln und Politikverständnis von Rat und Bürgerschaft im Spätmittelalter*,. Tübingen, 1996, S. 25.

　　⑦ P. Dirr,. Studien zur Geschichte der Augsburger Zunftverfassung 1368-1548, *ZHVSN*, Bd. 39, Augsburg 1913, S. 214.

　　⑧ StAA, Schätze 63, fol. 22ᵛ-23ʳ.

在所有的社区市民前宣誓。市长宣誓之后，全体市民们进行宣誓。① 随着社区民众的集体宣誓，一年一度的选举也达到高潮。这种市民在市长前宣誓的形式一直到 1434 年还在使用，最晚到 1479 年发生了一些改变，即市民按照所属行会分别聚集在各自社区前进行宣誓。② 随着市民宣誓完毕，第一天选举日就算画上句号了。③

第二天的选举分为四个环节，主要包括参议员、法院人员以及"十三委员会"（Dreizehner）成员的选举以及中等级别市政官员的任命。新任市长和小议会的议员们将从贵族中选出 4 位参议员，以及连任两期的"连任参议员"。紧接着就是市法院人员的选举，包括法官（Richter）、市议会护使（Ratsknechte），狱司长（Eisenmeister④）和书记员（Schreiber）的选举，选举结束后在大议会前进行就职宣誓。最后是"十三委员会"的选举。⑤"十三委员会"在奥格斯堡的行会宪法中尤其不能忽略。它从 1436 年开始发展成一个固定的委员会，是之前小议会中的一个特殊委员会，在危机情况下作为最高的决议机构，承担管理责任。尽管"十三委员会"在政治上的具体竞争力不得而知，但是推测他们基于小议会，承担城市管理事务。这种猜测在吉·布伦斯（K. Sieh-Burens）的研究中被证明："十三委员会"不仅仅是小议会的核心，甚至在很多情况下也主导小议会的决策。⑥但是要进入"十三委员会"是很难的，因为只有市长、财政总管、掌印司以及自 1467 年的"财务专员"可以进入"十三委员会"。它也仅仅有 6 个席位，其中 3 个席位是可候选的。最后，市议会任命中等级别的市政官员。⑦至此，整个选举流程宣告结束。

在选举之外，社会市民的"自我约束管理"（Selbstbindung）也极具有政治意义。在这前后一共十二到十四天的各级行会以及市政官员的选举时间里，社区市民要宣誓进行"自我约束管理"。这成为奥格斯堡政治生活中具有重要意义的一环，对于社区政治联盟建设意义重大。每年至少有一次，社区市民们有机会自主地进行自我管理，尽管在很多情况下，这只是法律上的形式，然而这也成为城市社区自主权的一部分。在这短暂的时间里，每个市民都具有同等的权利。这种参政形式对于当时的人来说是一种被普遍认可的、当作规则的政治理念。⑧正是在此基础上，近现代公民平等参政的理念逐渐酝酿形成。

---

① P. Dirr, Studien zur Geschichte der Augsburger Zunftverfassung 1368-1548, *ZHVSN*, Bd. 39, Augsburg 1913, S. 215

② StAA, RP. 9, fol. 30^V.

③ 新任市长在诸多大议会成员的陪同下回到家中，并在门前与各位一一告别，晚上等待他们的是节日般的盛宴。StAA, Schätze 63, fol. 23^v, 24^V-25^r.

④ "Eisenmeister"这个词今天已经不再作为职业名词使用，相当于 Kerkermeister，监狱看守，狱卒。可查阅 Alte Berufsbezeichnungen, http://www.daniel-stieger.ch/berufe.html（2023.05.24）

⑤ SStBA, 4° Cod. Aug. 108, S. 10.

⑥ K. Sieh-Burens, Die Augsburger Verfassung um 1500, in: *ZHVS*, Jg. 77, 1983, S. 136f.

⑦ SStBA, 4° Cod. Aug. 108, S. 11.

⑧ Jörg Rogge, Ir freye wale zu haben: Möglichkeiten, Probleme und Grenzen der Politischen Partizipation in Augsburg zur Zeit der Zunftverfassung（1368-1548）, in: Klaus Schreiner und Urich Meier, Hrsg., *Stadtregiment und Bürgerfreiheit: Handlungsspielräume in Deutschen und Italienischen Städten des Späten Mittelalters und der Frühen Neuzeit*, Göttingen: Vandenhoeck & Ruprecht, 1994, S. 257.

以上就是中世纪晚期城市行会参政机制与选举流程的一个基本图景。编年史官雅格尔（Clemens Jaeger）在他 1545 年完成的《纺织工编年史》（*Weberchronik*）中描述了行会宪法的秩序良好的理想状态。①然而实际情况远不是那么理想，在更广泛的范围内，行会参政体制仍有很多局限之处，它呈现出中世纪的时代特点，且实际的操作也与宪法标准之间有一定距离。

4. 行会参政体系的局限及其对城市政治结构的影响

中世纪晚期的这种城市行会参政与选举模式一直到宗教改革爆发的 16 世纪上半叶还在发挥作用，直至 1548 年"卡罗林秩序"（Karolinischen Regimentsordnung）的出台。因其具有鲜明的自下而上的民众参政特点、选举特点，而常常被视为近代民主政治的起源。然而，通过进一步分析发现，这种参政模式也体现出明显的中世纪时代特征，即所谓的"局限性"，并对近代早期的城市政治结构乃至宗教改革的发展都产生了深远影响。这种特征体现在以下五个方面。

第一，这一行会参政体系对选举人与被选举人有诸多限制条件，主要是在市民权、行会权、个人品行三个方面。首先，只有具有市民权的人才有权参与选举。市议会会在每年宣誓日授予市民以市民权。然而这种市民权是权利与义务共存的：市民具有缴税的义务、执勤义务或执勤费、兵役、消防役、保持和平的义务、谴责义务和法律强制义务，尤其是市民还要向市议会宣誓，接受他们的权威和领导。② 与此同时，如同在施瓦本其他帝国城市中发现的一样，市民具有选举权和发声权，并且充当"政治社区的积极参与者"。③在整个 15 世纪的历程中，对于有市民权的市民参与选举的条件要求逐步提高。1457 年，只有长期居住在城市中的市民才能选举和被选举，那些所谓的"条约公民"（Pfahl-/ Pakt-Bürger），乃至那些市议会给予假期许可的市民，都被排除在选举和被选举之外，④因为市民要履行赋税义务。1476 年，禁止未结婚的市民参与选举，⑤禁止领救济金的人参与选举。⑥ 1480 年，市议会又规定必须有完全的市民权和行会权的人才有

① Clemens Jaeger, *Weberchronik*, St. Chr., Bd. 34, in *ZHVS*, Jg. 46, 1926, S. 1-75 und *ZHVS*, Jg. 46, 1927, S. 1-105.

② Wachdienst, Steuerpflicht, Wachdienst, od. Wachgeld, Kriegsdienst, Feuerwehrdienst, Friedenspflicht, Ruegepflicht, Gerichtszwang. C. Meyer（Hg.）*Das Stadtbuch von Augsburg*, Augsburg, 1872, S. 301-303.

③ P. Eitel, *Die oberschwäbischen Reichstädte im Zeitalter der Zunftherrschaft*, *Untersuchungen zu ihrer politischen und sozialen Struktur unter besonderer Berücksichtigung der Städte Lindau*, *Memmingen und Überlingen*, Stuttgart, 1970; S. 30.

④ StAA, RP. 5, Das Mandat, fol. 149ʳ.

⑤ StAA, Literaliensammlung 19. Dez. 1476, StAA, RP. 10, fol. 96ʳ.

⑥ 1526 年这种情况又有改变。P. Dirr, Studien zur Geschichte der Augsburger Zunftverfassung 1368-1548, *ZHVSN*, Bd. 39, Augsburg 1913, S. 219.

选举权。

其次，行会的会员制度也很严格，行会内部对于主动选举权与被动选举权也有诸多要求。①根据 1475 年的记录，奥格斯堡行会的会员必须缴纳一大笔入会费，否则不接受入会。1508 年，进一步规定只有缴纳了财产税的市民才有权加入行会。行会成员和市民可以直接选举，但如果竞选十二委员和大议会的议员，就必须要有 5 年的"市民权"，如果要进入"小议会"则必须要有 10 年的"市民权"。②被选举人必须要有完全的行会权。这一规定等于是对财产收入有了非正式的要求。③ 例如 1481 年，一位没有完全行会权的人被选入行会委员会，被市议会责令替换。④ 这样，被选举人通常都是行会中财富实力比较雄厚的人，即使有一些人不满，也无计可施。当时已经出现了缺席的问题，为此，当时的市长施瓦茨(Ulrich Schwarz)还在 1476 年颁布了新规定："那些不能在紧急情况下参加会议的行会会长，应该派上一任会长临时顶替他……" ⑤ 1513 年，议会规定不允许十二委员在选举期间"度假"，离开城市。

最后，市议会候选人必须要有良好的品行声誉，以及维护和促进"公共福祉"的理想。早在 15 世纪初在行会的选举中就有推举"德高望重"的人的趋势，在市议会选举中也是一样。例如 1478 年施瓦茨的继任者乔治·斯特劳斯(Georg Strauss)，堪称"德高望重"，人们赞誉他"正直、真诚、智慧、有远见"。⑥候选人的个人声誉要在第一次大议会上接受所有议员的审查，是否有"不体面"的事。⑦如果有，那么就会被视为"有悖于市民法规和公民法规"，必须进入 "问责流程"(Schuldprozess)。1498 年，市议会进一步规定，一旦发现此事即刻逐出议会，直到事件澄清为止。⑧此外，市议员需要尽力维护和促进"公共福祉"，行会委员要代表行会的利益，要宣誓抛开私利，一心为公。与此类似的宣誓仪式在其他城市中也有。⑨为此，甚至发展出一套类似于基督教权威的行为准

---

① StAA, Ratbücher 277, fol. 2ʳ.

② P. Dirr,. Studien zur Geschichte der Augsburger Zunftverfassung 1368-1548, *ZHVSN*, Bd. 39, Augsburg 1913, S. 208.

③ P. Eitel, Die oberschwäbischen Reichstädte im Zeitalter der Zunftherrschaft, Untersuchungen zu ihrer politischen und sozialen Struktur unter besonderer Berücksichtigung der Städte Lindau, Memmingen und Überlingen,. Stuttgart, 1970, S. 22.

④ StAA, RP. 9, fol. 105ʳ.

⑤ "Der masse nob ain zunfmaister zu gutten redlicher nottdurft von geschaefthalben dobey (den Sitzungen) nit gesein moecht, das er seinen alten zunftmaister an seiner statt ze schicken macht haben sollte." StAA, RP. 8, fol. 47ᵛ.

⑥ StAA, RP. 8, fol. 100ʳ.

⑦ SStBA, 4° Cod. Aug. 108, S. 2.

⑧ P. Dirr, Studien zur Geschichte der Augsburger Zunftverfassung 1368-1548, *ZHVSN*, Bd. 39, Augsburg 1913, S. 181-182.

⑨ StAA Ratbücher 277, fol. 2ⱽ.

则——"怎样做一名市议员"。①

第二，市议会对每个行会候选人具有审查资格，以及决定性的否决权。根据宪法规定，奥格斯堡行会参政主要是先选举出行会会长和十二委员，再从中选举出大议会和小议会议员。从行会中选举出来的候选人要接受大议会的审查。市议会有权拒绝这些候选人，行会对此没有否决权。换言之，选举人的权力并不是绝对的，由此就产生了一种市议会的绝对控制权力，即市议会可以拒绝不符合他们政治意愿的行会代表。这种市议会对每个市议员的审查资格是"行会宪法"中除了行会选举之外，第二条重要的条款。通过这项"否决权"，市议会可以把不合格的候选人除名，即使是行会会长也可能被除名。②虽然这把"尚方宝剑"并不经常"出鞘"，③ 但这个否决权是保证核心政治议员把控城市政治的一个重要手段。

这种宪法体制导致市议会与行会之间经常发生冲突。为此，1436 年至 1466 年间，市议会又增加了一条选举补充条款④，要求"行会会长和十二委员在推举新的市议员被拒绝后，不应强烈拒绝，应再予换人，并且选举人也应帮助选举出合适的人"⑤这样，选举人就要提前宣誓，必须选举那几个所谓的"最好的""恰当的"人。如果这时候市议会仍然拒收了一位候选人，那么就不仅仅是这个候选人丧失颜面了，同时这也说明有人没有遵守誓约，选举那位"最恰当的"人。通过这样一种方式，市议会具有某种程度上把控下层候选人的能力，同时也造成行会丧失独立决定权。与此同时，也使得行会的选举系统趋向于"平衡"和"保守"的政治特点。

第三，自上而下信息反馈匮乏，以及自下而上问责机制匮乏。对于市议会的决策，如果不涉及提高税款，或者公布赋税等大议会必须参与的事情，奥格斯堡的市民对于政治事务很少有参与。体制上几乎没有自上至下的信息反馈。市议会的事务一般是处于非公开状态，政治领导阶层的决策分析也都是内部的。行会中的社区成员，几乎不可能了解到真实发生了什么。例如 1477 年施瓦茨市长与汉斯与雷诺哈德（Hans & Lenohard）兄

① „wie die ratshern gesit sullen sein: der ist ein poser Ratgeber, der sein aigennutz fur setzt, den gemain nutz und der menschen wreck fursetzt dem wreck gottes." Bayrische Staatsbibliothek München, Cgm. 393, fol. 133ʳ.

② Clemens Jaeger, *Weberchronik*, St. Chr., Bd. 29, S. 75.

③ 根据多年的经验，他们已经形成了一套灵活的手段。通常市长会提前提醒行会会长提前考虑被推荐人是否能够通过审查。根据纺织行会的情况，会员们会提前向会长了解选举哪些人，然后再执行。"Item pi dem letzten Raute vor Weyhenachten, so empflcht der burgemaister allen zunftmaistern, das sy ir zunftmaister und zwofer welen uffir ayde, die der stat nutz und gut sein." StAA Ratbücher 277, fol. 2ʳ; StAA Zünfte (Salzfertiger), fol. 7.

④ SStBA, 4° Cod. Aug. 108, S. 2.

⑤ "Im ersten als von der bestetung der zunfftmaister und zwelffern halb ist und dient mer zu unainikait dan zu anickait. Wann wen mann sy (die neuen Ratherren) verwofft so wechst dar auß grosser neit in vil weg damit er geschmecht wirt und auch die weler irs aids halb dar vil nachred und erkawns beschicht." SStBA, 4° Cod. Aug. 108, S. 13.

弟之间的矛盾①，当时民众聚集在市政厅广场前，没有人知道要做什么。②选举人对于他们选出来的市政代表，没有一种问责机制（Rechenschaftspflicht）。在市议会推行新的政策时，只要他们使市民相信，这是为了促进"公共福祉"，绝大多数人都不会对此有意见。③但是当市议会的某些决议，例如提高征税（尤其是提高谷物和粗斜纹布赋税上）让民众觉得与"公共福祉"相背离的时候，由于问责机制的缺乏，市民对此常见的反抗形式就是上街游行抗议。④

第四，选举缺乏竞争体制。行会成员宣誓有责任永远选出"最好的"代表，然而，却总是选出那几个同样的人，似乎他们能够代表他们的利益。弗里德里希的研究发现，近代以前的欧洲社会中选举，并不像今天想的那样充满竞争力，更不是那种有规律的定期的人员或者集体的权力更换，通常都是终身的，没有现代意义上的竞争选举，而且通常都是同一批人。⑤ 在奥格斯堡的个案考察中，也发现了这一特点。以下是 1368 年至 1521 年一个半世纪之间的奥格斯堡行会的市政官员的出身情况。从统计数据来看，奥格斯堡的人员阶层分布和其他城市差不多，主要集中在一些大商人手中。手工业者虽然也有代表，但是其实力有限。那些出身贫贱的有政治野心的人，几乎不大可能通过行会选举，进入议会当上市政官员。

表1　奥格斯堡市政官员行会出身分布（1368—1521 年）⑥

行会	当选市政官员人数
商人行会（Kaufleute）	184
盐商行会（Salzfertiger）	119

---

① 施瓦茨市长 1475 年派特使约翰·维特（Johann Vittel）前往宫廷，但约翰在宫廷上状告奥格斯堡政务，施瓦茨市长指责他做了伪证，为此，约翰和他的兄弟雷纳德于 1477 年 4 月 19 日被送上绞刑架，这件事直接导致了 1478 年 4 月 14 日施瓦茨市长也被送上绞刑架。Günther Grünsteudel, Günter Hägele, Rudolf Frankenberger（Hrsg.）: *Augsburger Stadtlexikon*. 2. Auflage. Perlach, Augsburg 1998.

② „wusst niemandt von dem geminen Volk wie es zueging ", SStBA, 4° Cod. Aug. 91, fol. 3ᵛ.

③ 这方面的研究可参看 W. Schulze, vom Gemeinutz zum Eigennutz, in: *HZ*. Bd. 243, 1986, S591-626; Peter. Hibst, *Utilitas Publica Gemeiner Nutzen-Gemeinwohl: Untersuchung zur Idee eines politischen Leitbegriffs von der Antike bis zum späten Mittelalter*, Frankfurt a. m. 1991.

④ 即 1398 年和 1466 年的抗议。1398 年见 St. Chr. Bd. 4（Chronik von 1368-1406），S. 109-110；1466 年见 St. Chr. Bd. 5（Zink）S. 118-121。

⑤ C. R. Friedrich, Politik und Sozialstruktur in der deutschen Stadt des 17. Jahrhunderts, in: G. Schmidt（Hg.）, *Stände und Gesellschaft im alten Reich*, Stuttgart: Steiner, 1989, S. 151-170. S. 155.

⑥ Jörg Rogge. Ir freye wale zu haben: Möglichkeiten, Probleme und Grenzen der Politischen Partizipation in Augsburg zur Zeit der Zunftverfassung（1368-1548）, in: Klaus Schreiner und Urich Meier Hrsg., *Stadtregiment und Bürgerfreiheit: Handlungsspielräume in Deutschen und Italienischen Städten des Späten Mittelalters und der Frühen Neuzeit*, Göttingen: Vandenhoeck u. Ruprecht, 1994, S. 259.

续表

行会	当选市政官员人数
屠户行会(Metzger)	81
远程贸易商行会(Kramer)①	67
纺织工行会(Weber)	38
裁缝行会(Schneider)	16
瓦木匠行会(Zimmerleute)	12
皮革匠行会(Lederer)	11
制毛皮衣匠行会(Kürschner)	4
面包师行会(Bäcker)	2
酿酒师行会(Brauer)	1
总 计	535

第五，15 世纪以后，市议会对行会集会、参政管控力度不断加强。在施瓦茨 (Ulrich Schwarz)卸任市长之后，从 1479 年和 1480 年开始，市议会加大对于行会的管理力度。1480 年和 1481 年，行会人员被禁止在市长选举那天聚集在他们的小酒馆 (Stube)中，只有行会会长和"十二委员"可以碰头。②市议会这种针对行会的苗头在接下来的年头中延续，到了 1523 年，发展成为不允许行会自主集众。因为市议会担心，行会聚集是为了反抗或者起义。③1466 年有关提高赋税的骚动还历历在目，市长按照 1398 年的立法要求民众聚集在家里，就赋税的问题进行商讨和咨询，然而，和谈的努力随着面包师和纺织工的拒绝而宣告结束，他们策划一个公开的起义，尝试阻止政治精英们在议会中只考虑它们自身的利益。④从这件事情上，市议会看到让行会集会和市民发声是与维护城市的所谓的"公共福祉"背道而驰的。因此，他们制定了禁止行会私自集会的规定。除了禁止集会之外，市议会还努力限制行会的参政席位，例如死去的议员的职位不允许新的行会人员补缺。⑤

由此，在 15 世纪末，市议会确立成为法定的"权威"统治阶层，这也确定了其余的市民阶层是处在"下层民众"⑥的被统治地位。因此，市议会与市民社区之间形成明确的

---

① Gunther Gottlieb, *Geschichte der Stadt Augsburg von der Römerzeit bis zur Gegenwart*, 1985, S. 166-181, S. 258-301.

② StAA. RP. 9. fol. 43^V.

③ StAA. RP. 9. fol. 41^r.

④ AUK II, S. 150.

⑤ StAA. RP. 9. fol. 26^r (1482).

⑥ Bernd Moeller,. *Reichstadt und Reformation*, Neue Ausgabe, Tübingen: Mohr Siebeck, 2011, S. 104.

层级关系。这种结构化的权利秩序的架构，一方面被用来保证公共安全，实现整个城市的"公共福祉"①。另一方面也为城市社会不断向近代的市民平等参政的政治社区转变打下了结构性基础。最后，参政机制及其时代特征与局限，造就了近代早期城市寡头政治局面的形成。根据吉·布伦斯的研究，在1518年至1618年的一百年间，历任奥格斯堡寡头政治核心的73位贵族市长和行会市长主要来自43个城市核心家族，由此造就了16世纪奥格斯堡寡头政治的局面。② 这种局面在16世纪宗教改革时期，进一步促进了世俗权威力量的强化，以及城市管理与社会治理向近代化的转变。

结　语

行会代表一种来自下层民众的力量，经过1368年行会革命以及后续两百年的努力，建立了行会参政体制。这种参政模式被寻求近代特征的学者们所看重，将之视为欧洲近代民主制度的前身。不仅如此，我们可以看到，通过行会选举，民众得以进入市议会，进而参政议政，表达民众诉求，与政府共同参与到城市治理之中。可以说，行会参政体系是实现中世纪城市治理的重要社会机制，正是藉由行会，民众与政府构成了上下通达的互动关系，参与城市管理与建设。选举期间的社区民众的"自我管理"也帮助社区构建成为社会治理的最小自治与管理单元。行会参政构建的清晰层级关系、管理体系，也为城市社会向具有近代性质的市民能够平等参政的政治社区转变，打下了结构性基础。可以说，行会扮演了整合中下层民众的关键角色，是实现中世纪城市治理的关键机制，也构成了向近代社会转型的重要社会管治基础。

参 考 文 献

史料：

[1] AUK（Augsburger Urkundenbuch）II, S. 149f.

[2] BSM（Bayrische Staatsbibliothek München）, Cgm. 393, fol. 133r

[3] Clemens Jaeger, *Weberchronik*, St. Chr., Bd. 34, in ZHVS, Jg. 46, 1926, S1-75 und ZHVS, Jg. 46, 1927, S1-105; St. Chr., Bd. 29, S. 75; St. Chr. Bd. 4（Chronik von

---

① Bernd Moeller,. *Reichstadt und Reformation*, Neue Ausgabe, Tübingen: Mohr Siebeck, 2011, S. 45.

② 这些核心家族主要为城市的古老贵族威尔士家族（Welser）、海灵格（Rehlinger）、何宝特（Herbrot）、鲍姆噶特纳家族（Baumgartner）、汉策（Haintzel）、何瓦特（Herwart）、殷豪福（Imhof）、朗曼特·冯·施巴壬（Langemantel vom Sparren）、朗曼特·冯·RR（Langenmantel vom doppelten R）、劳艮格（Lauginger）、梅（May）、巴勒（Paler）、鲍丁格（Peutinger）、汉宝特（Rembold）, 冯·斯代特（von Stetten）、费特尔（Vetter）和沃林（Voehlin）家族等等。K. Sieh Burens. *Oligarchie, Konfession und Politik im 16 Jahrhundert, zur Sozialen Verflectung der Augsburger Bürgermeister und Stadtpfleger 1518-1618*,. München: Verlag Ernst Voegl, 82, 1986, S. 75-76.

1368-1406), S. 109-110; St. Chr. Bd5(Zink)S. 118-121.

[4] Meyer, Christian, ed. *Das Stadtbuch von Augsburg, insbesondere das Stadtrecht vom Jahre* 1276, hrsg. von C. Meyer. F. Butsch Sohn, 1872. S. 301-303. S. 303-304;

[5] *Die Chroniken der deutschen Städte vom* 14. *bis ins* 16. *Jahrhundert*, Band 4, hrsg. von Bayerische Akademie der Wissenschaften. Historische Kommission, Leipzig: Verlag von Hirzel, 1862, S. 259-261.

[6] SStBA, 4o Cod. Aug. 108, S. 2; S. 13; S. 10; S. 11.; 4o Cod. Aug. 91, fol. 3v.

[7] StAA (Stadtarchiv Augsburg), Literaliensammlung 19. Dez. 1476;

[8] StAA, Ratbücher 277, fol. 2r.; fol. 2V.; fol. 23r.; fol. 23r ab. 1507.

[9] StAA, Ratsprotokoll (RP.) S. 269, 1439.; RP. 5, Das Mandat, fol. 149r.; RP. 8, fol. 100r. fol. 47v. RP. 9, fol. 105r. RP. 9, fol. 30V.; RP. 9. fol. 26r(1482).; RP. 9. fol. 41r.; RP. 9. fol. 43V.;

[10] StAA, Schätze 52 (Sammlung von Ratserkenntnissen) fol. 9r.; Schätze 63 (Memorialbuch des Ratsdieners P. H. Mair) fol. 19v.; fol. 20v.; fol. 21v.; fol. 22r.; fol. 22v-23r.; fol. 23v, 24V-25r.; fol. 24v.;

[11] StAA, Zünfte 224 (Salzfertiger), fol. 7V.; fol. 7.; Zünfte 226(Salzfertiger), S. 214, fol. 9v; Zünfte 266(Weber), S. 214.; S. 215.;

文献:

[1] Alioth, Martin. *Gruppen an der Macht. Zünfte und Patriziat in Straßburg in der katholischen Reichstadt Überlingen (1500-1618), im Kontext der Reformationsgeschichte der oberschwäbischen Reichstädte*, [M]. Basel: Verlag Helbing & Lichtenhahn, 1988.

[2] Bátori, Ingrid. Die Reichsstadt Augsburg im 18. Jahrhundert: Verfassung, Finanzen und Reformversuche, [D]. Diss., Göttingen Univ., 1969.

[3] Czok, K. Die Bürgerkämpfe in Süd-und Westdeuschland im 14. Jh., in: *Die Stadt des Mittelalters* Tl. 3 [J]. (1966/67).

[4] Czok, K. *Städtische Volksbewegungen im deutschen Spätmittelalter: ein Beitrag zu Bürgerkämpfen und innerstädtischen Bewegungen während der frühbürgerlichen Revolution* (2 Teile) [D]. Phil. Habil., Karl-Marx-Universität Leipzig, 1963.

[5] Czok, K. Zunftkämpfe, Zunftrevolution oder Bürgerkämpfe, in: *Wisschenschaftliche Zeitschrift der Karl-Marx-Universität Leipzig*, [J]. Bd. 8 (1958/59).

[6] Czok, K. Städtebünde und Zunftkämpfe in ihren Beziehungen während des 14 und 15 Jhs, in: *Wisschenschaftliche Zeitschrift der Karl-Marx-Universität Leipzig*, [J]. Bd. 6 (1956/57).

[7] Dirr, Pius. Studien zur Geschichte der Augsburger Zunftverfassung 1368-1548, *ZHVSN*, [J]. Bd. 39, 1913.

[8] Eckhardt, Albrecht. *Eschweger Zunftverfassung und hessische Zunftpolitik in Mittelalter und früher Neuzeit*, [M]. Marburg/Lahn & Witzenhausen: Trautvetter & Fischer, 1964.

[9] Eitel, Peter. Die oberschwäbischen Reichstädte im Zeitalter der Zunftherrschaft, Untersuchungen zu ihrer politischen und sozialen Struktur unter besonderer Berücksichtigung der Städte Lindau, Memmingen und Überlingen, *Zeitschrift der Savigny-Stiftung für Rechtsgeschichte: Germanistische Abteilung*, [J]. Volume 88, Issue1, 1970.

[10] Ennen, Edith. *Die Europäische Stadt des Mittelalters*, [M]. Göttingen: Vandenhoeck und Ruprecht, 1987.

[11] Geffcken, Fritz Peter. *Soziale Schichtung in Augsburg 1396-1521*, [D]. München Univ. Diss. 1983.

[12] Gottlieb, Gunther, *Geschichte der Stadt Augsburg von der Römerzeit bis zur Gegenwart*, 2., durchges. Aufl., [M]. Stuttgart: Theiss, 1985.

[13] Grünsteudel, Günther. Hägele, Günter. Frankenberger, Rudolf. (Hrsg.) *Augsburger Stadtlexikon*. 2. Auflage. [M]. Augsburg: Perlach-Verlag, 1998.

[14] Heckert, Uwe. Im Zweifel für die Freiheit: Ein Mustergutachten Conrad Peutingers zu Bürgerrecht und Bürgeraufnahme im spätmittelalterlichen Augsburg, in: Klaus Schreiner (Hg.) *Stadtregiment und Bürgerfreiheit Handlungsspielräume in deutschen und italienischen Städten des späten Mittelalters und der frühen Neuzeit*, [M]. Göttingen: Vandenhoeck u. Ruprecht, 1994.

[15] Hibst, P. *Utilitas Publica Gemeiner Nutzen-Gemeinwohl: Untersuchung zur Idee eines politischen Leitbegriffs von der Antike bis zum späten Mittelalter*, [M]. Frankfurt a. m.: Peter Lang, 1991.

[16] Hoffmann, Richard. Die Augsburger Baumeisterrechnungen 1320-1331, in: *ZHVS* 5 (1878).

[17] Koch, Josef. *Beiträge zur Geschichte Augsburgs von 1368-1389: die Augsburger Zunftrevolution von 1368 und ihre Folgen*, Biberach a. d. Riss: Anzeiger vom Oberland, [D]. Tübingen, Univ., Diss., 1935.

[18] Kopp, Hans Georg. Das Einnehmer-und das Baumeisteramt in Augsburg im 16. Jahrhundert., [D]. Diss. Augsburg 1994.

[19] Lentze, Hans. *Der Kaiser und die Zunftverfassung in den Reichsstädten bis zum Tode Karls IV.: Studien zur städtischen Verfassungsentwicklung im späteren Mittelalter*, [M]. Breslau: Marcus, 1933.

[20] Messmer, Kurt. & Hoppe, Peter. *Luzerner Patriziat, Sozial-und wirtschaftsgeschichtlicher Studien zur Entstehung und Entwicklung im 16. und 17 Jahrhundert*, Mit einer Einführung von Hans Conrad Peyer, Lucerne-Munich, Rex-

Verlag Luzern, 1976, [M]. published online by Cambridge University Press: 26 July 2017.

[21] Moeller, Bernd. *Reichstadt und Reformation*, Neue Ausgabe, [M]. Tübingen: Mohr Siebeck, 2011.

[22] Mordstein, Johannes. (Bearb.) Die ländlichen Zunftordnungen in Ostschwaben während der Frühen Neuzeit. Dokumentation, in: Kießling, Rolf. (Hg.) *Stadt und Land in der Geschichte Ostschwabens* (*Augsburger Beiträge zur Landesgeschichte Bayerisch-Schwabens* 10), [M]. Augsburg: Wißner Verlag, 2005.

[23] Morf, Hans. *Zunftverfassung und Obrigkeit in Zürich von Waldmann bis Zwingli*, [M]. Zürich: Antiquarische Ges., 1969.

[24] Naujoks, Eberhard. *Obrigkeitsgedanke, Zunftverfassung und Reformation: Studien zur Verfassungsgeschichte von Ulm, Esslingen und Schwäb. Gmünd*, [M]. Stuttgart: Kohlhammer, 1958.

[25] Neuburg, Clamor. *Zunftgerichtsbarkeit und Zunftverfassung in der Zeit vom 13. bis 16. Jahrhundert: ein Beitrag zur ökonomischen Geschichte des Mittelalters*, Neudr. der Ausg. von 1880., M. Sändig Edition, [M]. Wiesbaden: Sändig, 1966.

[26] Raimund, Erich. *Memmingens Wirtschaft und Patriziat von 1347 bis 1551: eine wirtschafts-und sozialgeschichtliche Untersuchung über das Memminger Patriziat während der Zunftverfassung*, [M]. Weißenhorn: Konrad Verlag, 1971.

[27] Reinhard, W., Häberlein, M., Klinkert, U., Sieh-Burens, K., & Wendt, R. (Eds.). *Augsburger Eliten des 16. Jahrhunderts: Prosopographie wirtschaftlicher und politischer Führungsgruppen* 1500 – 1620, [M]. Berlin: Walter de Gruyter GmbH & Co KG. 2015.

[28] Rogge, Jörg. *Für den Gemeinen Nutzen: Politisches Handeln und Politikverständnis von Rat und Bürgerschaft im Spätmittelalter*, [M]. Tübingen: De Gruyter, 1996.

[29] Rogge, Jörg. Ir freye wale zu haben: Möglichkeiten, Probleme und Grenzen der Politischen Partizipation in Augsburg zur Zeit der Zunftverfassung (1368-1548), in: Klaus Schreiner und Urich Meier [Hrsg.], *Stadtregiment und Bürgerfreiheit: Handlungsspielräume in Deutschen und Italienischen Städten des Späten Mittelalters und der Frühen Neuzeit*, [M]. Göttingen: Vandenhoeck u. Ruprecht, 1994.

[30] Schmidt, G. (Hg.). *Stände und Gesellschaft im alten Reich*, [M]. Stuttgart: Steiner-Verl. Wiesbaden, 1989.

[31] Schmoeckel, Matthias. *Rechtsgeschichte der Wirtschaft*, [M]. Tübingen: Mohr Siebeck, 2008.

[32] Schneider, R. u. Zimmermann, H. (Hrsg.) *Wahlen und Wählen in Mittelalter*, [M]. Sigmaringen: Thorbecke, 1990.

［33］Schreiner, Klaus. Die Stadt des Mittelalters als Faktor bürgerlicher Identitätsbildung, in: " Stadt im Wandel", *Kunst und Kultur des Bürgertums in Norddeutschland 1150-1650*, Katalog zur: Landesausstellung Niedersachsen, Bd. 4, 2. Aufl. ［M］. Braunschweig: Braunschweigisches Landesmuseum, 1985.

［34］Schreiner, Klaus. und Meier, Urich. Hrsg., *Stadtregiment und Bürgerfreiheit: Handlungsspielräume in Deutschen und Italienischen Städten des Späten Mittelalters und der Frühen Neuzeit*, ［M］. Göttingen: Vandenhoeck und Ruprecht, 1994.

［35］Schulze, W. vom Gemeinnutz zum Eigennutz, in: *Historische Zeitschrift (HZ)* ［J］. Bd. 243, 1986.

［36］Schumann, Ernst. Verfassung und Verwaltung des Rates in Augsburg 1276-1368, Kiel Diss. 1905.

［37］Sieh-Burens, K. Die Augsburger Verfassung um 1500, in: *Zeitschrift des Historischen Vereins für Schwaben(ZHVS)* ［J］. Jg. 77, 1983.

［38］Sieh-Burens, K. *Oligarchie, Konfession und Politik im 16 Jahrhundert, zur Sozialen Verflechtung der Augsburger Bürgermeister und Stadtpfleger 1518-1618*, ［M］. München: Verlag Ernst Voegl, 1986.

［39］Strolz, Klaus. *Das Bauhandwerk im alten Zürich unter besonderer Berücksichtigung seiner Löhne: von der Zunftrevolution bis zum Zusammenbruch der Alten Eidgenossenschaft (1336-1798)*, ［M］. Aarau: Keller Verlag, 1970.

［40］Zimmermann, Eduard. *Augsburger Zeichen und Wappen*, Hrsg. vom Stadtarchiv Augsburg, ［M］. Augsburg: Verlag Hieronymus Mühlberger, 1970.

［41］Zöllner, Georg. *Die Zunftverfassung in Leipzig bis zum Jahre 1600*, ［M］. Leipzig: John Verlag, 1915.

制造"闪电战"：第二次世界大战初期英国媒体对德国闪电战形象的构建

北京师范大学　田思勉

摘　要："闪电战"作为一个纳粹德国的特殊战术形象被人们广泛接受，它也常常被用来解释第二次世界大战初期德国在欧洲节节胜利的原因。然而，以"二战"初期英国相关报刊的视角来看，"闪电战"其实是一个被西方媒体逐渐构建出来的叙事，它经历了三个重要的渐进阶段：形象的初步构建、形象的"贬义化"和"闪电战"的最终形成和成熟。在这一过程中，报刊舆论的反复报道和西方人的不断反思起到了重要的作用。"闪电战"的形象和表达方式也逐渐传播到了全世界，最终成为了学术界在回顾"二战"历史时所频繁使用的一种语汇。

关键词：闪电战；报刊舆论；形象构建；第二次世界大战

引　言

闪电战或闪击战（Blitzkrieg 或 Lightning war），被认为是第二次世界大战期间纳粹德国使用的一种战术，它充分利用飞机、坦克和机械化部队的快捷优势，以突然袭击的方式制敌取胜。然而，闪电战并不是"二战"德军高层有意采用的一种战术：从纳粹德国高级将领的军事文稿中我们很少见到这个词汇；希特勒在1941年的慕尼黑公开演讲中甚至称其为"白痴词"；[①] 1942年一份德国报纸也认为："正是英国人发明了'Blitzkrieg'这个术语，它是错误的。我们从未说过所有斗争中最强有力的战争能以闪电般的速度发生。"[②]较多史料表明，"闪电战"很大程度上是一个社会舆论构建出来的概念，"二战"中的德军可能无形中使用了"闪电攻击"的战术思想，但是它并不是德军刻意使用的一种指导理论。在闪电战形象构建的过程中，"二战"初期的英国报刊媒体起到了较重要的作用。正因如此，本文在探讨闪电战历史渊源的基础上，立足于"二战"初期英国各种报刊媒体，力图阐释"二战"时期闪电战概念的"制造"及其传播机制，揭

---

①　Victor Davis Hanson. *The Second World Wars：How the First Global Conflict Was Fought and Won*. New York：Basic Books，2017：362.

②　Generalmajor Teiß，"Der Blitzkrieg,"*Rheinisch Westfälische zeitung*，October 1，1942：6.

示闪电战形象在当时人们心中的构建过程。

"二战"以后的欧美史学界对于闪电战多有争论，更多学者开始反思传统闪电战理论。1978 年，马修·库伯(Matthew Cooper)提出，闪电战的说法完全是一个"神话"①。90 年代后，该观点得到了更多学者的重视，如德国学者海因茨·弗里泽(Heinz Frieser)，他基于大量的德法档案研究，指出"二战"德国战胜法国并非闪电战的功劳，而是多种偶然因素作用的巧合。② 在"破"的基础上，哈里斯(J. P. Harris)进一步寻求"立"，认为"二战"德军的装甲作战其实更接近于欧洲传统的"歼灭战"。③ 学者威廉·范宁(William J. Fanning)则另辟蹊径，着重从词源方面研究了"Blitzkrieg"的来源。④ 当前中国学界对闪电战的研究则稍显不足，李宏、王志强等学者对德军闪电战的历史过程作过较系统的阐述，⑤ 马骏、纪胜利、戴耀先等学者秉持传统闪电战理论，对其形成背景、概念、特点等作了具体讨论，⑥ 谢思远则关注到了国外学者对闪电战的争议，从普德学派角度研究了闪电战理论的起源。⑦ 总体而言，中国史学界对闪电战的研究相对薄弱，虽然欧美学者对于闪电战多有争论，但是争论的焦点多集中在闪电战本身的理论重建和概念起源，少有学者对于闪电战形象构建过程作一个较完整的阐释，本文正是力图对于这一研究上的薄弱点作出补充论述。

1. "闪电战"词汇渊源及英国报刊史料的选择

1.1 "闪电战"的词汇来源及其流变

"闪电战"原是一个德语词汇，即"Blitzkrieg"，它由两个词根组成。第一个词根"Blitz"在德语中解释为"很快的闪光"或是"闪光灯"，放在名词前面时一般表示某事物

---

① Matthew Cooper. *The German Army 1933-1945*：*Its Political and Military Failure*. Lantham：Scarborough House，1978.

② Karl Heinz Frieser. John T. Greenwood，*Blitzkrieg legend*. Maryland：Naval Institute Press Annapolis，1995.

③ J. P. Harris，"The Myth of Blitzkrieg，"*War in History*，Vol. 2，No. 3，1995：335-352.

④ William J. Fanning，Jr，"The Origin of the Term 'Blitzkrieg'：Another View，"*The Journal of Military History*，Vol. 61，No. 2，1997：283-302.

⑤ 参见李宏：《闪击战》，北京：大众文艺出版社，2009 年；王志强：《波兰闪电战》，北京：外文出版社，2010 年。

⑥ 参见马骏：《闪击战的产生及演变：1870—1939 年》，《军事历史研究》，1987 年第 4 期，第168-176 页；纪胜利：《试论纳粹德国的闪击战》，《求是学刊》，1996 年第 2 期，第 112-116 页；戴耀先：《德意志军事思想研究》，北京：军事科学出版社，1999 年。

⑦ 参见谢思远：《从普德学派军事思想看德国闪击战战法的形成与内涵》，硕士学位论文，华东师范大学，2013 年。

非常快、令人惊讶。① 第二个词根"krieg"通常解释为"战斗""武装冲突"。② 因此，德文中"Blitzkrieg"是由"Blitz"和"krieg"组成的复合词，两个词根共同组成了"闪电战"的词汇意义。

"Blitzkrieg"一词出现时间很晚。在19世纪格林兄弟及其后人编纂的词典中，作为形容词的"blitzartig"在这部词典中已出现，它引用了冯·布拉特（August von Plate）的诗句作为例句："oft sah die Welt duldsam des erobererschwerts/blitzartig aufzuckenden glanz"，③ 中文含义为"世界常常耐心地看到征服者的剑/闪电般的光芒"，"blitzartig"在句中作形容词意为"闪电般的"。"二战"中德军高层在表达"闪电攻击"的理念时经常使用"blitzartig"，而非我们熟悉的"Blitzkrieg"，例如1935年的一次纳粹党集会中，希特勒提到："就像我一生所做的那样，我会突然像夜间的闪电一样（blitzartig），扑到敌人身上。"④

直到20世纪30年代，"blitzartig"才逐渐流变形成了"Blitzkrieg"一词，并在30年代末被军界人士和媒体舆论广泛使用。从目前保留下来的文本来看，"Blitzkrieg"一词可能首先在1937年苏联元帅图哈切夫斯基的一次演讲中出现："至于德国人宣传的闪电战（Blitzkrieg），这是针对一个不想也不愿战斗的敌人。"⑤但这一史料仅见于埃里克森（Erickson）自己的著作中，由于笔者尚未直接见到该原始文本，因此并不能确定这则史料的真实性。另外，尚无确切资料表明，苏联其他将领和媒体在1937年左右再使用过"Blitzkrieg"一词，即使图哈切夫斯基确实使用过类似表述，其影响也应该十分有限。因此，图哈切夫斯基的演讲文本尚属孤证，"闪电战"表达起源苏联的说法存在疑点。

"Blitzkrieg"是一个以德语作为土壤、由欧美舆论界尤其是英文媒体共同创造的词汇，即由德语词根、英语中"lightning war"词义重组成的一个混合词。根据现存的英文报刊资料来看，1938年9月的期刊《泰晤士报文学增刊》（*The Times Literary Supplement*）中，闪电战的英文词汇"lightning war"已经出现并明确用于指代纳粹德国的战争策略；⑥ 1939年4月22日的报纸《图画邮报》（*Picture Post*）中正式出现了"Blitzkrieg"这个词汇，⑦ 而该词在此之前的相关军事著作中还不多见。1939年9月的一份英国报刊自己也

① Dudenredaktion. *Deutsches Universalwörterbuch*. Berlin：Dudenverlag，2015：331.

② Dudenredaktion. *Deutsches Universalwörterbuch*. Berlin：Dudenverlag，2015：331.

③ Jakob Grimm. Wilhelm Grimm，*Deutsches Wörterbuch*. Leipzig：Verlag von S. Hirzel，1860：131.

④ Elizabeth-Anne Wheal，Stephen Pope，and James Taylor. *A Dictionary of the Second World War*. New York：Peter Bedrick Books，1990：62.

⑤ John Erickson. *The Road to Stalingrad，Stalin's War with Germany*. New York：Harper and Row，1975：5，cited in William J. Fanning，Jr，"The Origin of the Term 'Blitzkrieg'：Another View，" *The Journal of Military History*，Vol. 61，No. 2，1997：294. 另据William J. Fanning，Jr描述，Erickson曾来信告诉他，原文本中有"Blitzkrieg"这个德语词汇，但记录者改动为俄文，俄文音译可得该词。

⑥ "Book of the Week，" *Aberdeen Journal*，October 10，1938：6.

⑦ Edward Hulton，"Resist Germany on both Fronts，" *Picture Post*，April 22，1939：48.

认为："'闪电战（Blitzkrieg）'，意思是一场闪电战争（lightning war）。这个词本身似乎是制造出来的，这促使人们怀疑这场战争会产生什么新词。"[1]另外，"Blitzkrieg"在二战英文报刊中出现的频率极高，经笔者统计，仅 1940 年间的英国，该词就在 750 余份的报纸中被提及。凭借着英文报刊在全世界较强的影响力，该词汇逐渐成为当时人们对于德军战略战术的一种共识，这一点是其他类型的舆论媒体所无法比拟的。

西方舆论界在 20 世纪 30 年代末创造出"Blitzkrieg"这一词汇有着多方面的原因：首先，欧美国家具有共同的、类似于"闪电攻击"的语境表达。18 世纪末，拿破仑曾用过这样的战略表述："我们必须像闪电一样，在敌人开始行动的第一步就把它扫地出门。"[2]克劳塞维茨在《战争论》中经常用到词根为"blitz"的词汇："判断的机智在作出选择时，以闪电般的（Blitzes）速度，是在只有一半意识的情况下进行的。"[3]"在拉贝勒旅馆[4]，这个错误的惩罚就像一束毁灭性的闪电一样（Blitzstrahl）击中了他。"[5]共同的表达习惯使得媒体记者在面对德国人的相关演讲或著作中的"blitz"词汇时，自然地联想到"闪电战争"的意涵。其次，第一次世界大战以后，随着坦克、飞机的大量使用，在战争中快速突破、突然袭击的思想在西方军事理论界方兴未艾，许多欧美军事理论家都提出了类似"闪电战"的理论：1928 年英国战略家富勒提出了"机械战争论"，主张以装甲部队的突然袭击来瓦解敌方的士气；大约同一时期，意大利军事家瓜达尼尼也提出军队应该进行快速打击以获取短暂优势。[6] 在"二战"以前，"闪电战"的思想早已成为了西方许多军事理论家的共识，这些理论为"Blitzkrieg"的最终出现提供了肥沃的土壤。

因此，"Blitzkrieg"在起源之初并不是一个被军事家所严格定义的战略名词，而极有可能是一个大众舆论流行词，它被民众尤其是媒体创造出来，以主观地描述"二战"时期德军的战术。自然地，从"Blitzkrieg"作为一个概念实体被创造出来开始，怀着某种目的，人们尤其是媒体就不断地赋予其各种形象，经过长期流变，"闪电战"最终在大众内心形成了一种德军威胁性战术的刻板印象。

1.2 "二战"初期"闪电战"形象构建中英国报刊的先导性

在"二战"初期闪电战形象构建的过程中，英国报刊舆论起到了重要的先导性作用。

---

① T. J, "War Words," *Western Daily Press*, September 23, 1939：5.

② Napoléon Bonaparte. *Oeuvres de Napoléon Bonaparte*. Paris：CreateSpace Independent Publishing Platform, 2017：362. 原文如下：Il fallait étonner comme la foudre, et balayer, dès son premier pas, l'ennemi. 法语中的"foudre"一词有"闪电"之意。

③ Carl von Clausewitz. *Vom Kriege*. Leipzig：A. W. Bode, 1985：623.

④ 位于比利时布鲁塞尔以南几英里处的一家旅馆，滑铁卢战役结束后，布吕歇尔和惠灵顿在旅馆附近相遇，标志着战斗的结束，此句最后的"他"代指战败的拿破仑。

⑤ Carl von Clausewitz. *Vom Kriege*. Leipzig：A. W. Bode, 1985：1107.

⑥ Wili Irwin, "*The Next War*"：*An Appeal to Common Sense*, New York：E. P. Dutton, 1921：55. See from William J. Fanning, Jr, . "The Origin of the Term "Blitzkrieg"：Another View," *The Journal of Military History*, Vol. 61, No. 2, 1997：297.

从地理位置上看，"二战"时期，英、法是距离纳粹德国最近的两个大国，彼此间具有紧密的利益纠葛；从战略上看，英、法是"二战"初期德国主要的战争对象和目标，更大程度上承受着德军的军事威胁，因此，相对于遥远的美国，以及尚未面临德国入侵的苏联，英、法舆论界自然是更早关注到了纳粹德国的战略战术，当地也较早地使用了"闪电战"的概念。1939 年 9 月 1 日，德国突袭波兰，"二战"全面爆发。次年 6 月，法国即投降。波兰、丹麦、法国等地的相继沦陷在英国的舆论界产生了巨大的震动，英国直面德国闪电战的威胁，英国人对德军战术的关注自然更加高涨，"Blitzkrieg"迅速成为社会流行词汇，德军对英国的空袭也普遍被称为"Blitz"。"二战"英国首相丘吉尔也对该词"情有独钟"，他在 1944 年的一次演讲中说："我们将要求自己的人民、议会、新闻界、各个阶层，拥有同样冷静、坚强的神经，同样坚韧的纤维，这在我们应对闪电空袭(Blitz)的那些日子里使我们处于有利地位。"①丘吉尔在自己的回忆录中也经常使用"Blitz"这个词。在此背景下，英国报刊更是连篇累牍地报道"闪电战"，以激发国民的危机意识和爱国热情，成了"闪电战"构建当中的主力军，"闪电战"的形象也在当中几经变动。

从当时英国报刊的具体情况来看，上述论述也是站得住脚的。首先，英国报刊出现"闪电战"一词的时间相当早。早在德国闪击波兰之前，1939 年 4 月 22 日的英国报纸《图画邮报》(Picture Post)中就已经出现"Blitzkrieg"这个词汇，"他(希特勒)仍然可能赢得一场'Blitzkrieg'——一场针对西方或俄国的闪电战(lightning war)。"②就笔者掌握的史料而言，这是"Blitzkrieg"第一次出现在西方英文语境当中。③ 其次，"二战"初期的英国报刊中，提及"闪电战"的次数极多，这反映了英国媒体对"闪电战"极高的热情和关注度。从 1938 年起，提及"闪电战"的英国报刊数量便逐年攀升，1940 年达到了 750 余份的高峰，即使是到了 1941 年也维持在 300 多份的高位数。可以看到，在西方构建"闪电战"形象的过程中，这一时期的英国报刊发挥着主力舆论的重要作用。

由上述论述可知，英国报刊是西方"闪电战"宣传的先导者，也是欧美报刊界宣传的舆论主流和典型案例，以"二战"英国报刊为视角来切入研究"制造"闪电战的过程是十分必要且有意义的。下文即分阶段具体阐释"闪电战"形象形成的形象历史进程。

---

① Winston S. Churchill. *Never Give In！The Best of Winston Churchill's Speeches.* London：Bloomsbury，2003：262.

② Edward Hulton. Resist Germany on both Fronts. *Picture Post*，1939(3)：48.

③ 部分学者认为，"Blitzkrieg"是由 1939 年 9 月 25 日的美国《时代周刊》(*Time*)最早创造的，参见 J. P. Harris，"The Myth of Blitzkrieg," *War in History*，Vol. 2，No. 3，1995：337 和 John Keegan，. *The Second World War*，New York：Viking Penguin，1990：54，两篇文章都持这种观点。但这一说法并不严谨，"Blitzkrieg"最早应出现于当年 4 月 22 日的英国报纸《图画邮报》(*Picture Post*)中。

2. 危险与怀疑："闪电战"的初步形象构建（1938 年末—1939 年 9 月）

如前文所论述，"闪电战"一词在 1939 年 9 月"二战"正式爆发前就已经较为频繁地出现在英国报刊上。1938 年末，英国报刊开始出现"闪电战"的语汇，但它只是在书评等文章中小范围地使用，并且并没有形容德军战术的特定指代含义。1938 年 9 月 17 日，一部军事著作——弗里茨·斯特恩伯格（Fritz Sternberg）的《德国和闪电战》（*Germany and a Lightning War*）出现在了当天《泰晤士报文学增刊》当中，① 在现有的英文报刊中，这是具有"闪电战"含义的"lightning war"第一次出现；10 月 7 日，《泰晤士报》（*The Times*）同样刊发了一篇这本书的书评文章，该报用了较多的篇幅介绍并评价了这部著作，最后这篇书评写道："这本书所有结论所依据的证据是详细的，是精心整理的，使人印象深刻。"②虽然这个时期的报刊当中并没有直接地报道"闪电战"，但报社对于《德国和闪电战》一书的青睐也多少反映出了舆论界彼时对于德军战术的一种重视。另外，这一时期的"闪电战"还曾用来形容日军侵华的一种战术，1938 年 10 月，在一篇报道中国广州战役的通讯中这样写道："但是，除非发生不可预见的情况，否则迄今为止登陆的两个师不太可能向铁路取得多大进展，除非他们得到大量的增援。即使经历了 15 个月的闪电战（Lightning war），日本人也不能够再对中国人蔑视。"③在这篇文章中，作者认为，日本侵华的 15 个月之内，日本采用了所谓的"闪电战"。由此可见，在 1939 年以前，"闪电战"一词还并不是德军战术的一种专称，在大部分西方人眼里，似乎任何一场迅速的压倒性战役都能被称为"闪电战"。

1939 年初开始，具有浓厚德文意味的"Blitzkrieg"开始和"lightning war"一起成为相关报道的常用词，许多"Lightning war"前后也常常会加上"German"特指。这一变化表明，随着纳粹德国的步步紧逼，闪电战愈发具有了德军战术的特殊指代含义。1939 年 4 月 9 日，《泰晤士报》的一篇社论中推测了德国相关战术："德国摧毁这个帝国的唯一希望就是赢得一场闪电战（lightning war）。我们应该尽一切努力，确保在战争的头几天或几周里，我们不会毫无准备。"④文章中明确认为德国的战术很大可能是"闪电战"。4 月 22 月，一份报纸称，"他（希特勒）仍然可能赢得一场"Blitzkrieg"——一场针对西方或俄国的闪电战（lightning war）。"⑤在本篇评论中，作者罕见地使用了闪电战的德文与英文两种词汇表达形式。在此之后，两个同义词汇在许多报刊中都同时出现："德国总参谋

---

① "News and Notes," *The Times Literary Supplement*, September 17, 1938: 589.

② "Germany and The Next War," *The Times*, October 7, 1938: 19.

③ "Bias Bay and Beyond," *The Times*, October 15, 1938: 13.

④ "House of Commons," *The Times*, April 8, 1939: 6.

⑤ Edward Hulton, . "Resist Germany on both Fronts," *Picture Post*, April 22, 1939: 48.

部发动 'Blitzkrieg' 或 'Lightning war' 的目标已经超出了可能性，实际上已经成为一种不可能了。"①"除非德国能与俄国合作，否则必须通过"Blitzkrieg"或"Lightning war"来赢得胜利，否则德国会像 1914 年至 1918 年那样输给饥饿、工业停滞以及英国舰队的压力。"②"去年 9 月，非常有影响力的人对柏林关于 'Blitzkrieg' 或 'Lightning stroke' 的自信言论印象深刻。"③"二战"爆发前夕的一份报纸对于闪电战的认识已经很成熟了："闪电战的理论发展起来了——由专业士兵驾驶、飞机支持的大量装甲车、坦克和机械化部队的突然攻击。"④这表明，西方尤其是英国舆论界，对"闪电战"的基本概念和特征的认识已经与后世十分接近，"闪电战"初步成了形容德军快速打击战术的一个专用名词。

总体上看，在"二战"爆发以前，德国"闪电战"在英国人心中的形象是复杂的，虽然是一种令人担忧和恐惧的新战术，但它也并不一定会帮助德国人取得胜利。1939 年 6 月，《晚报》(Evening Telegraph) 在一篇报道中提到了现代空袭的威力，并指出战争爆发后伦敦可能遭受到的破坏：

> 对于现代空袭是什么样的，人们仍然在想做什么是安全的。人们不可能准确地预测未知情况，肯定会出现意想不到的防御问题，必须找到解决办法……伦敦是"闪电战"首先针对的中心。超过千架轰炸机可能会在战争的第一天飞来——不一定是成群的，但会是接二连三的——希望能打破平民的道德，要求和平。高爆炸性武器可能是主要的武器，尽管气体和燃烧弹的火光会使混乱更加严重。⑤

同年 8 月 14 日，《敦提信使报》(Dundee Courier) 这样评价欧洲大陆的战争态势：

> 然而，必须认识到，德国过度紧张的事实本身就可能构成战争的危险，这两个轴心国的经济地位都濒临绝望……据说他(希特勒)仍然相信闪电战。对他来说，困扰的经济问题以某种方式解决——他获得了奥地利和捷克斯洛伐克两个战利品，正在被纳粹像狼捡骨头一样获得。目前这头狼的叫声可能是迄今为止最大的声势，但它可能会更加变本加厉。⑥

同年 8 月 19 日，《伦敦画报新闻》(The Illustrated London News) 使用了一个引人注目大标题——"一场闪电战会在欧洲发生吗"，除此之外，该期报纸还公布了意大利装

① "Growing Confidence," *Exeter and Plymouth Gazette*, May 19, 1939: 10.
② "Europe's Peace and German Economy," *Aberdeen Journal*, June 3, 1939: 6.
③ "Editorial," *Exeter and Plymouth Gazette*, August 4, 1939: 11.
④ Brigadier-General Henry J. Reilly, O. R. C., U. S. A., "Is a 'Lightning War' Possible in Europe?" *The Illustrated London News*, August 19, 1939: 304.
⑤ "Press Opinions of To-day," *Evening Telegraph*, June 15, 1939: 4.
⑥ "The Axis on the Rampagel," *Dundee Courier*, August 14, 1939: 6.

甲部队在波河流域演习的几张照片，认为他们正在演练在西班牙内战中学到的闪电战战术。①

然而不少的报纸仍然怀疑德国闪电战的有效性，对于战争的前景持乐观的态度："德国在几周内击败英国和法国的'闪电战'计划现在不再被宣传，英国飞机的大量生产、征兵、工业分散计划和美国背后的支持是现在取得成果的因素。"②一份报纸强调："德国将军所发动的闪电战的目标已经超出了一种可能性，而且实际上是不可能发生的。"③

这些复杂的舆论情况反映出，在"闪电战"概念被创造的初期，对于闪电战仍然存在着诸多的争议，但是人们关于"闪电战"的认识和讨论已经比较丰富，"闪电战"形象的构建已经初具雏形。

3. 错觉与轻视："闪电战"的贬义化(1939 年 9 月—1940 年 5 月)

1939 年 9 月 1 日，德军集中强大的兵力，在大批飞机、坦克的配合下，对波兰发动了突然袭击，第二次世界大战全面爆发。由于波兰武器装备陈旧、战术落后，仅仅两星期后波兰即告沦陷，这是西方媒体所谓"闪电战"的首次战场应用。德国袭击波兰后，英、法军队却一直按兵不动，半年多后，德军便向西线发起进攻。1940 年 4 月占领了北欧的丹麦、挪威，5 月占领荷兰、比利时和卢森堡，5 月 10 日开始以强大的兵力进攻法国。

从整体报刊舆论来看，在战争全面爆发以前，英国国内主要报刊文章多有对德国发动闪电战的担忧，对于闪电战的舆论反映呈现出复杂之势。而在"二战"全面爆发至法国沦陷这段时间里，对战争持担忧态度的声音减弱了，而报刊舆论更加倾向于对于闪电战进行批评和嘲讽，"闪电战"这一用词逐渐趋于贬义化。这一时期的相关报刊标题往往是"德国闪电战的错觉""德国闪电战的失败""为什么德国不能赢得战争"等。1939 年 9 月，多家报纸刊登了英空军在德国投放的"劝降"传单，其中以骄傲的口吻写道："英国内阁拟定了三年战争的计划，它击碎了你们政府发动闪电战的希望。"④10 月的《晚报》直言不讳地指出："(德国)对盟军的闪电战现在是不可能的，这是我们唯一可能取得成功的战争。"⑤"德国可能无法赢得一场对法国和我们自己的'闪电战'。今天的情况

---

① Brigadier-General Henry J. Reilly, O. R. C., U. S. A., "Is a 'Lightning War' Possible in Europe?" *The Illustrated London News*, August 19, 1939：304.

② "Fears of War This Summer Receding," *Aberdeen Journal*, May 11, 1939：7.

③ "Growing Confidence," *Exeter and Plymouth Gazette*, May 19, 1939：10.

④ "Sky Truths for Germany," *Dundee Courier*, September 26, 1939：4.

⑤ "Situation Taking More Solid Shape," *Evening Telegraph*, October 4, 1939：1.

截然不同，我看不出德国胜利的机会。"①

英国国内对于闪电战的口诛笔伐无非就是两个层面：第一，德国自身资源有限和多线作战，这不足以支撑其对英、法等大国展开闪电战：

> 当然，德国有可能有大量的铁矿石储备，然而，根据德国国家银行的前副董事布林克曼在科隆的一次演讲，储备只有大约 2000 万吨，少于一年的平均供应量。1937 年，在一份提交给希特勒的秘密文件中，实业家们将德国的战争储备描述为"winzig"——这个词相当于我们的"小"……德国被迫不顾军事专家的建议来打一场"闪电战"。②

英国国内刊发的"劝降书"里面也提到："英国和法国舰队阻止了所有德国商船入海。因此，一系列基本的战争材料，如汽油、铜、镍、橡胶、棉花、羊毛和动植物油，几乎都消失了，你们再也不能依赖了，就像你们在上次战争中那样。"③在这一期间，英国舆论界一直都片面夸大了德国在战争资源上的短板，认为英、法完全可以复制一战时期经验，以长期战争来拖垮德国的经济。第二，英、法具有良好的装备和坚固的防御阵线，这足以使德国的闪电战失灵。早在 1939 年 8 月战争爆发前，《伦敦画报新闻》便认为德国闪电战只能对波兰等小国有用，因为小国缺乏坚固的防线、边界上充足的军队和强大的空军，而法国的马奇顿防线则能有效阻止德国入侵。④ "二战"爆发以后，这种论断仍然被延续了下来：9 月，一份报纸以"德国闪电战失败了"作为标题，并对欧洲大陆战局持相当乐观的态度："德军在北方前线的前进速度有所减缓，德军不仅经历了越来越多的困难，而且遭受了波兰人的多次反击。"⑤一篇名为《德国闪电战的错觉》的评论中夸耀道："在战争爆发之前，我们付出了巨大的努力，建立了一支极其强大的海军和空军，我们建造了一支极其强大的军队。"⑥到了次年 5 月战局急转直下之时，一份报刊中仍旧调重弹："闪电战的方法可以用于处理小国，他们不会与英国和法国这样有规模的大国较量。"⑦

为什么德军开始真正实施闪电战的初期，英国媒体似乎并不是太重视这一战术，极力对其进行贬低？如果从反面来思考的话，"闪电战"在报刊中的贬义化其实反映出了

---

① "Why Germany Cannot Win the War," *Bath Chronicle and Weekly Gazette*, October 14, 1939: 10.

② "Germany Not Economically Strong 'enough for a Long War'," *Aberdeen Journal*, September 13, 1939: 3.

③ "Sky Truths for Germany," *Dundee Courier*, September 26, 1939: 4.

④ Brigadier-General Henry J. Reilly, O.R.C., U.S.A., "Is a 'Lightning War' Possible in Europe?" *The Illustrated London News*, August 19, 1939: 304.

⑤ "Sweeping German Ships from Seas," *Western Daily Press*, September 8, 1939: 8.

⑥ "German 'lightning War' Delusion," *Dundee Courier*, September 16, 1939: 5.

⑦ "The Great Battle," *Dundee Courier*, May 15, 1940: 4.

这样的趋势：闪电战逐渐成为了英国民众心中的一种纳粹德国惯常使用的、具有极大战略威慑力的战术，它受到了欧美民众极大的关注，一大表现就是"闪电战"成为了英国社会的流行词之一：

> 你每天都会看到这些单词，新闻给我们带来了许多不熟悉的单词和术语。如果你确切地知道这些词的意思，那么你对这些报告和公报的阅读将会更清楚。这里是一些更重要的解释："BLITZKRIEG"——这个德语单词的字面意思是"lightning war"。用它最简单的术语来说，它只是一种行动，而不是用最快的部队进行的阵地战。①

当德国真正将所谓的"闪电战"应用于实际战场中时，英国普通民众心中所受到的冲击可想而知。而此时德国"闪电战"尚未被用于进攻英、法，这给予了英国各大报刊以较大的发挥空间，为了安抚民众、激发爱国热情，英国报刊媒体便自然不遗余力地贬低所谓的"闪电战"，换句话说，这一时期的报刊并不能直接反映公共舆论，它与民众心中闪电战的形象形成了反差。由此，"闪电战"贬义化的背后其实是其逐渐被抬高、被神化的过程，报刊媒体只能通过不断地讽刺、嘲讽以安抚英国人民大众的情绪，例如这时期许多文章经常会将这场战争与一战作对比："盟军正在逐步羽翼丰满起来，并且它具有了一个丰实的工业后盾，以支撑它面对不断增长的压力，这比 1914 年至 1918 年要快得多。"②"在各方面，盟军所处的形势都比 1914 年更有利"③。同时，"闪电战"在这一时期完全成为了定义德国战术的专用名词，它能使人们迅速想起德军快速穿插的装甲部队、大规模的空军以及波兰、丹麦等国的惨败，"闪电战"越来越成为人们心中对于纳粹德国的一种刻板印象。

4. 反思与深化："闪电战"形象的成熟化（1940 年 5 月—10 月）

1940 年 5 月，根据曼施坦因等将领拟定的计划，德军出其不意地绕过法军重兵设防的马其诺防线，突然插入法国中部平原，兵锋直指巴黎。6 月 22 日，法国即宣布投降。接着 7 月至 10 月，希特勒发出了关于入侵英国的"海狮计划"，德军对英国发动了猛烈的空袭和潜艇战，但这并没有让英国屈服，德国遭到了发动侵略战争以来的首次失败，西欧战场由此进入了长期的相持局面。

随着法国战局的逐渐恶化，英国本土面临着被入侵的危险，英国国内报刊媒体中随处可见对闪电战的担忧与恐惧："这样的突袭可能会与一般的闪电战同时进行：推进欧

---

① "Sky Truths for Germany," *Dundee Courier*, September 26, 1939：4.

② "German 'lightning War' Delusion," *Dundee Courier*, September 16, 1939：5.

③ "Situation Taking More Solid Shape," *Evening Telegraph*, October 4, 1939：1.

洲大陆，敌人希望使我们的战争工业瘫痪，同时对法国的军队进行致命的打击。"①1940年 6 月的一份报纸显示出作者对战局的悲观态度："昨天对巴黎历史上最大的大规模空袭几乎使前线的战争相形见绌……对巴黎的空袭是对法国发动闪电战袭击的信号，这是针对法国军队的可怕打击。"②在同时期的一份报纸中，对于德国发动闪电战的担忧更是跃然纸上：

> 过去 24 小时内发生的事件清楚地表明，战争将很快扩展到更广阔的领域，特别是空中。希特勒向德国军队和德意志民族发出了肯定的信息，他放弃了任何似是而非的提议，并首次向世界公开宣布，他的战争目标是"彻底消灭"英国和法国。在波兰所做的事情，他宣称将会在法国和英国发生……我们会遭受到真正的"闪电战"，而这已经是我们的一种非常乐观的预计。③

相对于之前的贬义化的论断，这些报道标志着"闪电战"真正成了英国人心目中一种可怕攻击方式，它成了希特勒获胜的一个军事"秘籍"，"闪电战"在人们脑海中的大致形象已经构建出来了。

除此之外，面对德国入侵的威胁，英国媒体也进行了种种反思。首先是波兰的迅速沦陷，1940 年 6 月，《图画邮报》刊发了一位记者的报道，该记者见到了在法国作战的波兰军团，他认为波兰沦陷的原因在于其自身政治的分裂，称贝克等领导人为"半独裁者"，同时也强调"德国用友好的言辞和互不侵犯条约愚弄了波兰"。④《伦敦画报新闻》刊登了《与纳粹德国的战争》(The War with Nazi Germany)一文，该文章先是对法国的投降进行了批评，认为法国军队"如此的混乱，如此的士气低落，如此缺乏装备和可以提取装备的来源，唯一的途径是寻求停战"，在分析了法国沦陷后的国际形势以后，作者设想出了德国对英国进行"闪电战"的三个步骤："第一，伞兵；第二，飞机运输部队；第三，船舰进攻，并且都由战斗机和轰炸机保护。"他对于英法抵抗的失败也进行了反思："到目前为止，我们已经低估了他的能力，我们现在也不能陷入认为对方不可战胜的相反错误。"该篇文章对于法国沦陷后的"闪电战"进行了非常深入的思考。⑤ 7 月份，《图画邮报》再次刊发《为什么法国会失败》(Why France Failed)的长文，从缺乏准备、忽视对空防御、群众组织不够等多个层面分析了法军被"闪电战"击败的原因，作者着重提到了在地方上防御德国闪电战的方法："在法国，他们满足于在小村庄和城镇安排

① "Could Hitler Invade Britain?"*Aberdeen Journal*，May 13，1940：2.

② "Two British Hospital Ships Attacked," *New York Herald Tribune* (*European Edition*)，June 4，1940：1.

③ "Preparing for Air Raids," *Gloucestershire Echo*，June 6，1940：4.

④ William Forrest，"The Lessons of Poland," *Picture Post*，June 15，1940：28.

⑤ Cyril Falls，"The War with Nazi Germany," *The Illustrated London News*，June 29，1940：874.

防空防御，没有类似的日常生活组织，也没有在防空防御周围设置训练有素的部队。一个面对闪电战的国家的每个村庄本身都必须是一个小堡垒，每个居民都必须武装起来，确切地知道他必须扮演的角色。"文章最后，作者充满希望地指出："如果英国领导人吸取了法国失败的所有教训，我就可以想象出英国的胜利。"①

英国报刊媒体的种种反思透露出了两点重要信息：第一，"闪电战"被人们坚信为德国取得成功的重要因素，报刊的编辑们理所当然地将"闪电战"作为法国或是波兰失败的一种解释；第二，如何防止德国下一步的"闪电战"成了舆论界反思的焦点问题，各大媒体都热衷于设想诸如"闪电战来了怎么办"等问题。对于"闪电战"的认识和反思贯穿了"二战"始终，在这一过程中，人们更加坚定地相信"闪电战"的存在。在西方人焦急地思考"闪电战"的破解之道时，"闪电战"在人们心中也逐渐成为一种高明的德国战术，甚至是一个神话，对其反思性内容的注入而非简单的描述使得它的形象迅速地丰满起来。在这一过程中，"闪电战"的形象在此时趋于成熟和定型，加之"二战"以后军事理论家的丰富研究，"闪电战"长时间内成了解释纳粹德国初期节节胜利的一个模板，成为人们心中的一个可惧而又精妙的"德国式"战术。

5. 余论："闪电战"形象的重要影响及反思

作为一种德军专用战术，"闪电战"的形象在被构建出来以后，其影响由大众舆论界迅速传入高层，成为"二战"期间英德两国进行政治宣传的一大抓手。"二战"期间，英军向德国境内空投大量政治传单，在其中多次警告"闪电战已经被我们击碎"；② 英国首相丘吉尔在演讲中就经常使用"Blitz"一词，以此来激励民众的斗争意志。以英国人创造的"闪电战"为把手，德国方面也热衷于进行政治动员的相关宣传，但这种宣传往往是反向的，高层官方常常对英国口中可惧、残酷的闪电战形象进行否定。1939 年 11月，纳粹党报《人民观察员》(Völkischer Beobachter)指出闪电战是"夸大其词"的，英国媒体在不断"安慰自己"，"英国国家被哄骗到一种安全感中"，③ 这在一定程度上反映了纳粹高层的对闪电战的看法，以及可能的政治目的——努力消解英国政治宣传中"闪电战"形象的负面性。"闪电战"不仅在英国民众心中扎下根来，它也深刻地进入了参战国的政治、军事等层面，在"二战"的政治宣传中扮演着重要的角色。

英国报刊对"闪电战"的创造和形象构建对"二战"的历史书写和军事研究也产生了深刻影响。战后大多军事理论家和史学家都延续了战争期间舆论媒体对闪电战的看法，即将"闪电战"作为战争初期德军势如破竹的重要解释，并对"闪电战"的存在深信不疑。英国李德·哈特上尉(Liddell Hart)是该观点的典型代表，他是"二战"及战后西方权威

---

① Madame Tabouis, "Why France Failed," *Picture Post*, July 20, 1940: 30-31.

② "Sky Truths for Germany," *Dundee Courier*, September 26, 1939: 4.

③ Dr. G, "Angstneurose," *Völkischer Beobachter*, November 21, 1939: 7.

的军事理论家和史学家。通过分析第二次世界大战的经典战例、结合自己的亲身经历，他在六七十年代出版了一系列战史著作，较早地将"闪电战"作为正式的军事战术进行系统阐释，这一看法无疑受到了"二战"英国媒体"闪电战"大量宣传的影响。① 哈特的理论长时间以来成为了西方史学界的一种传统看法，即"闪电战"乃是德国武装部队在 20 世纪三四十年代发展并实践了的一种革命性军事学说，这一传统观点直到 70 年代后才受到质疑和挑战。从这个层面上看，"闪电战"的形象构建问题更具史学史的重要意义。

从历史的发展来看，"闪电战"无疑是一个英文舆论界构建出来的一个浓厚德文色彩的名词，在英国报刊中，它的形象构建大致经历了三个阶段的长时间演变：1938 年末至第二次世界大战爆发，"闪电战"已经广泛用于形容德国、日本的相关战略战术，舆论界开始有人对欧洲的"闪电战"产生担忧，它的形象被初步构建了出来；"二战"爆发至法国沦陷时期，"闪电战"在实际战场上的应用给予了西方人极大的心理冲击，"闪电战"在英国人心中强大、可惧的形象大大加深，但是在报刊媒体的报道下，它也出现了贬义化的倾向；法国沦陷以后，英国人在反思之余也对于原先他们所坚信的"闪电战"有了更深刻的再认识，提出了许多军事理论和具体应对措施，"闪电战"的形象迅速成熟化、丰满化。经过"二战"后一些学者的进一步研究，"闪电战"作为一种纳粹德国的特殊战术形象被西方乃至世界都广泛地接受了。"闪电战"形象的构建是一个长时段、阶段性的过程，今天我们重新认识这一过程无疑有助于我们更加深刻地理解"二战"时期西方人的具体心态和军事思想。

参 考 文 献

［1］Bonaparte Napoléon. *Oeuvres de Napoléon Bonaparte* ［M］. Paris：Create Space Independent Publishing Platform，2017.

［2］Cooper Matthew. *The German Army* 1933-1945：*Its Political and Military Failure* ［M］. Lantham：Scarborough House，1978.

［3］Churchill Winston S. *Never Give In*！ *The Best of Winston Churchill's Speeches* ［M］. London：Bloomsbury，2003.

［4］Clausewitz Carl von. *Vom Kriege* ［M］. Leipzig：A. W. Bode，1985.

［5］Dudenredaktion. *Deutsches Universalwörterbuch* ［M］. Berlin：Dudenverlag，2015.

---

① 李德·哈特在其 1954 年正式出版的《战略论》中指出，"在一系列迅速的德国征服中，空军与陆军的机械化元素结合，导致了军队和背后国家的瘫痪和道德解体……这两者在创造闪电战（Blitzkrieg）中都是不可分割的元素。"参见 B. H. Liddell Hart. *Strategy*，London：Faber & Faber，1967：187. 然而，李德·哈特的观点在 20 世纪末受到批判，如西蒙·纳维（Shimon Naveh）认为，"李德·哈特歪曲了闪电战形成的实际情况，并掩盖了它的起源。通过对炫耀性概念灌输理想化观点，他强化了闪电战的神话。"参见 Shimon Naveh. *In Pursuit of Military Excellence*：*The Evolution of Operational Theory*，London：Francass，1997：108-109.

［6］Erickson John. *The Road to Stalingrad*，*Stalin's War with Germany*［M］．New York：Harper and Row，1975.

［7］Fanning，Jr，William J. The Origin of the Term"Blitzkrieg"：Another View［J］．*The Journal of Military History*，1997(2)．

［8］Frieser Karl Heinz and Greenwood John T. *Blitzkrieg legend*［M］．Maryland：Naval Institute Press Annapolis，2003.

［9］Grimm Jakob and Grimm Wilhelm. *Deutsches Worterbuch*［M］．Leipzig：Verlag von S. Hirzel，1860.

［10］Hanson Victor Davis. *The Second World Wars：How the First Global Conflict Was Fought and Won*［M］．New York：Basic Books，2017.

［11］Harris J. P. The Myth of Blitzkrieg［J］．*War in History*，1995，2(3)．

［12］Hart B. H. Liddell. *Strategy*［M］．London：Faber & Faber，1967.

［13］Irwin Wili. "*The Next War*"：*An Appeal to Common Sense*［M］．New York：E. P. Dutton，1921.

［14］Keegan John. *The Second World War*［M］．New York：Viking Penguin，1990.

［15］Mosier John. *The Blitzkrieg Myth：How Hitler and the Allies Misread the Strategic Realities of World War II*［M］．Toronto：HarperCollins，2011.

［16］Wheal Elizabeth-Anne，Pope Stephen，and Taylor James. *A Dictionary of the Second World War*［M］．New York：Peter Bedrick Books，1990.

［17］J·F·C·富勒. 装甲战［M］．北京：解放军出版社，2006 年.

［18］克里斯·毕晓普、戴维·乔丹. 第三帝国的兴亡［M］．杭州：浙江大学出版社，2019 年.

［19］李宏. 闪击战［M］．北京：大众文艺出版社，2009 年.

［20］王志强. 波兰闪电战［M］．北京：外文出版社，2010 年.

［21］戴耀先. 德意志军事思想研究［M］．北京：军事科学出版社，1999 年.

［22］马骏. 闪击战的产生及演变：1870—1939 年［J］．军事历史研究，1987(4)．

［23］纪胜利. 试论纳粹德国的闪击战［J］．求是学刊，1996(2)．

［24］赵全华. 二战中闪电战思想盛行于德国的原因［J］．辽宁教育行政学院学报，2008(9)．

［25］谢思远. 从普德学派军事思想看德国闪击战战法的形成与内涵［D］．硕士学位论文，华东师范大学，2013.

附图

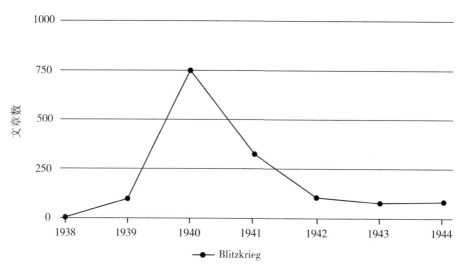

图 1 1938—1944 年英国报刊中出现"闪电战"(含 Blitzkrieg 与 lightning war 两词)的文章数统计

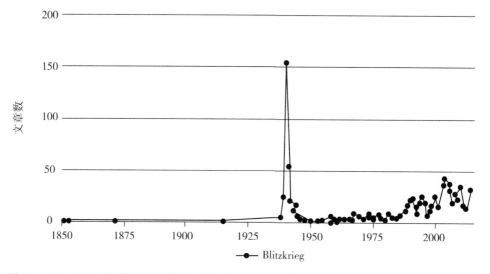

图 2 1851—2014 年《泰晤士报》"闪电战"(含 Blitzkrieg 与 lightning war 两词)出现文章数统计

李凤苞《使德日记》中的德国地理学家

湖北科技学院　陈从阳

摘　要：《使德日记》是清末驻德公使李凤苞在任期间的日记。李凤苞在日记中简要介绍了德国享誉世界的地理学家亚历山大·冯·洪堡、李特尔，记载了与李希霍芬的会晤，高度评价了他们对地理学发展的贡献，这是晚清时期有关德国三大地理学家的较早记录。由于李凤苞刚入德国时不通德语，在与语言学家布施曼的接触中，错将布施曼当成了地理学家以及亚历山大·冯·洪堡的学术传人，留下了一段中德学人交往中令人感兴趣的插曲。

关键词：李凤苞；《使德日记》；德国地理学家

19 世纪晚期，随着中国在西方坚船利炮下被打开国门，一批批驻外使官、留学生、商人、旅行者等开始走向世界，留下了大批晚清跨洲际交往和与西方文明接触的珍贵记录。在这些涉外书写中，驻外使官的日记因作者群的特殊性而具有难以取代的价值。本文以 19 世纪末驻德公使李凤苞《使德日记》为中心，[①] 小切口反映晚清国人对德国三位世界级地理学家的认知，同时指出晚清国人在介绍西方文化名人中出现的误会，以深化对近现代中西方文化交流的认识。

---

① 学术界对李凤苞及其《使德日记》研究包括：崇明县政协文史资料委员会，崇明县档案局(馆)编辑《李凤苞——清末崇明籍外交官》(2005 年)是一部论文与资料集；陆德富，童林珏整理《驻德使馆档案钞》(上海古籍出版社，2020)收录了李凤苞任内驻德使馆档案；张文苑整理的《李凤苞往来书信》(中华书局，2018)据北京大学图书馆藏《李星使来去信》抄稿整理，附《使德日记》。论文方面有郭明中《清末驻德公使李凤苞研究》(台湾中兴大学历史系 2002 年硕士论文，指导教授余文堂)；徐兵：《清末著名外交官李凤苞》(《都会遗踪》2011 年)；闫俊侠：《一本虽薄却重的晚清出洋大臣日记——浅谈李凤苞及其〈使德日记〉》(《兰州学刊》，2006 年第 6 期)；涉李凤苞与海军建设包括：刘振华：《李凤苞、徐建寅主持购买铁甲舰考论》(《军事历史研究》，2009 年第 1 期)；王伟：《李凤苞与晚清海军建设》(《辽宁教育行政学院学报》，2008 年第 3 期)；李喜所，贾菁菁：《李凤苞贪污案考析》(《历史研究》，2010 年第 5 期)；吉辰：《晚清首批留德军事学生再考——以〈李星使来去信〉为中心的考察》(《安徽史学》，2015 年第 2 期)；有关李凤苞人际交往与东西方文化交流的论文，包括：王丁：《大清的朋友圈：李凤苞记录的诸国驻德公使名单》(《中国文化》，2021 年第 1 期)；贾熟村：《赫德与李凤苞》(《东方论坛》，2013 年第 3 期)；李雪涛：《李凤苞笔下的柏林王室图书馆中文藏书及汉学家硕特》(《寻根》，2017 年第 5 期)；张晓川：《西儒问古音：晚清出使日记与传统音韵学——李凤苞〈使德日记〉中所见叶韵问题》(《复旦学报》社会科学版 2019 年第 1 期)等。

1. 李凤苞及其《使德日记》

李凤苞(1834—1887 年)，清末外交家，字海客，号丹崖(另说字丹崖、号海客)，原籍江苏句容人，生于江苏崇明县(今属上海)。幼聪慧，"究心历算之学，精测绘"①。咸丰三年(1853 年)通过崇明县院试。同治初年(1862 年)，奉旨编绘《江苏舆图》，因出色完成《崇明县图》绘制，深得江苏巡抚丁日昌器重，"资以赀为道员"②，调入江苏舆图局。不久丁氏又将其荐于两江总督曾国藩。同治十年(1871 年)被曾国藩委任襄办江南机器制造局局务，负责《地球全图》译制、刊刻③。后调吴淞炮台工程局，并在江南制造局译书馆担任"笔述"职。期间与洋员金楷理等合译《行海要术》《兵船炮法》《营垒图说》《布国兵船操练》《各国交涉公法论》等西方书籍；1872—1876 年又与金楷理合作翻译近十种克虏伯火炮相关书籍。光绪元年(1875 年)随丁日昌至天津谒见李鸿章，始受知于李鸿章。同年丁日昌迁福建巡抚兼船政大臣，随行去闽，任船政总考工。光绪二年(1876 年)六月，被召至天津与李鸿章会晤，后作为随员参加李鸿章在烟台与英国公使威妥玛的谈判。光绪三年(1877 年)以监督身份，与洋监督日意格率福建船政学堂第一批留欧学生出洋留学。光绪四年(1878 年)七月，经驻英公使郭嵩焘保举，在李鸿章等人极力推动下，得以赏加二品顶戴署理出使德国钦差大臣，兼管学生及采办军火。光绪五年(1879 年)闰三月，上谕"赏候选道李凤苞三品卿衔，以海关道记名，充出使德国大臣"④，正式出任驻德公使。光绪七年(1881 年)春，兼任出使奥地利、意大利、荷兰三国公使。光绪十年(1884 年)四月，接替曾纪泽署出使法国大臣，协助李鸿章与法国谈判。光绪十年九月，续任驻德公使许景澄抵达柏林，得以交卸使务。光绪十一年(1885 年)三月左右离德回国，六月抵天津，与李鸿章多次筹商海军、海防，八九月间进京，十月因劾章被革职，冬归崇明。光绪十三年(1887 年)六月故⑤。著有《陆操新义》《海防新义》《布国兵船操练》《铁甲船程式》《美国兵枪法》《各国水雷鱼雷制》《雷艇图说》《使德日记》《四裔编年表》《西国政闻汇编》《文藻斋诗文集》等书籍。

《使德日记》系李凤苞光绪四年使德时所作，始于光绪四年十月初二(1878 年 10 月 27 日)，止于同年十二月二十九日(1879 年 1 月 21 日)，共载 70 余日日记。该日记版本

---

① 赵尔巽：《清史稿》第四十一册 卷四百四十六，北京：中华书局，1928 年，第 12484 页。

② 赵尔巽：《清史稿》第四十一册 卷四百四十六，北京：中华书局，1928 年，第 12484 页。

③ 《总署收总理船政大臣吴赞诚文》，载台湾近代史研究所编：《海防档·乙 福州船厂(二)》，台北：台湾近代史研究所，1957 年，第 689 页。

④ 《清实录》第 53 册 (德宗景皇帝实录 2 卷 65 与卷 141 光绪四年至七年)，北京：中华书局，1987 年，第 381 页。

⑤ 张文苑整理：《李凤苞往来书信》上，北京：中华书局，2018 年，第 4 页。

甚多①，本文主要以 2018 年中华书局刊、张文苑整理之《李凤苞往来书信》附录本为主，参考 2016 年岳麓书社出版之钱德培、李凤苞《欧游随笔 使德日记》本和 1981 年湖南人民出版社"走向世界丛书"之《使西日记(外一种)》简体本。

2.《使德日记》述及三位德国地理学家

作为晚清知名"技术型"官员，李凤苞"博览经史"，"于地理、兵法，旁及音韵、金石、风角、壬遁、医方、卜筮，罔不淹贯"②。《使德日记》虽不足 4 万言，却对与地理学有关之德国城池(如科隆、柏林等)布局、气候寒暑、制图印图等多有涉及，尤值关注的是对 19 世纪德国三位享誉世界地理学家的记载。

其一是光绪四年十月二十一日(1878 年 11 月 15 日)午后，李凤苞受德国柏林国王图书馆③掌东方书籍之赫美里(注：今译希姆利 Karl Georg Friedrich Julius Himly，1836—1904 年)之邀，观图书馆，目睹了亨保尔脱像。"次到大书厅，排列古时写本，以玻璃匣函之。……厅分上、下层，周有飞廊。下层皆格致、性理，西名'费西克司'(注：Physics 今译物理)之类。中列布国历代王像……末座即今之德君也。右上为亨保尔脱像，著书人也。"④

其二是光绪四年十月二十四日(1878 年 11 月 18 日)傍晚，李凤苞答拜柏林国王图书馆波士们，见识并翻阅亨保尔脱的手稿。"傍晚，答拜藏书楼副总办波士们……出其亡友亨保尔脱手稿一箱，是《考司马司》原稿"⑤，"检其遗稿，涂乙丹黄，手泽如新"⑥。亨保尔脱"尝游亚细亚各国及美利坚人迹未到之区，著《考司马司》等书"⑦，李凤苞称颂："夫亨氏学精品粹，固足以共信，而其考订之慎，著撰之勤，非亲阅其稿不知也"⑧，"其学之精者，尤推亨保尔脱"⑨。

---

① 重要版本有：光绪十七年(1891)上海著易堂《小方壶斋舆地丛钞》铅印本(摘录，底本不详)；光绪二十一年(1895)江标《灵鹣阁丛书》湖南使院刻本(目前所见最早之全本)；民国二十五年(1936年)商务印书馆《丛书集成初编》本；1981 年湖南人民出版社"走向世界丛书"之《使西日记(外一种)》简体本；2003 年北京线装书局《古籍珍本游记丛刊》本；2016 年岳麓书社出版钱德培、李凤苞《欧游随笔 使德日记》本；2018 年中华书局刊张文苑整理之《李凤苞往来书信》。参见张文苑整理：《李凤苞往来书信》上，第 16 页注释。

② 王清穆修、曹炳麟纂：《(民国)崇阳县志》，卷十一《人物·宦蹟》，民国十三年修，十九年刊。转引崇明县政协文史资料委员会，崇明县档案局(馆)编辑：《李凤苞——清末崇明籍外交官》，内部印刷，2005 年，第 178 页。

③ 李凤苞称之为西名"扣尼希力喜比伯里乌台克"，为德文王室图书馆 Königliche Bibliothek 之音译。

④ 张文苑整理：《李凤苞往来书信》下，北京：中华书局，2018 年，第 868 页。

⑤ 张文苑整理：《李凤苞往来书信》下，北京：中华书局，2018 年，第 871 页。

⑥ 张文苑整理：《李凤苞往来书信》下，北京：中华书局，2018 年，第 872 页。

⑦ 张文苑整理：《李凤苞往来书信》下，北京：中华书局，2018 年，第 871-872 页。

⑧ 张文苑整理：《李凤苞往来书信》下，北京：中华书局，2018 年，第 872 页。

⑨ 张文苑整理：《李凤苞往来书信》下，北京：中华书局，2018 年，第 871 页。

其三是李凤苞由亨保尔脱想到德国另一位著名地理学家尔力德尔。"苞于十年前广采地志，摘译其要①，知亨保尔脱以地学通于格致。其时又有尔力德尔，以地学通于史传。皆为布国人，而皆卒于一千八百年五十九年。"②

其四是光绪四年十一月十五日（1878 年 12 月 8 日）晚，尔里茨明芬来访。"薄暮，尔里茨明芬来谈。其人精舆地学、矿学，曾游历中国各省，著书数巨册，今举地图会总办。雄伟欣长，气宇轩昂，指陈国中舆地甚悉。且谓与巴公使交好，巴公使拟喀血少愈，将往法意南境调养，即回华任也。"③

《使德日记》中述及的亨保尔脱、尔力德尔、尔里茨明芬分指德国 19 世纪著名地理学家亚历山大·冯·洪堡（Alexander von Humboldt，1769—1859 年）④、李特尔（Carl Ritter，1779—1859 年）⑤、李希霍芬（Ferdinand von Richthofen，1833—1905 年）⑥。

亚历山大·冯·洪堡为德国自然科学家、探险家。近代地理学、地质学、气候学、

---

① 李凤苞此处指译何书，待考。李凤苞在江南制造局期间，1869—1872 年出版译著 11 部，已译未出 3 种。载王扬宗：《关于清末口译与笔述译书法的初步探讨—— 以清末江南制造局翻译馆为中心》，《日本学研究》，2003 年第 12 期，第 8 页。此处译书，据推测，大约指在制造局金楷理、李凤苞译《地说》八册，未成。参见《中华大典》工作委员会，《中华大典》编纂委员会编纂：《中华大典·文献目录典·古籍目录分典·丛书、译著》，桂林：广西师范大学出版社，2016 年，第 643 页。

② 张文苑整理：《李凤苞往来书信》下，北京：中华书局，2018 年，第 872 页。

③ 张文苑整理：《李凤苞往来书信》下，北京：中华书局，2018 年，第 892 页。

④ 亚历山大·冯·洪堡：曾译洪堡特。生于柏林，卒于柏林。1789 年入哥廷根大学，1790—1792 年在弗莱堡矿业学院学习地质学，并旅行西欧各地。后到普鲁士矿产部供职。1799—1804 年，同法国植物学家 A·J·A·邦普郎去美洲考察，登上 5876 米高峰，创当时登山世界纪录。并合作写成 30 卷《新大陆热带地区旅行记》。在柏林大学举办自然地理专题讲座，参与建立柏林地理学会，并组织第一届国际科学会议（1828）。1829 年应俄国政府邀请，到西伯利亚考察，在回国途中考察里海。晚年在柏林著书与讲学，写成《宇宙》（5 卷）、《植物地理学论文集》（1805）和《中央亚西亚》（3 卷 1843）等。科学活动涉及地理学、地质学、地球物理学、气象学和生物学等方面，对近代科学发展起到了重要推动作用。见：《中国大百科全书 第二版 9》，北京：中国大百科全书出版社，2016 年，第 551-552 页。

⑤ 李特尔：德国地理学家、教育家，近代地理学创建人之一。除李特尔，还曾译为里特尔。生于奎德林堡，卒于柏林。1796 年入哈雷大学。历任法兰克福大学历史学教授、柏林大学首任地理学教授。是德国第一个地理学讲座教授和柏林地理学会（1828 年成立）的创建人，最早奠定人文地理学的基础。学术巨著《地学通论》，又名《地球科学与自然和人类的历史》，1817 年出版第 1 卷，至 1859 年逝世时共出版 19 卷。还著有《欧洲地理》（2 卷，1804—1807）等。见《中国大百科全书 第二版 13》，第 546-547 页。

⑥ 李希霍芬：也译里希特霍芬。出生上西里西亚的卡尔斯鲁厄（今属波兰）。卒于柏林。1850 年入布雷斯劳大学习地质学，1852 年转入柏林大学，1856 年获博士学位。后在欧洲从事区域地质调查。1860 年前往东南亚、东亚考察。后到美国加利福尼亚州研究火山，发现金矿。1868—1872 年多次到中国考察旅行。后任波恩大学、莱比锡大学、柏林大学地理学教授和柏林大学校长。长期从事实地考察，并把地理学与地质学沟通起来，对地理学方法论和自然地理学研究作出重要贡献。出版《研究旅行指南》《中国》（5 卷，附地图集两卷）等书，提出中国黄土风成论等。见《中国大百科全书 第二版 13》，第 552 页。

生态学、地磁学创建人之一。早年游历欧、美、亚广阔地区，晚年在柏林著述讲学，著有总结自然地理学研究原理和区域地理研究法则的科学巨著《宇宙：物质世界概要》。《使德日记》提及"《考司马司》"手稿，即是指洪堡之《宇宙：物质世界概要》手稿（*Kosmos，Entwurf einer Physischen weltbeschreibung*），英译为 *Cosmos，A Sketch of Physical Description of the Universe*，该书是洪堡最重要著作，全书分五卷，分别于 1845 年、1847 年、1850 年、1858 年、1862 年出版。第一卷是关于宇宙全貌的概述；第二卷是历代对自然风光的论说和人类致力于发现及描述地球的历史过程；第三卷论述天体空间的法则；第四卷讲地球；第五卷是根据洪堡死后遗留下的大量笔记整理的。李希霍芬是德国地理学家、地质学家。1866—1872 年多次赴中国考察，1877—1912 年撰写出版《中国》（5 卷、附地图集 2 卷），是第一部系统阐述中国地质基础和自然地理特征的重要著作。

李凤苞是较早介绍德国地理学家洪堡、李特尔、李希霍芬的晚清学者。据相关研究，中文文献中首次出现洪堡名字与事迹，是 1854 年墨海书馆出版、英国传教士慕维廉（William Muirhead 1822—1900 年）编译的地理学百科全书《地理全志》（*Universal Geography*）（初版）下册，书载："彼（注：指大旅行家马可·波罗）云：中亚西亚巴米耳高原，燃火光不炎耀，色与常异，以之燔炙，亦逊他处。今普鲁士有名士曰洪波的，名于地理，尝涉高岭，精察之而知其言之不谬。缘地甚高，天空之气殊轻也。"①此书提及的"洪波的"，即尚在世的洪堡。1873 年上海英文报刊《通闻西报 晚刊》（*The Shanghai Evening Courier*）刊登了莱比锡出版亚历山大·冯·洪堡传记的消息②。1874 年《万国公报》载《地理说略》一文，也谈到洪堡："本朝乾隆五十三年，英人创立公会，访查亚非利加内地。嘉庆二十三年，英人又令人探访南北两极。自是地学日合于格致。时详论地性及山川险阻，与夫天然之疆界、人力所经营者，为布国人洪巴耳特著《考司麻司》《由乃乞耳》两书，流传各国。"该标题下注："此则系华友明於西学者所译. 与万国地图说略相类"③。《考司麻司》是指洪堡的《宇宙：物质世界概要》；《由乃乞耳》可能是《自然观》英译本 *Views of Nature* 的音译④。20 世纪初，关于洪堡的介绍更多。如 1905 年《岭南学生界》刊载敄宇润译《博物大家海波儿传》⑤。《使德日记》虽然出版稍晚，但提供了洪堡人际交往、手稿及其下落、逝世时间等更多信息。

晚清时期对李特尔介绍较少。1903 年留日学生创办的《汉声》杂志第 6 期登载《史学之根本条件》一文，提到过"利铁亚"："物理条件颇为古来学者所注意。至于近世，孟

① 慕维廉：《地理全志》，下卷篇 10"地史论"上，上海：墨海书局，1854 年，第 13 页。

② "Alexander von Humboldt,"*The Shanghai Evening Courier*，1873-1-17(51).

③ 《地理说略》，《万国公报》1874 年第 310 期，第 20 页。

④ 邹振环：《晚清西方地理学在中国——以 1815 年至 1911 年西方地理学译著的传播与影响为中心》，上海：上海古籍出版社，2000 年，第 218 页。

⑤ 敄宇润译：《博物大家海波儿传 Alexander von Humboldt》，《岭南学生界》，1905 年第 2 卷第 9 期，第 29-31 页。

德斯鸠、黑狄儿、孔德、巴克尔、达殷、利铁亚出，工夫渐密。近拉且尔（注：即拉采尔）设人类地理学之名（即人种地理学），从事于此方面之研究。然则我辈由此方针渐次进步，物理条件信可全通。"①1906 年出版的《地理人文关系论》涉李特尔及其著述："彼普鲁士之言普通教育，多注重地理一门，故世界尝以之为模范。由是理铁尔伯息尔特著世界唯一之地理教科书问世，几乎纸贵一时。而英国政府有鉴于此，亦屡诏其国之地理学协会，就其地理教育之法而推行之，嗣是以后地理学之发达，殆不可限量矣。"此处"世界唯一之地理教科书"当指李特尔之学术巨著《地学通论，它同自然和人类历史的关系；或普通比较地理学，自然和历史科学研究与教学的坚实基础》②。光绪三十二年十二月，即 1907 年初经家龄在《高等小学地理教授用书》中引用了李特尔理论："近世教授地理之泰斗、德人李殿尔有言，凡一土地之全体事项，如自然及人工之生产物、人群及天然之印象联为一体，告语于青年，因相互之比较，使受教者了解于自然及人生之要，果此，余之志也。盖地球及人群互有关系，以自然地理为地理学之基础，通厥关联，欧罗巴教科书之著秉此而已云云。"著者接着还详细介绍了李特尔的地理教育思想③。李凤苞对李特尔的描述虽只有短短 30 余字，却是笔者目前所见最早介绍李特尔的文献。

至于李希霍芬，《万国公报》等报刊多次报道他在中国的活动，但对他所创立的理论鲜有提及④。光绪三年（1877 年）6 月，盛宣怀在致翁同爵函中，提到布国人勒托芬（即李希霍芬）游览日记载黄石港产煤一事⑤。1900 年 7 月在日本发行的孙中山手绘《支那现势地图》跋中述及李希霍芬在中国的地图测绘工作："德国烈支多芬所测绘之北省地文、地质图各十二幅，甚为精细。"⑥《使德日记》简要叙述李希霍芬的生平及与交往，特别提到李希霍芬与德国驻华公使巴兰德熟识。史载：早在 1861 年为缔结中普友好通商条约，巴兰德、李希霍芬曾随艾林波伯爵来华⑦；李凤苞所言李希霍芬担任"地图会总办"现译为"柏林国际地理学会会长"。

① 《史学之根本条件》，《汉声》，1903 年第 6 期，第 2 页。

② 邹振环：《晚清西方地理学在中国——以 1815 至 1911 年西方地理学译著的传播与影响为中心》，上海：上海古籍出版社，2000 年，第 218-219 页。

③ 经家龄：《高等小学地理教授用书》，《弁言》，上海：普及书局，1907 年。

④ 1870 年代，几种在华出版的英文报刊对李希霍芬多有报道；如 1870 年 1 月 1 日《字林西报》载有香港等资助李希霍芬探险计划的消息。参见 The North-China Daily News，1870-1-1；1870 年 4 月 21 日上海《北华捷报和最高法庭与领事馆报》载有李希霍芬致勘探基金捐赠者的报告。参见 The North-China Herald and Supreme Court &Consular Gazette，1870-4-21.

⑤ 徐元基，季平子，武曦编：《盛宣怀档案资料》第 5 卷，湖北开采煤矿总局·荆门矿务总局，上海：上海人民出版社，2016 年，第 203-204 页。

⑥ 广东省社会科学院历史研究所，中国社会科学院近代史研究所中华民国史研究室，中山大学历史系孙中山研究室合编：《孙中山全集》第一卷，北京：中华书局，1981 年，第 187-188 页。

⑦ 中国社会科学院近代史研究所翻译室：《近代来华外国人名辞典》，北京：中国社会科学出版社，1981 年，第 54，408 页。

此外，在光绪四年三月十六日（1878 年 4 月 18 日）从伦敦发往天津军械局的信函中，李凤苞提到李希霍芬及其著作："兹托卞游府（注：指卞长胜）带回巴提督经手账目一册，又德人里乞叨芬查看中国矿产书一册，恳即转呈中堂赏收。是书即客秋克鹿卜误以为英国世爵所撰者也。此人今在百灵（注：即柏林），不但详辨中国地产，且广搜中国地图，考证颇有精到处。其第二册细论中国山脉、土性等事，较第一册更为切用，今年秋季可以印成矣，俟购得再呈可也"[①]。此处所指中国矿产书是柏林 Dietrich Reimer 出版社于 1877 年初版李希霍芬的《中国：亲身旅行的成果及据此的研究》第 1 册（*China：Ergebnisse eigener Reisen und darauf gegründeter Studien*，1），共 758 页。由于李凤苞 1878 年不通德文，他对《中国》第 1 卷、第 2 卷等内容介绍也存不太准确之处[②]。

3. 对德国地理学家洪堡、李特尔的评价

李凤苞是晚清最早从地学发展史角度，高度评价洪堡、李特尔在近代地理学领域开创性贡献的学者之一。

李凤苞目睹洪堡手稿，不禁感慨："尝谓狂榛之所以渐化，教化之所以覃敷，必由于士商之来往，记载之详备。苟无导其先路，熟能步其后尘？是地理之学为足尚矣。欧洲上古，自乏尼斯（注：Phönizien 今译腓尼基）、希腊、罗马，历有载记，类皆缺略纰缪。自一千八百年后，地理渐明，论者每归功于日耳曼人。其学之精者，尤推亨保尔脱。"[③]

"苞于十年前广采地志，摘译其要，知亨保尔脱以地学通于格致。其时又有尔力德尔，以地学通于史传。皆为布国人，而皆卒于一千八百年五十九年。"[④]

西方地理学源远流长。公元前 2 世纪希腊学者埃拉托色尼（Eratosthenes，前 275—前

---

① 张文苑整理：《李凤苞往来书信》上，第 48-49 页。

② 《中国》第 1 卷可说是全书的引论，分两部分，第一部分谈及中国与中亚的关系。从中国各方面关系而言，可以认为中国属于中亚，中国与中亚通过山脉构造、气候及巨大河流紧密相连。这种格局又影响到中华民族的迁徙和分布。华北大面积风成黄土的分布，是与中亚的气候变迁及提供尘土物质来源息息相关的。第二部分论述对中国认识的发展，从《禹贡》一书开始，历数中华民族各朝代的沿革史，一直讲到 19 世纪的清代。还论述了中国与外部世界的关系史及外国人对中国认识的发展过程。第二卷在书的扉页上虽标为华北，实际上包括了南满、华北各省及西北各省。地质与地貌是本书的主要内容，在地质的基础上描绘出各地区的地貌概况。也讨论到各地区居民及其经济活动，特别注意到与地理学关系密切的国民经济问题。李氏指出华北是煤矿蕴藏最丰富的地区，又拥有为数众多的勤劳人民。从经济观点来看，中国的前途是极为光明的。第二册附有一册图集，比例尺为 1：750000，13 个小区域的分幅图，地质图和地形图各 1 幅，全集共 26 幅图，地形图上的许多高程点系李氏亲手测定的。参见刘心务：《李希霍芬在中国的地质地理旅行考察》，载张寄谦主编：《中德关系史研究论集》，北京：北京大学出版社，2011 年，第 386-388 页。

③ 张文苑整理：《李凤苞往来书信》下，北京：中华书局，2018 年，第 871 页。

④ 张文苑整理：《李凤苞往来书信》下，北京：中华书局，2018 年，第 872 页。

193 年)号称西方"地理学之父"。他认为地球是椭圆体,并计算了地球周长,测量了黄赤道交角,将世界分为五个气候带。最早采用"地理"作书名,著有《地理学概论》,奠定数理地理的基础。古希腊地学主要代表人物还有希罗多德、亚历山大大帝、毕达哥拉斯、希帕库斯、亚里士多德等。

古罗马时代在地理志方面颇有成就,其代表人物为斯特拉波(Strabo,约公元前64—公元 23 年)和托勒密(Claudius Ptolemaeus,约 90—168 年)。斯特拉波的《地理学》是西方区域地理学的发源。托勒密著有《地理学指南》(八卷)。

地理大发现拓展了人类的地理视野,促进了地理学发展。德国瓦伦纽斯(Bernhardus Varenius,1622—1650 年)将地理分为两部分:普通(或通论)地理学;特殊(或专门)地理学。《地理学通论》(另译《普通地理学》)包括数理地理、气象学、水文地理和地形四个方面,是一部综合性较强的地理学著作,影响地理学一个多世纪[①]。法国的布丰研究人与自然环境的关系,认为人在改造自然界中有着巨大的力量,整个地球表面都有人类作用的烙印。这些都为自然地理学的建立提供了思想准备。

在西方地学史上,西方多数学者把洪堡、李特尔和达尔文作为近现代地理学起始的主要标志。如赫特纳、狄金逊(R. Dickinson)、纽毕金(M. J. Newbijin)等均持相同观点,多数学者甚至将洪堡、李特尔辞世和达尔文《物种起源》出版的 1859 年作为近现代地理学的起始[②]。

洪堡的科学活动涉及地理学、地质学、地球物理学、气象学和生物学等各个方面。他把自然界作为互相联系、互相影响的整体,对不同地域、不同环境的现象进行比较研究。他在科学上的主要贡献包括:首创世界等温线图,指出气候不仅受纬度的影响,而且与海拔高度、离海远近、风向等因素有关;研究了气候带分布、地形对气候形成的作用;发现植物分布规律,论述气候同植物分布的关系;确立了植物区系的概念,创建了植物地理学;首次绘制地形剖面图;指出火山喷发和变质岩对地壳形成的作用,纠正了认为地表全由沉积岩构成的错误观点;认识到地层愈深,温度愈高的现象;发现美洲、欧洲、亚洲在地质上的相似性;根据地磁测量得出地磁强度从极地向赤道递减的规律;发现秘鲁海流(又名"洪堡海流")。此外,还促进了沸点高度计的发明和山地测量学的发展[③]。

李特尔在近代地理史上最早阐述了人地关系和地理学的综合性、统一性,奠定了人文地理学的基础。他认为地理学是一门经验科学,应从观察出发;主张地理学的研究对

① [美]杰弗里·马丁:《所有可能的世界(第四版)——地理学思想史》,成一农、王雪梅译,上海:世纪出版集团,上海人民出版社,2008 年,第 117-119 页。

② 杨勤业、杨文衡主编:《中国地学史·近现代卷》,南宁:广西教育出版社,2015 年,第 6 页。阿尔夫雷德·赫赫特纳著:《地理学:它的历史、性质和方法》,王兰生译,北京:商务印书馆,2017 年,第 116 页。

③ 《中国大百科全书》第 9 卷,北京:中国大百科全书出版社,2016 年,第 551-552 页。

象是布满人的地表空间，人是整个地理研究的核心；创用"地学"一词，代替洪堡的"地球描述"；指出人地相关的一般法则，运用经验法和比较法研究世界各地区各地理现象的因果关系，并用传统划分的洲作为最大的区域单位。坚持目的论的哲学观点，相信地球是为了一个目的即作为人类的家乡由上帝的旨意设计的①。洪堡和李特尔分别作为近代自然地理学的奠基人和人文地理学的创始人的地位已为世所公认。

李凤苞在《使德日记》中持类似观点，他追述了地学产生的意义。认为：欧洲上古自腓尼基、希腊、罗马以来，地理学之"载记"皆有"缺略纰缪"。19世纪后，主要"归功于日耳曼人"，尤推洪堡等人，"地理渐明"，近代地理学开始诞生。他还睿智地认识到两人不同的学科分工：洪堡专于自然地理学，"以地学通于格致"，而李特尔在人文地理学上独树一帜"以地学通于史传"。李凤苞还指出：洪堡、李特尔皆为普鲁士人，均于1859年去世。

如前所述，晚清对西方地理学家洪堡、李特尔等人的介绍往往偏重其生平、游历及其著作和观点，鲜有从西方地理学史发展的角度，探讨其在整个学科发展史上的地位和影响。李凤苞对西方地理学发展历程的粗略勾勒，特别是对洪堡、李特尔在近代地理学发展史上地位的精辟评价，展示了其在地理学领域深厚的素养和敏锐的学术识见。在19世纪晚期留德生主要学习军事，国内知识界对西方近代科技了解有限的背景下，李凤苞对西方地理学发展的认识尤显难能可贵。

4. 被误认为地理学家的波士们

李凤苞在《使德日记》中多次谈到波士们：光绪四年十月二十一日，李凤苞在柏林国王图书馆付总办波士门迎接下，参观了大书厅，目睹了亨保尔脱像。二十四日晚，李凤苞答拜波士们，波士们出示亨保尔脱《考司马司》手稿一箱，并引见其妻及妻妹。在李凤苞眼中，波士们"短小诚悫，彬彬儒雅，洵绩学士也"②；"其妻及妻妹，皆有儒雅风"③。光绪四年十二月初九日（1879年1月1日），李凤苞与波士们仍来往不断："初九日，为西历元旦。上午晴，申酉小雨，夜晴。书楼总办波士们来，谈中国史事。"④

李凤苞将波士们视为洪堡衣钵传人："波为洪堡《考司马司》续成《美国土番记》……其（指洪堡）得波士们而续成之，尤为相得益彰，亨氏往矣，而犹得交其执友，睹其手稿，亦何异我身亲见之哉！"李凤苞为结识洪堡之传人波士们甚感欣慰和激动："尝心慕之，而思继起者必有其人。今权摄使篆，阅藏书楼，获交波士们，方知续亨氏未竟之绪

---

① 《中国大百科全书》第13卷，北京：中国大百科全书出版社，2016年，第546-547页。
② 张文苑整理：《李凤苞往来书信》下，北京：中华书局，2018年，第868页。
③ 张文苑整理：《李凤苞往来书信》下，北京：中华书局，2018年，第871页。
④ 张文苑整理：《李凤苞往来书信》下，北京：中华书局，2018年，第904页。

者。数年有心求之，一旦无意遇之，幸何如也。""因题数语，以志欣幸"。①

李凤苞虽多次述及波士们，洪堡等著名地理学家都是由波士们引导参观，才引起李凤苞注目，但李凤苞实际上并不真正了解波士们。

波士们(现译布施曼，Johann Karl Eduard Buschmann，1805—1880 年)，语言学家、图书馆学家。出生于马格德堡工匠家庭，在家乡附近教堂和教会学校渡过青少年时期。1823—1827 年入柏林大学和哥廷根大学，师从伯克(Böckh)、沃尔夫(Wolf)、黑格尔(Hegel)和博普(Bopp)②。1826 年赴墨西哥考察旅行。1828 年经美国、法国、荷兰回柏林。③ 经博普介绍与威廉·冯·洪堡(Karl Wilhelm von Humboldt，1767—1835 年)相识④，并担任其私人秘书。1832 年经洪堡推荐入柏林王室图书馆，1835 年任图书馆管理员(Kustos)，1853 年任图书馆馆员(Bibliothekar)⑤、馆长等，主管按字母编目等工作。1840 年成为教授，1851 年成为柏林科学院成员；1835 年获柯尼斯堡大学荣誉博士学位。主要研究领域包括比较语言学、马来亚和波利尼西亚方言以及中、西北美洲方言研究。出版：《法语动词的变化》(*Die Conjugation des französischen Verbums*)(1831 年初版、1833 年第 2 版)；《阿兹特克地名》(*Über die aztekischen Ortsnamen*)(1853)；《阿兹特克语在墨西哥北部和北美北部的遗存》(*Die Spuren der aztekischen Sprache im nördlichen Mexiko und höhern amerikanischen Norden*)(1859)；《阿帕奇语和阿萨帕斯语语系》(*Das Apache und der athapaskische Sprachstamm*)(3 卷，1860—1863)；《索诺兰方言语法》(*Grammatik der sonorischen Sprachen*)(3 部分，1864—1869)；《关于自然音》(*Über den Naturlaut*)(1883)等⑥。

作为洪堡兄弟的私人秘书和合作者，布施曼协助威廉·冯·洪堡从事爪哇岛卡维语研究，1835 年威廉·冯·洪堡去世后，受柏林科学院指派，布施曼负责编辑整理洪堡

① 张文苑整理：《李凤苞往来书信》下，北京：中华书局，2018 年，第 871-872 页。

② Johann Karl Eduard Buschmann Biography. https：//www. howold. co/person/johann-karl-eduard-buschmann(2021-5-25)

③ Buschmann, Johann Carl Eduard. http：//www15. ovgu. de/mbl/Biografien/0343. htm(2021-5-26)

④ 威廉·冯·洪堡：德国语言学家、哲学家、政治家。曾译洪堡特，生于波茨坦。1787—1789 年就读于法兰克福大学和格廷根大学，1801—1809 年任普鲁士宗教和教育大臣，1810 年创建柏林大学。1810—1819 年任外交官。1819 年以后辞去公职，专门从事学术研究。终生从事宗教、哲学、文艺学、史学、人类学、语言学等学科研究。对古希腊文明极为景仰，推崇康德和席勒，追求会通和完美，成为德国文化史上集大成的人物。在语言研究中视野异常广阔，观察十分深入，形成了独特的语言世界观。研究过巴斯克语、美洲语言、埃及语言、梵语、汉语、日语等，是比较语言学创始人之一。语言学著作《论爪哇岛的卡维语》在他去世后才刊行(3 卷，1836—1840)，长达 300 多页的前言"论人类语言结构的差异及其对人类精神发展的影响"为语言学研究开辟了新路。参见《中国大百科全书》第 9 卷，北京：中国大百科全书出版社，2016 年，第 552 页。

⑤ Eduard Buschmann. https：//de. wikipedia. org/wili/Eduard_ Buschmann(2021/5/26 10：24：51)

⑥ Johann Karl Eduard Buschmann Biography. https：//www. howold. co/person/johann-karl-eduard-buschmann(2021-5-25)

语言学著作。1836—1839（或 1840）年出版《论爪哇岛上的卡维语》(*über die Kawi-Sprache auf der Insel Java*)（3 卷），为第 3 卷唯一作者，增补南海语言与马来亚语言比较语法。1843 年出版《马奎斯群岛语言与泰语概览》(*Aperçu de la langue des îles Marquises et la langue taïtienne*)，收录洪堡塔希提语(*Tahitian language*)词汇研究成果。1845—1862 年协助出版亚历山大·冯·洪堡巨作《宇宙：物质世界概要》，并编定浩繁索引目录，作为该书第 5 卷；支持洪堡编写"自然观"第三版（1849 年）。此外还参与门德尔松（Moses Mendelssohns）著作（7 卷，1843—1845 年）以及克里斯蒂安·奥古斯塔·海因斯（Christian August Heyne）《外语词典》(*Fremdwörterbuch*)（9 卷，1844 年）的出版①。

很显然，李凤苞只注意到布施曼与洪堡兄弟中亚历山大·冯·洪堡的关系，或许他当时压根就不知有洪堡兄弟，且两人在不同领域均声名远扬。他也未真正了解布施曼其人和其学术研究领域与专长，李凤苞所列布施曼所著《美国土番记》，应是《新墨西哥和英属北美西部的人民与语言》(Die Völker und Sprachen Neu-Mexico's und der Westseite des Britischen Nordamerika's)，为布施曼 1857 年在柏林皇家科学院所作语言学论文，与亚历山大·冯·洪堡的《宇宙》属不同学科，并非《宇宙》之续作；李凤苞因布施曼协助出版《宇宙》错将布施曼作为亚历山大·冯·洪堡地学学术传人，并为这一发现而欣喜不已、感慨良久。这成为《使德日记》中令人略感遗憾之处②。

―――――――――

① Johann Carl Eduard Buschmann. http：//www15. ovgu. de/mbl/Biografien/0343. htm（2021-5-26）

② 李凤苞的认识局限在某种程度是因为当时其德语水平有限，无法进行有效沟通。他在光绪四年十月初九日加赏二品顶戴，署理出使德国钦差大臣的谢恩奏底中透露："惟愧语言未习，资望尤轻，仰荷殊恩，试以专对，虽思竭诚图报，原敷同仁一视之恩，深虞扞格偶行，未尽修好睦邻之指。"（见陆德富、童林珏整理：《驻德使馆档案钞》上海古籍出版社，2020 年版，第 54 页）同年十月二十六日，李凤苞答拜柏林王室图书馆"正监督里白休士（即卡尔·理查德·莱波修斯 Karl Richard Lepsius，1810—1884 年）及其夫人"，与夫人谈及中国叶韵，因翻译问题，致使交流无法深入。"惜博翻译传述不明，无从索解。"（见《李凤苞往来书信 下》第 875 页）直到光绪五年十一月初十日，李凤苞上奏：出使各国所用洋翻译人员藉悉该国情形，以免语意隔膜，一时实不可少。奏调上海制造局四品衔翻译西士金楷理承充二等翻译官，以资差遣。（见《驻德使馆档案钞》，第 78-79 页）经 2 年多学习，李凤苞的德语进步很快。光绪七年闰七月初三日、八月初二日，李凤苞向奥君、荷兰国王呈递国书，并以德语致词，奥君口答曰："闻贵使在欧洲四五年，人所敬信，德语亦以娴习。"（见《驻德使馆档案钞》第 90 页）八月初三日荷兰王妃问李凤苞："德语是否在中国学的？"（见《驻德使馆档案钞》，第 97-98 页）李凤苞习德语甚至得到李鸿章的嘉许，光绪五年二月，李鸿章致函总理衙门："丹崖心气平和，诚笃耐劳，往来德国已久，熟人较多，物望允洽，近又勤习洋语洋文，办事颇能细意熨帖，不激不随，论其才具，实可胜公使之任。"（见《李文忠公全集 译署函稿卷八》，转崇明县政协文史资料委员会，崇明县档案局（馆）编辑《李凤苞——清末崇明籍外交官》，2005 年，第 112 页）光绪八年十二月，监察御史陈启泰参劾李凤苞，也不得不承认李凤苞："略通西语。"见陈启泰：《奏为特参出使德国使臣李凤苞罔遵定制请旨饬国事》，见光绪八年十二月十五日，中国第一历史档案馆藏军机处光绪朝录副奏折，档案号 03-5172-077。

5. 余　论

　　1875 年，清政府依国际惯例派遣常驻外国使节，标志近代中外关系进入新阶段。在出使办理外务的同时，总理衙门对使节要求："凡有关系关涉事件及各国风土人情，该使臣当详细记载，随时咨报……臣等查外洋各国虚实，一切惟出使者亲历其地，始能笔之于书……自当尽心竭力，以期有益于国……务将大小事件，逐日详细登记……即翻译外洋书籍、新闻纸等件……亦即一并随时咨送以资考证。"①清末留存下来的数量庞大的"官方日记"，是研究中外关系和中外历史的重要资料。受驻外使节职位、政见、学养、识见、兴趣、爱好、性格等因素影响，使节日记风格各异、内容庞杂。李凤苞作为晚清"技术型官员"，晚清知名舆地学者，自幼对地理表示出浓厚兴趣与天赋，出使期间，这一爱好丝毫没有减退：他向出使人员讲日本地理(光绪三年九月十八日)②、谈海洋洋流成因(光绪三年十月十六日)③、赴地理学会听斯坦利非洲探险讲座(光绪四年正月初六)④、将自己所绘《天下全图》交郭嵩焘查看(光绪四年五月十五日)⑤、"以影印舆图见示"曾纪泽(光绪五年三月十八日)⑥、从德国向郭嵩焘寄送"新刻舆地图一册"(光绪五年十一月廿八日)⑦、与德国地理学家畅述交流等。正因兴之所至，李凤苞才能在眼花缭乱的异国万象中，撷取德国地理学发展和地理学家的珍贵史料，使之成为晚清中外文化交流的生动见证。研究晚清官方日记，若能拓宽思维视界和学术视野，多层次、多角度、多方面分析出使官员的兴趣、爱好、学养、政见、习惯等因素，定会在晚清官方日记中解读出更丰富的信息，进一步推动晚清对外关系史和专门史研究的深入。

---

　　①　席裕福，沈师徐辑：《皇朝政典类纂五百卷》，载沈云龙主编：《近代中国史料丛刊续编》第917 辑，文海出版社，1969 年，第 11214 页。
　　②　郭嵩焘：《伦敦与巴黎日记》，钟叔河，杨坚整理，长沙：岳麓书社，1984 年，第 335 页。
　　③　郭嵩焘：《伦敦与巴黎日记》，钟叔河，杨坚整理，长沙：岳麓书社，1984 年，第 369-370 页。
　　④　郭嵩焘：《伦敦与巴黎日记》，钟叔河，杨坚整理，长沙：岳麓书社，1984 年，第 456-458 页。刘锡鸿，张德彝：《英轺私记·随使英俄记》，朱纯，杨坚校点，长沙：岳麓书社，1986 年，第 529 页。
　　⑤　郭嵩焘：《伦敦与巴黎日记》，钟叔河，杨坚整理，长沙：岳麓书社，1984 年，第 624-625 页。
　　⑥　曾纪泽：《出使英法俄国日记》，王杰成标点，长沙：岳麓书社，1985 年，第 189 页。
　　⑦　郭嵩焘：《伦敦与巴黎日记》，钟叔河，杨坚整理，长沙：岳麓书社，1984 年，第 1019 页。

参 考 文 献

[1]*Alexander von Humboldt*[N]. The Shanghai Evening Courier，1873-1-17(51).

[2]*Buschmann，Johann Carl Eduard*. URL：http：//www15. ovgu. de/mbl/Biografien/ 0343. htm(26. 05. 2021).

[3]*Eduard Buschmann*. URL：https：//de. wikipedia. org/wili/Eduard ＿ Buschmann (26. 05. 2021).

[4]*Johann Karl Eduard Buschmann Biography*. URL：https：//www. howold. co/person/ johann-karl-eduard-buschmann(25. 05. 2021).

[5]阿尔夫雷德·赫特纳. 地理学：它的历史 性质和方法[M]. 王兰生，译. 北京：商 务印书馆，2017.

[6]敖宇润. 博物大家海波儿传 *Alexander von Humboldt*[J]. 岭南学生界，1905(9).

[7]崇明县政协文史资料委员会，崇明县档案局(馆). 李凤苞——清末崇明籍外交官 [M]. 内部印刷，2005.

[8]地理说略[N]. 万国公报，1874(310).

[9]广东省社会科学院历史研究所，中国社会科学院近代史研究所中华民国史研究室， 中山大学历史系孙中山研究室. 孙中山全集第一卷[C]. 北京：中华书局，1981.

[10]郭嵩焘. 伦敦与巴黎日记[M]. 钟叔河，杨坚，整理. 长沙：岳麓书社，1984.

[11]杰弗里·马丁. 所有可能的世界(第四版)——地理学思想史[M]. 成一农，王雪 梅，译. 上海：世纪出版集团，上海：人民出版社，2008.

[12]经家龄. 高等小学地理教授用书[M]. 上海：普及书局，1907.

[13]刘锡鸿，张德彝. 英轺私记 随使英俄记[M]. 朱纯，杨坚，校点. 长沙：岳麓书 社，1986.

[14]陆德富，童林珏. 驻德使馆档案钞[M]. 上海：上海古籍出版社，2020.

[15]慕维廉. 地理全志 下卷[M]. 上海：墨海书局，1954.

[16]清实录(第53册 德宗景皇帝实录2卷65与卷141光绪四年至七年)[M]. 北京： 中华书局，1987.

[17]沈云龙. 近代中国史料丛刊续编 第917辑[C]. 台北：文海出版社，1969.

[18]史学之根本条件[J]. 汉声，1903(6).

[19]徐元基，季平子，武曦. 盛宣怀档案资料 第5卷 湖北开采煤矿总局·荆门矿务总 局[C]. 上海：上海人民出版社，2016.

[20]王扬宗. 关于清末口译与笔述译书法的初步探讨——以清末江南制造局翻译馆为中 心[J]. 日本学研究，2003(12).

[21]杨勤业，杨文衡. 中国地学史 近现代卷[M]. 南宁：广西教育出版社，2015.

[22]曾纪泽. 出使英法俄国日记[M]. 王杰成，标点. 长沙：岳麓书社，1985.

[23]张寄谦．中德关系史研究论集[C]．北京：北京大学出版社，2011．

[24]张文苑．李凤苞往来书信[C]．北京：中华书局，2018．

[25]赵尔巽．清史稿 第四十一册[M]．北京：中华书局，1928．

[26]中国大百科全书 第二版[Z]．北京：中国大百科全书出版社，2016．

[27]中国社会科学院近代史研究所翻译室．近代来华外国人名辞典[Z]．北京：中国社
　　会科学出版社，1981．

[28]《中华大典》工作委员会，《中华大典》编纂委员会．中华大典·文献目录典·古籍
　　目录分典·丛书、译著[Z]．桂林：广西师范大学出版社，2016．

[29]"中央"研究院近代史研究所．海防档 乙 福州船厂(二)[Z]．台北："中央"研究院
　　近代史研究所，1957．

[30]邹振环．晚清西方地理学在中国——以 1815 至 1911 年西方地理学译著的传播与影
　　响为中心[M]．上海：上海古籍出版社，2000．

文献翻译

瑞士盟约(1291 年)

译者导言

瑞士位于中欧，地处阿尔卑斯山和汝拉山地区，中世纪时是神圣罗马帝国的一部分。到了 13 世纪，瑞士分属多个封建领主统治，其中最大的领主就是统治瑞士中北部地区的哈布斯堡家族。由于地处山区，远离政治中心，且地理条件恶劣，瑞士人形成了自治和互助的传统。为了维护自治权利，1231 年和 1240 年，临近四森林州湖的乌里和施维茨分别从神圣罗马帝国皇帝那里获得帝国直辖权。

1254 年至 1273 年，神圣罗马帝国陷入"大空位时代"，各地的自治倾向进一步增强。1273 年，哈布斯堡家族的鲁道夫一世当选为国王后，通过派驻官员等方式加大了对瑞士地区的控制，乌里和施维茨通过帝国直辖权获得的自治权受到了很大的限制。1291 年 7 月 15 日，鲁道夫一世去世。乌里、施维茨和翁特瓦尔德三个地区为了摆脱哈布斯堡家族的控制，于该年 8 月初在四森林州湖畔的吕特利(Rütli)草地缔结同盟，达成了盟约。

中世纪战争频繁，为了维护和平秩序，一些地区之间结盟是一个很普遍的现象。当时的盟约一般包括四个部分：1. 监督权(Mahnrecht)，即强制执行结盟条款的形式；2. 相互帮助的义务；3. 关于裁判和法庭；4. 维护和平。① 这四点在 1291 年盟约中都得到了体现。

该盟约的序言部分开宗明义，阐明盟约的主要目的是巩固和平、维护人的尊严和公共福利。实现和平有两个层面，一是抵抗外部的侵略，盟约第 1 条规定了相互帮助，抵抗强权的义务；二是维护内部的和平，这首先依赖于传统秩序的维护，盟约第 3 条对缴纳传统赋税等义务的强调，表明他们并不反对传统的统治秩序。其次，则是消弭现有秩序中的冲突和矛盾。盟约第 4 至第 10 条都是关于法庭和解决争端的规定，将保护民众的生命权和财产权放在首位。盟约反对贿选和外来的法官，规定在同盟内部解决争端，

---

① Herausgegeben von der Stiftung Historisches Lexikon der Schweiz, *Historisches Lexikon der Schweiz*, Band 3, Basel: Schwabe Verlag, 2003, S. 5.

表明了他们追求自治的理念，并积极维护法官的权威。由于该盟约既有维护传统秩序的条款，又有反对外来法官这一"与传统习惯决裂，基本上限制封建权利"的条款，瑞士历史学家威廉·马尔登认为这是一种"灵活形式下采取的'革命的政治措施'"。① 第 11 条规定了惩罚不遵守盟约的行为，体现了监督权。

从第 2 条来看，该盟约是对以前盟约的更新和巩固。这表明在此之前，还有更古老的盟约。但该盟约是目前找到的最早的盟约。

中世纪的盟约一般会规定结盟的期限，1291 年瑞士盟约的结尾强调要"永久存续"，在当时是很少见的。这表明了三个地区结为永久同盟的决心。最后，盟约加盖三个地区的印章。印章是权力的象征，这表明三个地区都已建立了规范的权力组织。

同盟的发展引起了哈布斯堡家族的警惕。1315 年，利奥波德公爵率军进攻同盟，遭到了同盟一致的反抗，三个地区的农民军在莫尔加滕战役中打败了利奥波德公爵的骑士部队，震惊欧洲。盟约经受了战火的考验。之后，各地区又签订了一系列新的盟约，同盟不断扩大，最终建立了现代的瑞士联邦。

1724 年，该盟约在施维茨档案馆中被发现，1760 年被发表，日益受到重视。历史学界曾对这份文件的真实性或撰写年份表示怀疑，有学者认为"很可能是 1309 年甚至更晚撰写的"。② 但从瑞士主流的舆论来看，该盟约被视为瑞士建国的重要文献，也被称为"《联邦宪章》"（Bundesbrief）。1891 年，在永久同盟建立 600 周年之际，瑞士举行盛大的纪念活动，将 8 月 1 日设立为国庆日。

1936 年，瑞士在施维茨州建立联邦宪章博物馆（Bundesbriefmuseum），收藏了 1291 年盟约等早期建国文献和文物。该盟约原文为拉丁文，现根据德语版本翻译为中文。③

译 文

以上帝之名，阿门。为维护人的尊严和公共福利，我们结为同盟，以此巩固应有的安定和平状态。

（1）所有人都应知悉，鉴于这个时代充满恶意，乌里山谷的所有人、施维茨山谷的农村社区（Landsgemeinde）和下山谷森林社区④，为了保卫自身及财产，更好地维护应有的地位，彼此忠诚地承诺，在山谷内外，用生命和财产以各种方式提供帮助、建议和支持，用所有的力量和努力，反对强权，反对任何针对他们或他们之一的邪恶行为。每

---

① 端木美：《瑞士文化与现代化》，沈阳：辽海出版社，2006 年，第 13 页。

② 克莱夫·H. 彻奇、伦道夫·H. 海德：《走向中立瑞士史》，周玮、郑保国译. 北京：东方出版中心，2020 年，第 23 页。

③ 文献来源：Jean-Marie Moeglin & Rainer A Mülle（Hrsg.），*Deutsche Geschichte in Quellen und Darstellung*，Band 2，Stuttgart：Philipp Reclam jun.，2000，S. 93-96.

④ 即翁特瓦尔德（Unterwald）。

个地区都宣誓，在任何必要情况下，自己承担费用，帮助其他地区，抵制坏人的攻击，并进行报复。

（2）他们用身体立下誓言，没有私心，用最新的誓言更新和强化旧的誓言。

（3）每个人都应坚守各自的岗位，履行对领主的义务，缴纳赋税。

（4）我们也共同建议，一致鼓掌同意，决议并规定，在山谷中，不以任何方式接受和承认以任何价格或任何方式用钱买下这个职位的法官，或者不是我们同胞的法官。

（5）同盟内部如产生任何争议，同盟中最明智的人应出面调解，以恰当的方式，消除各派之间的怀疑。拒绝接受调解的一方，其他同盟成员应予以抵制。

（6）最重要的是还确定，狡诈地滥杀无辜的人，被抓捕后，将根据其罪行被处死，除非他能证明自己无罪。逃犯永远不得返回。包庇罪犯的人将被禁止进入山谷，除非他们被联盟特意召回。

（7）如果有人在白天或黑夜纵火伤人，将不被视为同胞。而且，如有人在山谷中包庇窝藏罪犯，应补偿受害人。①

（8）同盟成员如抢夺或以其他方式损害了其他领地，它在山谷里的财产被发现后，应根据正义原则，用于补偿受害人的损失。

（9）除非被确认为债务人或担保人，且得到法官的特别允许，任何人都不得扣留其抵押品。

（10）此外，每人都应该服从法官，如有必要，应在山谷向法官申明，将在法官面前坚持正义。当有人不服从判决，而伤害到他人利益，同盟有义务督促前者进行赔偿。

（11）如同盟内部发生战争或争议，如一方拒绝遵守法律或提供赔偿，同盟有义务保护另一方。

为了共同的利益和福祉，按照上帝的意志，以上条款永久存续。应上述各方要求，制定本文件，并加盖三个地区与山谷的印章以确认。

签订于公元 1291 年 8 月初。

---

① 该德语版原文没有第 7 条，现按盟约其他版本，从第 6 条中分列出第 7 条。参见：A. Morin, *Abriss der politischen Geschichte der Schweiz*, Leipzig：Verlagsbuchhandlung von J. J. Weber, 1858, Anhang, S. 4.

沃尔姆斯帝国议会上帝国等级向皇帝 呈递的冤情陈述书(1521 年)①

云南大学　钱金飞　熊松龙　译

译者导言

1517 年 10 月 30 日，马丁·路德印出了自己的《关于赎罪券效能的论纲》(*Disputatio pro declaratione virtutis indulgentiarum*)，即"九十五条论纲"，在第二天致信美因茨大主教阿尔布莱希特时，附上了这一论纲，从而揭开了 16 世纪欧洲宗教改革运动的序幕。在 1518 年 10 月奥格斯堡帝国议会即将结束时，马丁·路德接受教皇特使、红衣主教卡耶坦的质询，为自己的宗教主张进行辩护，认为教皇不是教会的最高权威，也会犯错误，公会议和《圣经》的权威高于教皇的权威。对于 1517 年之后的德意志民族神圣罗马帝国皇帝马克西米利安一世而言，他最关心的是如何确保自己的孙子查理被选为继任的皇帝，这也是他召开 1518 年奥格斯堡帝国议会的主要目的，因而他无暇关注和处理路德事件，马克西米利安一世皇帝也在奥格斯堡帝国议会结束后不久(1519 年 1 月 12 日)就去世了。1519 年 6 月 28 日，查理五世被选为德意志国王，并于 1520 年 10 月 23 日在亚琛加冕为"当选的罗马皇帝"。1519 年 6 月 27 日至 7 月 15 日，马丁·路德、安德里亚斯·卡尔施塔特、菲利普·梅兰希顿等人参加了与约翰·艾克在莱比锡的辩论。1520 年 6 月 15 日，罗马教皇发布名为《主啊！请您站起来吧》(*Exsurge Domine*)的教皇敕令，列出了 41 条马丁·路德作品中所有问题的主张，要求马丁·路德在敕令公布之后的 60 天内撤回自己的错误，否则将被处以绝罚。马丁·路德便在 1520 年 6 月至 10 月期间，先后发表了《为改善各阶层基督徒的状况而致信奉基督教的德意志贵族书》(An den christlichen Adel deutscher Nation von des christlichen Standes Besserung)、《论教会的巴比伦之囚》(De Captivitate Babylonica ecclesiae)、《论基督徒的自由》(Dissertatio de libertate Christiana per autorem recognita)，全面系统地阐述了自己的神学主张，并在 1520 年 12 月 10 日公开焚毁了教皇的敕令。1521 年 1 月 3 日，马丁·路德遭到了绝罚。②

---

① 这份冤情陈述书被收录在 1896 年在哥达出版的《德意志帝国议会档案：第一帝国，第 2 卷》(*Deutsche Reichstagsakten*，*Jünger Reiche*，II. Gotha：Friedrich Anderas Perthes，1896：670-704.

② 参阅林纯洁：《马丁·路德年谱》，武汉：武汉大学出版社，2023 年，第 62-63 页，72-76 页。

1521 年 1 月 23 日，查理五世皇帝来到德国，准备出席 1 月 28 日在沃尔姆斯召开的帝国议会，这也是他第一次与帝国等级正式会面。由此可见，自 1517 年 10 月至 1521 年 1 月期间，虽然马克西米利安一世皇帝曾经在奥格斯堡帝国议会上(1518 年 8 月 5 日)确实宣布路德为异端，[①] 要求罗马教皇镇压路德的错误学说，但帝国等级并没有就路德问题形成一致的意见，随着马克西米利安一世几个月之后就去世，路德宗教改革的活动并没有因此而停止下来。当选的查理五世皇帝怀有严格的传统的罗马天主教信仰，他是在中世纪意义的基础上理解皇帝的权威性和皇帝所具有的保护教会和教皇的义务，因此他本人是愿意抵抗路德宗教改革的。既然教皇已经绝罚了路德，那么根据传统的帝国法原则：一个被绝罚的人也将失去世俗社会上的一切权利，因此 1521 年 1 月 28 日到 5 月 25 日召开的沃尔姆斯帝国议会就需要如何处理路德给出明确的态度。罗马教皇派出特使来劝说皇帝、诸侯和帝国等级其他成员，要求他们迅速而坚定地镇压路德的运动。在查理五世皇帝作出决定之前，帝国各等级提醒教皇代表和查理五世皇帝：德国的普通老百姓非常激动，他们很支持路德，民众们对于教皇的许多做法很有意见，因此帝国有必要对那些"由罗马教皇强加给帝国的种种压迫性负担和欺骗"进行反击，因此皇帝应该亲自听一下民众和马丁·路德的意见。查理五世皇帝同意了帝国等级的建议，要求帝国等级将民众们的意见整理出来。教会选侯、世俗选侯和诸侯便组成了一个专门的委员会，起草并向查理五世皇帝提交了一份《德意志人民对罗马教皇的冤情陈述书》。通过分析这份冤情陈述书，我们可以看出帝国等级对路德、对罗马教皇和在德国开展宗教改革的基本态度。1523 年的纽伦堡帝国议会上，帝国等级再次完善这份冤情陈述书，以便能够将这份冤情陈述书提交给罗马教皇。[②]

1521 年的这份"冤情陈述书"，反映了帝国等级基本上接受了马丁·路德关于赎罪券的思想，也表明了帝国等级对于罗马教皇的反对，以及他们希望在整个帝国开展宗教改革的愿望。大家可能会发现，这份冤情陈述书是因为要处理路德才提出的，但为什么在冤情陈述书中却丝毫没有提到马丁·路德？可能的原因是：马丁·路德毕竟是一个遭到教皇绝罚的人，在帝国议会中，是不便公开支持马丁·路德的。此外，查理五世皇帝的态度如何，也是帝国等级们需要考量的。正是出于这些考虑，这份冤情陈述书虽然没有公开支持马丁·路德，但却接受了马丁·路德关于赎罪券的思想，将赎罪券视为教皇骗取普通民众钱财的手段。(见《冤情陈述书》第 22 条)。此外，帝国等级也明确指出，罗马教皇滥用"特赦"的目的就是为了榨取钱财，而这种"特赦的滥用"又鼓励了各种邪恶的、非基督徒的生活方式在德国的流行(见《冤情陈述书》第 19 和第 91 条)。《冤情陈述书》还充分揭露了罗马教廷为榨取德国教会和民众而采取的种种欺骗性手段、当时德

① 林纯洁：《马丁·路德年谱》，武汉：武汉大学出版社，2023 年，第 47 页。

② 经过修改和完善的、1523 年向纽伦堡帝国议会提交的冤情陈述书收录于《德意志帝国议会档案：第一帝国，第 3 卷》(*Deutsche Reichstagsakten*, *Jünger Reiche*, *III*. Gotha: Friedrich Anderas Perthes, 1901：645-688.

国教会中存在的诸多弊端，指出这些弊端都与罗马教皇有关，认为需要在德国开展宗教改革。

正因如此，帝国议会才会在查理五世皇帝已经明确表明自己维护罗马天主教，反对马丁·路德的立场之后，采取了一定的"软抵抗"，消极执行《沃尔姆斯帝国敕令》。而沃尔姆斯帝国议会之后德国宗教改革得到存续并有所发展，也印证了上述判断。

1521 年 3 月 6 日，查理五世皇帝便给马丁·路德发出了参加沃尔姆斯帝国议会接受质询的"安全通行证"，马丁·路德也在 4 月 17 日和 4 月 18 日两次出现在帝国议会上接受质询，为自己的言论进行辩护，马丁·路德表示："除非用《圣经》的明证或清晰的理性说服我，因我被自己引用的《圣经》所束缚，我的良心也被上帝之道所左右，因而我不能够也不愿意撤销任何东西，由于违心之事既不安全，也不适当。我别无选择，这就是我的立场。"①

查理五世在质询之后的第二天(4 月 19 日)就表明了自己支持罗马天主教、反对路德的立场。查理五世皇帝派人向帝国议会送来亲笔信，宣布自己忠于罗马天主教信仰，将维护罗马教会，反对异端路德，但他表示，自己将履行之前向路德给出的安全承诺，让德回到自己的出发地，但禁止路德沿途再宣讲任何的教义。

对于查理五世皇帝的表态，帝国议会也迅速作出了反应，他们在查理五世皇帝表明自身立场之后的第二天(即 4 月 20 日)也表明了自己的意见，要求成立专门的委员会，再给路德一次接受质询的机会。4 月 23 日至 24 日，路德再次接受质询，但他仍然不愿意放弃自己的主张。4 月 25 日晚上，查理五世皇帝派人通知路德，要求他在 21 天之内返回自己的家中，沿途不能布道和写作，路德同意了，并在第二天(4 月 26 日)离开沃尔姆斯。4 月 30 日，查理五世通知帝国议会，作为教会的保护者，他将对路德采取行动，也正是在这种情况下，帝国议会才表示同意查理五世皇帝的决定。②

尽管 1521 年沃尔姆斯帝国议会颁布了禁止路德教传播的"帝国敕令"，但这份敕令并没有得到真正的贯彻和执行。沃尔姆斯帝国议会之后的几年中，虽然路德及其追随者被剥夺了帝国法律的保护，但路德掀起的宗教改革运动的发展却没有受到太多的限制，反而在顺利进行，并不断壮大。其中的原因很多。虽然这与查理五世皇帝在帝国议会结束后不久就离开德国直到 9 年后才重返德国有关，也与哈布斯堡家族为了反对土耳其人入侵而需要得到帝国之内尽可能多的帝国等级成员的支持有关，但也与大多数帝国等级成员基本上支持路德、反对罗马教皇和要求在帝国境内开展宗教改革的基本态度有关，正因如此，帝国等级才不愿意为帝国执政府在镇压路德派宗教改革的问题上提供实质性

---

① 马丁·路德：《路德文集》第一卷，路德文集中文版编辑委员会编，上海：上海三联书店，2005 年，第 597 页。

② 参阅林纯洁：《马丁·路德年谱》，武汉：武汉大学出版社，2023 年，第 84-86 页。

的帮助。①

可以说，1521 年沃尔姆斯帝国议会期间帝国等级向查理五世皇帝提交的这份冤情陈述书，是解读 16 世纪 20 年代初帝国等级对马丁·路德、罗马教皇和在德国开展宗教改革立场的一把钥匙。这份冤情陈述书被杰拉德·施特劳斯（Gerald Strauss）翻译成了英文，收录在其主编的《宗教改革前夕德意志的冤情陈述书》②之中，施特劳斯对冤情条款做了少量的删减，但保留了帝国议会法案中冤情陈述条款的序号，本文就是根据杰拉德·施特劳斯的英译版译出。

译　文

罗马帝国的皇帝陛下希望帝国的选侯、诸侯和等级议会告诉他由神圣的罗马教皇以及其他教会人士压在德意志人民身上的负担。为了让陛下知道我们的建议和如何才有可能消除这些负担，我们很快便拟定了如下要点，首先就从有关神圣的教皇陛下的所作所为开始。

1. 首先就是关于将世俗案件被移交到罗马审理

我们最为神圣的圣父教皇，听从了他的神父们的妄言，使无数的人因为继承、抵押等世俗事务而到罗马去受审，这种行为削弱了世俗当局的能力。我们请求皇帝陛下开始禁止任何人，无论是世俗人士还是教会人士，因为任何事务，无论是宗教事务还是世俗事务，而被传唤到罗马接受预审，而是确保他首先出现在他本人所在省份的主教或执事长面前接受审判。如果是一个俗人，并且是因为世俗的事务，就应当到诸侯、政府，或者是能力合格的直接派任的普通法官面前接受审判。

2. 关于教皇任命的法官问题

教会诸侯和高级教士通过教皇的任命在他们自己的教区获得了隐修会会长或者修道院院长的职位，成为该教区享有处理一切法律事务司法权的法官。这些法官被称为教皇任命的法官"conservators"，虽然当地的世俗法庭有权审理这个案件，但由教皇任命的法官们还是就世俗的事务传唤世俗人士、贵族和普通人到他们面前为针对自己的指控出庭辩护。任何拒绝他们传唤的人都会被他们革除教籍；可以举出许多这种行为的例子。就这样，世俗的裁定和世俗的案件被交于教会法庭审理了，不用说都可以知道，这样的评判和审理是带有偏见的。因此，帝国的宪法遭到了破坏，因为我们的法律明确规定，任何人都不应当被剥夺在直接派任的法官和法庭里接受审判的权力。

---

① 参阅孙立新：《德国通史：信仰分裂时代（1500-1648）》，南京：江苏人民出版社，2019 年，第 215-216 页。

② Translated and edited by Gerald Strauss, *Manifestations of Discontent in Germany on the Eve of the Reformation*, Bloomington：Indiana University Press，1985：52-64.

3. 关于教皇的代表和特使

任何教会人士，只要他向教皇申请，教皇陛下都会授予他特别的、成为教皇代表或者特使法官的权力。经过这些权力的武装，这些教士就能够将任何等级的世俗人士传唤到他们庭前，他们可以通过革除教籍的威胁来防止自己的失败……

5. 关于死于罗马或者在去罗马的路上的教会人士

教皇陛下曾经发布谕令，无论何时，凡死于罗马，或死于前往罗马路上的教士，无论其与教皇的亲疏程度如何，也无论其职位和圣俸的大小多少，都应完全收归教皇所有。这样做的结果就是许多教会和世俗的资助者以及忠诚的君主们的权力都因为被抢走而遭到损失。

7. 罗马经常将圣职授予那些不称职的人

罗马经常将德国的教职授予诸如猎枪手、养鹰人、面包师、赶驴者、马夫等不合格的、没有受到教育的、不合适的人。他们中的绝大多数连一个德语单词都不会，他们从来都不履行与自己圣职相关的职责，而是将它们转移给那些卑微的、满足于那份微薄薪水的代理神父去办理。因此，德国的世俗人士既不能从教会那里得到精神上的关心，也不能得到世俗的建议，可是我们大量的财富每年都在几乎得不到任何的回报的情况之下再也不复返地流到了意大利。我们以为：德国的教职只应当授给德国人，还应当要求任何被授予教职的人都居住在自己被授教职的地区之内。

8. 不应当干涉古老的自由

一个因拥有教皇特权而可以授予别人圣职的人，其权力既不应当被剥夺，也不应当屈服于法律上的压力而放弃这种权力。取消这些古老特权的教皇的文告或饬令应当被宣布为无效。

9. 关于首岁所得税(**Annates**)①

以前的时代，皇帝只是在非常有限的几年中，只是为了阻挡土耳其人和支持基督教王国，才允许帝国之内的神职人员向罗马缴纳首岁所得税的。但随着时间的推移，首岁所得的支付竟然发展成了一种常规性的习惯，并且，就像我们大家都知道的那样，它一直都是德意志人们身上的一项沉重的负担……

10. 首岁所得税的数量在不断增长

首岁所得税征收的数量几乎每天都在上涨，它们的征收也从大主教区和主教区的神父职位扩大到修道院、小女隐修院、教区和其他教会的神父职位……虽然原来的规定从

---

① 《简明不列颠百科全书》将"annates"译为"首岁所得税"。指新就任的教会神职人员从其第一年的俸禄中抽出向主教或者教皇贡纳的赋税。这种赋税从未普遍有效地实行，而且遭到严重反对。从本文的具体情况来看，这里的"首岁所得税"应当指向教皇贡纳的赋税。关于"annates"的翻译. 有不同的译名，如龙秀清先生则在自己的《西欧社会转型中的教廷财政》一书中将其译为"年金"，本人采用《简明不列颠百科全书》的译名，参阅《简明不列颠百科全书》第 7 卷，北京：中国大百科全书出版社，1985 年，第 336 页；龙秀清：《西欧社会转型中的教廷财政》，济南：济南出版社，2001 年，第 316 页。中文译者注。

美因茨、科隆和萨尔茨堡以及其他大主教区抽走了不超过一万古尔盾的披肩费，但现在没有两万到两万四千古尔盾是不可能将大披肩拿回家的。

11. 关于罗马使用的新手段

主教职位批准费和大披肩费不断上涨的主要原因是罗马的官员数量，如侍从、持盾者以及其他人员的增多。为了支付这些人员的薪水，我们的主教属民们必须缴纳税收和贡金。除此之外，罗马还可以通过许多比较狡诈和新鲜的手段来榨取钱财，以下就是一些非常特别的手段：教皇给一种新当选的主教以特别的许可，准许他不用现金，而是在某个规定的时刻以某些担保人的财产抵押的形式支付大披肩费。突然，在没有任何理由的情况下，教皇将这些人开除教籍，但几乎同时，又赦免了他们。但为了获得这次赦免，新当选的主教必须支付 300 到 500 达卡特(ducats)。① 我们已经知道，我们的圣座在今年又发明了几个新的官职，现在有 150 多个侍从来服侍他。而这些侍从又是靠教会圣职的薪俸来过日子的，可是圣俸的钱又是由德意志民族供给的。

12. 关于"委身"(Commendation)和"合并"(Incorporation)

需要指出的是，大量的大隐修院、隐修院和其他教会的房产都已经沦落到了枢机主教、主教和其他高级教士的控制之中了，或者就像他们所说的那样，这些房子都被"委托"给他们了，或者是被他们"合并"了。结果，帝国和诸侯的捐赠变成了废墟，教会的服务也被打了折扣，因为先前可以为 40 到 50 个僧侣提供住宿的修道院现在只能为更少的人提供住宿了。枢机主教们按这样的原则行事：僧侣越少，利润越高。

13. 关于教皇办事处(the Papal Chancellery)的规章

这些规章现在被删改得只对罗马的弄臣们有利了。这些规章被不停地修改或者重新解释，其目的就是为了将教会的采邑，特别是德国的采邑，弄到罗马人的手中，为的就是迫使我们从罗马购买或者租用这些采邑。这种行为不但违反了有关的法律，而且还违背了公正的指导原则。

14. 关于保留(Reservation)、退还(Regression)、合并(Incorporations)、和睦(Unions)、罗马与各政府之间的协定(Concordats)

一旦涉及这些常规，教皇陛下就变得贪得无厌了。教皇天天都在设计新的花招，以保证他从德意志榨取钱财和进一步破坏圣事……

18. 关于教皇妨碍主教选举

教皇擅作主张地阻碍、限制、拒绝我们主教座堂的主教、修道院院长、执事长等的自由选举。取而代之的是他将这些职位分配给他喜欢的人，他还削减根据教会法选举产生的主教的数量，用红衣主教会议任命的(per confirmationem consistorialem)②其他人来

---

① 旧时曾经在欧洲的一些国家使用的金币，英译者注。

② per confirmationem consistorialem：指由红衣主教会议，如枢机主教团所进行的任命，英译者注。

取代根据教会法选举产生的主教。

19. 关于教皇的特赦和赦免

教皇和主教们给他们自己留有了赦免某些罪恶和违背道德行为的特权，就像他们所说的那样，只有他们才可以赦免这些罪恶。无论何时，只要这样的"案件"发生，人们都是希望得到特赦的。而且人们也发现，只有金钱才能为他带来宽恕。同样，除非有黄金，罗马是不会发出特赦的。一个没有钱的穷人是不可能指望自己的问题得到解决的。一个有钱人，用一笔钱就能够获得教皇的特许状，这份特许状将宽恕他在未来可能犯下的任何罪行，如谋杀、作伪证。所有这一切都表明罗马的贪婪是如何在现实世界中引发罪恶和堕落的。

20. 关于教皇的弄臣们的抢劫行为

德意志人民深受教皇和一心想抢占我们土地上教职的罗马教廷成员的贪婪之苦。这些教廷的弄臣们，强迫那些诚实正直的，并且在他们的职位上无可挑剔的老教士们，到罗马去遭受那些令人不齿的蒙骗。他们必须在那里等到罗马想得到的东西。罗马通过所谓的"教廷法规"、圣职保留和退职津贴等方式获得它想要的东西。他们不但不管以前的协议，而且还用新协议来替换旧协议。通过这样的方式，那些正直的、没有受过教廷诡计考验的老教士们，无论他们怎么申辩，通过未定的判决（Lite pendente）①，他们的教职就被骗走了。

21. 通过教皇熟悉（papal familiarity）的口号，可以得到许多的教职

比较好的、好处很多的教职落入了那些形形色色的申请这些职位的或者是教皇的好友的手中。他们通过"In Commendam"②或"临时地"（provisionally），或者通过"退还"（regression）、"保留"（reservation）、"退职金"（pension），或者通过"不相容"（incompatibility）等使我们国家的教职（benefices）日益减少并落入罗马人手中的方式获得享有圣俸或者教职权力。

22. 关于赎罪券

我们也认为，教皇批准在德国销售那么多的赎罪券会遭到最为强烈的憎恨，通过这种行为，天真幼稚的老百姓很容易就会被误导，他们的钱财很容易就被骗走了。当教皇陛下派遣大使或特使到一个国家的时候，他授予他们发行赎罪券和将销售赎罪券所得的一部分用来作为他们旅途花销和薪水的权力……主教和地方上的世俗统治者也因为帮助教皇大使安排销售赎罪券而分到一部分的收入。但是所有的钱都是从那些贫苦的老百姓和不能看穿教廷狡猾欺诈的、思想单纯的人手中骗来的。

---

① Lite pendente：指尚未决定的判决，英译者注。

② In Commendam：由于某个不能，或者是不胜任与该项圣职相关的任务，而由别人来享受这个圣职的收入，英译者注。

23. 关于托钵僧、沿街兜售圣徒遗骨者和贩卖神奇药物的人①

这些下贱的人在我们国家的土地上来来往往，不断地乞讨、收集和出售赎罪券，从我们的老百姓身上榨取了大量的钱财。我们认为，应当防止这些小贩进入我们的国家……

31. 有些教会人员在行为不端时是如何逃脱惩罚的

一个担当圣职的教士穿着俗人的衣服，为世俗的事务在这个世界上到处游荡，如果他因为某项指控而被带到世俗的法庭之上并因此遭到拘留，他只需要说："我是一个担当了圣职的(教士)"，并且要求移交到教会法庭，那么他就可以自由了。他的主教全然不顾这样的事实(即不进行剃度和穿着俗人衣服的人是要进行逮捕的)而支持他。如果世俗法庭不在 24 小时之内释放他，那些世俗法庭的法官们就会被革出教籍。这种做法难道不是注定要鼓励教士们行邪恶之事吗？不管他们犯了什么罪，教会法庭都让这些人逍遥法外，这种情况不是越来越多吗？

32. 世俗财产是如何落入教会手中的

既然在教皇的指令之下，教会各等级决不能将教会的动产和不动产出售或者转让给世俗人士，那么我们认为：由皇帝陛下为世俗各等级颁布一个相应的法律也是合情合理的。即任何世俗人士都不得将他的任何动产转交给任何的教会人士或机构，该禁令也适用于作为遗产的不动产。如果不立即制定这样的法律，随着时间的推移，世俗的财产完全有可能全部落入教会的手中……神圣罗马帝国的世俗等级逐渐将完全对教会负有义务。

37. 教会法庭支持犹太人的高利贷

人人都知道犹太人在德国放高利贷的行为经常使基督教社会贫穷和腐化基督教社会。但是无论何时，一旦世俗当局开始控制犹太人，后者就会向教会法庭寻求帮助，这使得基督徒被革除教籍。尽管借债人发誓说，自己欠犹太人的钱不是通过高利贷的形式获得的，但是法庭完全知道，不进行高利贷，犹太人是不会借钱的，法院还知道，那些穷人们，由于特别需要钱，他们是在为自己作伪证啊！在涉及高利贷问题上，教会法和世俗法都禁止给高利贷者予以司法和其他形式的帮助，但是主教和高级教士们却允许这样做。

39. 罪人可以通过支付罚金来免除精神上的悔过

虽然应当让每个罪人都进行精神上的忏悔，但目的只应当是拯救他们的灵魂。可是教会法官现在却倾向于将悔过弄得如此难以克服，以至于罪人被迫通过出钱来买得解脱，通过这种做法，数不清的钱财流入了教会的财库之中了……

---

① 德语中用来描述这些行为的词是"Stationierer"，这个词来自拉丁语中的"stationarius"，即商人。这里特指，并且是带有一定贬损意味地指那些为了治病和赎罪而展示圣徒遗物的云游僧人。英译者注。

43. 不分青红皂白就施以绝罚，即使是因为微不足道的小事也是如此

尽管进行精神上的谴责和绝罚的最初和最真实的目的是为了帮助和引导基督徒的生活和信仰，但是现在这种武器却给我们带来了极其严重的债务负担，其中的一些人被弄得身无分文，或者在归还了最主要的罚金之后，已经没有上缴法院或者管理的费用了。通过这些步骤，穷人们维持生命的血液都被吸干了，那些纯朴未受过教育的俗人，由于被逐出教会而精神错乱了……

47. 关于不合适的停圣事(interdict)①和终止圣事的服务

如果一个神职人员被一个俗人伤害，或者被一个俗人打死，即使是在自卫或者其他法律上可以原谅的情形之下发生了这样的事，停圣事也会下达给这件事发生的城镇或者村庄的。停圣事将一直有效到犯罪的一方，或者是城市的议会或者公社声称对此负责为止。而且，尽管教会自己的法律禁止不能因为债务或者其他和金钱有关的事务而停圣事；但是他们还是通过声称"不顺从"(insubordination)才是停圣事的真正原因，从而避开这项禁令。

50. 他们要求分享朝圣者的奉献(pilgrim's offerings)

在某些主教管区，教士要求得到来圣地朝圣的人所奉献的所有物品中的三分之一或者是四分之一。这样的要求在教会法中是找不到任何根据的。

54. 我们土地上云游的托钵僧太多了

德国的穷人正遭受数量多得惊人的托钵僧人，特别是被那些属于托钵僧人团体、违反自己规则的行乞修士进行极其可怕的压迫。在一些村庄和城镇中，总有两个、三个或者是四个这样伸着手到处游荡的云游僧人，那些捐献本应归于那些又穷又老、再也不能养活自己的家长们，可是现在却落入了这些僧人们的口袋之中了。为了得到部分的捐赠，主教们宽恕了这种行为。

56. 太多的神父被授予教职，其中许多人都是不学无术和不合格的

大主教和主教一直都在任命一些既下贱又没有受过教育，而且其申请担当教职的原因就是因为自己生活很贫困的人担当教职。这样一些人，要么是由于其地位低地下，要

---

① 在《简明不列颠百科全书》中，interdict 被翻译为行政禁令，对此的注释为：在罗马法和民法法系中，指行政长官就其权力范围之内所发布的补救办法，以补救违反民法时尚未规定救济办法的情况。这种禁令可以是临时性质的(为今后的诉讼作准备)，也可以是最终性质的禁令……在天主教会中，禁令涉及阻止某人参加某种圣礼，甚至阻止某地区设置教士职务，通常是强制某种形式的服从。对国家、对主教管区施加禁令的权力属于教皇及教会的总委会，但个别的教区，团体或者个人可以由本地的主教给予禁令的处分。在整个中世纪期间，禁令常常不是实际上被用作，就是威胁性地被用来作为对付跋扈君主的手段。在任继愈先生主编的《宗教词典》中，interdict 则被翻译为"停圣事"，对此的解释为：天主教会对神职人员和教徒的一种处分，在未获宽免之前，禁止施行或领受圣事。主教有权对所辖区之内的个别教徒或教堂行使这种处分。对一个教区或者更大地区作此处分之权则属于教皇。在这里所指的应当就是停圣事的处分。参阅《简明不列颠百科全书》第8卷，北京：中国大百科全书出版社，1985年，第674页；任继愈主编：《宗教词典》，上海：上海辞书出版社，1981年，第958页。中文译者注。

么是因为一些天然的、试图过一种粗鲁和不体面生活的邪恶倾向，这使整个教会声名狼藉，为普通大众树立了一个非常坏的榜样。在进行任命之前，主教还是不得不为此向六个证人咨询意见。但是，现在的情况是，这些目击证人形同虚设，他们从来就没有看到或者是听说过这些将要被授予圣职的人。因此，对他们而言，我们基督教的法律不过就是一种虚假的托词和欺骗的伎俩了。

58. 主教应当经常举行宗教会议

如果主教们就像教会法要求的那样，能够履行他们的义务，与他们的高级教士和教会民众们会面，以求得所有到会教士的建议和帮助，那么上述缺点无疑是可以减少的。

62. 普通大众需要出钱才能得到列队行进（processions）①和祷告

神父们要为列队行进和做圣事而收取特别的费用，他们已经习惯于通过这种收费而给他们的羊群增加一种特别的负担。而这些收费是留给神父们的。他们甚至为难穷人，他们没钱购买在自己朋友和亲人的周年祭日中所需要的特别祈祷，他们欺骗这些穷人们说，唱一次弥撒需要缴纳几个便士的费用，并且欺骗他们说，祭日中至少应该做一次弥撒。尽管他们知道，他们的圣职使他们有随时都应当做周年祭日弥撒的义务。可是，每做一次弥撒，教士马上就可以得到两份或者三份的报酬。

63. 神父们要求任何离开教区的教区居民缴纳费用

如果一个男人或者女人因为结婚而需要转到别的教区，他（她）的神父就要求他（她）缴纳一古尔盾的离境费。该教区居民没有任何办法，只得照付，因为如果他（她）拒绝，就会被剥夺参加圣事的权利。

64. 在某些情况之下，必须为死者的下葬而缴费

如果发现死者是在可疑的环境之下身亡的，如被淹死、被谋杀，但不一定是死于十恶不赦的大罪，教会将拒绝给予死者以合适的安葬，除非他们的朋友或者是亲人去通融神父。

66. 一些神父的行为就像俗人一样，有人还看到他们在酒馆中打架

绝大多数的教区神父和其他世俗的神职人员也和普通老百姓一起混在酒馆和旅店之中。他们时常出入公开的舞会，穿着俗人的衣服、挥舞着长剑在街上到处游逛。他们经

---

① Processions，基督教礼仪。指信徒肃穆而秩序井然地列队行进。中世纪列队伍行进的习俗很多，其中的一部分重要者仍见于现代天主教会。普通列队行进礼包括全教会在节日举行的和地方教会根据当地习俗举行的；特殊列队行进礼是为了祈求降雨或丰收以及其他目的而举行的。4 月 25 日大祈祷节列队行进是为了表示悔罪，祈求上帝祝福庄稼，它可能是沿用罗马而非基督教习俗而来。小祈祷节列队行进举行于基督升天节前 3 天，这种习俗从 5 世纪开始。2 月 2 日的圣烛节的列队行进也可能沿用非基督教的习俗。棕枝主日列队行进以纪念基督胜利进入耶路撒冷的习俗也由来已久。东正教会在举行圣体礼时，颂读《福音书》前举行"小列队行进"，分圣体祈祷前举行"大列队行进"。新教归正宗取消列队行进。某些地区的路德宗还保留降灵节前一周或者 5 月间举行祈祷列队行进的旧俗。英国圣公会保留丧礼列队行进、礼拜列队行进以及教牧人员和唱诗班列队进堂等习俗。《简明不列颠百科全书》第 5 卷，北京：中国大百科全书出版社，1985 年，第 307 页。中文译者注。

常参与争吵和辩论，而这往往会引起殴斗，于是他们就会经常攻击穷苦的百姓，打伤甚至杀死穷人，然后就将那些人革除教籍，直到无辜受害的一方拿出钱来与伤害别人的神父进行和解为止。

67. 教士与淫荡的女子同居，这造成了相当坏的影响

绝大多数教区的很多神父和其他神职人员都与道德不佳的女人建立了家庭关系。他们和这些女人以及他们的孩子公开地住在一起。对于教士而言，这是一种非常不诚实、非常可恶的生活。这为他们的教区居民树立了一个邪恶的榜样。

69. 许多教士已经在从事酒馆经营和赌博业

经常可以看到教士以酒店老板自居的情况。在节日期间，在他拥有财产权的地方，教士摆开桌子，上面放有骰子、碗和扑克，他们邀请人们来娱乐。然后，他们就拿走赢得的钱，厚颜无耻地说，根据最高所有权，这些赢得的钱应当归他所有。

70. 关于普通教士、僧侣和修士

众所周知，一些富裕的修道院团体，如本笃会、西多会、普勒蒙特雷派和其他团体，已经成功地从世俗人士手中霸占了世俗人士的财产。作为那些世俗财产的交换，只要求他们向皇帝陛下或者其他世俗机构缴纳不高于过去他们没有现在富裕时所承担的税收，担负起不大于过去的负担……为了国民的幸福，我们要求这些团体今后不能再从俗人的手中拿走更多的不动产，无论是通过购买也好，还是其他的获取方式。

71. 他们劝说那些老人和病人将自己的财产不传给自己的继承人

如果神父和僧侣了解到有个拥有很多钱财和土地的人将要病故，他们就会徘徊在这个人的身边。他们用比较狡猾的话语劝说这个人将自己的财产留给他们，尽管在大多数情况之下，这些财产应当留给这个病人的继承人、他的后代或者他最亲密的朋友。

77. 即使是教会的服务人员也能够把穷人传唤到教会法庭

应当指出的是，不仅仅神父可以将世俗人士拖进教会法庭，而且他们的行政管理官员、管事、侍从，甚至于他们的女仆也可以传唤世俗人士到教会法庭。

85. 他们试图获得对那些本应在世俗法庭进行审判的司法纠纷的独一无二的审判权

根据法律，许多既可以由教会法庭审理，又可以由世俗法庭来判决的案件，实际上已经被教士所独占了。因为，在一个世俗法官要求审理一个案件的时候，经常会出现这样的情况。一个教会法官走上前来，用绝罚来威胁别人，直到那个案件由他来审理才肯罢休。就这样，教士得到了他们所希望的一切。根据我们的法律，诸如作伪证、通奸和巫术等案件，既可以由教会法庭审理，又可以由世俗法庭来判决，这取决于谁首先提出判决要求。但是教士竟敢擅自独占所有的审理，这样做无疑是破坏了世俗的权威。

88. 他们是如何通过长期占有而要求获得世俗事务审判权的

教会通过长期占有而获得权力，也就是说，他们把通过惯例所获得的权力当作自己攫取世俗事务审判权的理由。尽管皇帝陛下以及帝国的最高的尊严和司法权持续不断地被这种行为破坏了，但我们一些专家还在犹豫是否要对此加以关注哩！事实上，根据权力和法律，我们知道，不管他保持或者是不受任何干扰地使用这种东西有多少年，没有

一个人可以通过长期占有而获得，或者是声称拥有反对教皇和皇帝陛下的最高统治权。

91. 用钱可以买到对姘居和高利贷的"宽容"

如果一个男的和女的没有结婚就在一起同居，只要他们向教士缴纳年金，他们就可以放任自由地没有羞耻感和罪恶感地生活在一起。同样的事情也发生在高利贷者的身上……一个结了婚的人，他（她）的伴侣不见了，但也许还尚在人间，他（她）也不进行任何进一步的寻找，就被允许和另外一个人同居了。神父们管这个叫作"宽容"，这是对神圣婚礼的公然蔑视。

95. 因为他们碰巧生活在一个被革除教籍的人附近，周围那些无辜的人就自动被革除教籍了

在一些城镇或乡村，尽管他们与那个被革除教籍的人的犯罪没有任何的关联，但是那个被革除教籍者的 10 至 12 个邻居与他一样受到革除教籍的处分。神父们这样做，无非就是想树立自己的权威，让别人服从自己。由于这种做法，穷苦和无辜的百姓要么被迫出钱以免除对自己的惩罚，要么被迫带着自己的家人和财产迁出自己的家乡。在这些绝罚中，是找不出任何区别的。没有人会过问：这些人是不是很可怜？并且，即使是教会法也禁止因为债务或者其他金钱方面的原因宣布绝罚，他们对整个城镇和乡村加以绝罚，为了掩盖他们行为的不合法和非正义，他们推诿说，城镇和乡村的不满才是他们受到绝罚的原因。

97. 他们要求手艺人缴纳每周一次的献金

在许多地方，神父们都要求磨房主、酒店老板、面包师、制鞋匠、铁匠、裁缝、牧羊人、牧牛人以及其他手艺人缴纳每周一次的贡金或者税收。如果他们拒绝缴纳，他们就会用绝罚加以威胁。

101. 他们经常因为小事而停圣事

如果一个人欠了某个神父或者教区一小笔债务，如果他由于自己太穷而不能按时偿还而要求稍微推迟一下还款的日期，神父就会停止这个人的圣事，并不停地折磨和威胁他，尽管这样的事件按理说应当交给世俗法庭来审理。

德意志皇帝弗兰茨二世退位诏书
（1806 年 8 月 6 日）

华中科技大学　林纯洁　译

译者导言

　　18 世纪末的法国大革命改变了整个欧洲的局势，极大地冲击了旧的封建秩序。法国青年军官拿破仑在这个过程中崛起，于 1804 年 5 月 18 日建立起法兰西帝国，加冕为皇帝，并开始推行扩张政策，首当其冲的便是早已摇摇欲坠的神圣罗马帝国。神圣罗马帝国自中世纪起便四分五裂，皇权日益衰落；由于德意志民族意识的增强，15 世纪末改称"德意志民族神圣罗马帝国"。帝国在 1618 年至 1648 年的三十年战争中受到重创，之后进入邦国时代，长期担任皇帝的哈布斯堡家族的统治重心主要放在其家族领地奥地利。

　　19 世纪初神圣罗马帝国的皇帝是哈布斯堡家族的弗兰茨二世，他出生于 1768 年，1792 年加冕为皇帝。拿破仑称帝打破了中世纪以来西欧只有一个皇帝的传统，且自称是罗马帝国的继承人，这对也宣称继承了罗马帝国的神圣罗马帝国皇帝构成了巨大的挑战。在不可逆转的帝国衰微的趋势和拿破仑的紧逼之下，他早就意识到帝国不可持久，于是在法兰西帝国建立后不久的 1804 年 8 月 11 日，加冕为奥地利帝国皇帝，即弗兰茨一世。

　　1805 年 12 月 2 日，拿破仑率领大军在奥斯特里茨战役中击败奥地利，12 月 26 日，双方签订《普雷斯堡和约》。条约割让了奥地利的领土，并要求奥地利承认巴伐利亚和符腾堡为王国，并赞同新成立的同盟。1806 年 7 月 12 日，在法国主导下，莱茵邦联成立。除了奥地利和普鲁士，帝国的大部分邦国都加入了莱茵邦联，并于 8 月 1 日发布《莱茵邦联各国脱离神圣罗马帝国的宣言》，帝国实际上陷入瓦解。在此背景下，早有准备的弗兰茨二世在 8 月 6 日签署了《德意志皇帝弗兰茨二世退位诏书》(Erklärung des Kaisers Franz Ⅱ. über die Niederlegung der deutschen Kaiserkrone)，由其外交部长约翰·菲利普·斯塔迪恩伯爵(Johann Philipp Graf von Stadion)颁布，由此宣告延续近千年的神圣罗马帝国寿终正寝。

　　《退位诏书》成为神圣罗马帝国解体的最后的法律见证，分为六段。

　　第一段是皇帝的头衔。"当选罗马皇帝"这一头衔源于 1508 年马克西米利安一世在未能前往罗马加冕的情况下，经教皇许可开始使用的头衔，后世君主沿用至帝国灭亡。哈布斯堡家族历史上通过战争和联姻等手段获得了大量领地，通过皇帝头衔体现了出来。如"日耳曼尼亚"就是德国的拉丁语称呼，只有部分领地归哈布斯堡家族直接统治，但名义上皇帝是全德国的最高统治者。头衔中的奥地利、波西米亚、匈牙利和克罗地亚等领地则是哈布斯堡家族直接统治的领地，是其统治基础。还有一些头衔是虚衔，如"耶路撒冷国王"。1099 年 7 月 15 日，十字军占领耶路撒冷后，建立耶路撒冷王国。1291 年，耶路撒冷王国灭亡。这个头衔则流传下来，成为欧洲最尊贵的头衔之一，在欧洲王朝间继承流转。哈布斯堡家族的皇帝查理六世自 1735 年起开始使用这个头衔。

　　第二段中，弗兰茨二世首先表示愿意继续履行皇帝的义务，希望和平能够给德意志带来生机，接下来解释了帝国面临的内外困局：由于《普雷斯堡和约》的签订，帝国已经很难存在；而很多邦国从帝国脱离出来，组建莱茵邦联，直接导致帝国失去了继续存在的希望。

　　第三段中，弗兰茨二世表示愿意放弃神圣罗马帝国的皇冠。在得不到诸侯等级信任的情况下，皇帝无法履行职责，其中透露了弗兰茨二世的无奈之情。

　　第四段中，弗兰茨二世宣布解除自己作为皇帝对帝国的义务。第五段前半部分，宣布解除帝国各等级和帝国最高法院等对皇帝的义务。诏书解除了皇帝和臣民相互之间的法律义务，标志着神圣罗马帝国作为一个法律共同体的消亡。

　　第五段后半部分，弗兰茨二世表示作为奥地利皇帝，将推动奥地利帝国国家实体的建设。从 1804 年加冕为奥地利皇帝到 1806 年放下神圣罗马帝国的皇冠这段时期，弗兰茨同时是神圣罗马帝国的弗兰茨二世和奥地利帝国的弗兰茨一世，是神圣罗马帝国的末任皇帝和奥地利帝国的首任皇帝，这在历史上殊为罕见。弗兰茨在继续担任奥地利皇帝 29 年之后，于 1835 年去世。

　　第六段是落款，即颁布诏书的地点和时间。

　　诏书中的"德意志帝国"实际上是"德意志民族神圣罗马帝国"的简称；诏书落款提到的"罗马帝国"，是 1034 年康拉德二世采用的正式国号。诏书通篇并未使用"神圣罗马帝国"和"德意志民族神圣罗马帝国"这两个国号，这也是神圣罗马帝国日益式微的一个重要证明。①

　　这份诏书终结了德意志民族神圣罗马帝国，是德国历史的一个重要转折点；同时，它进一步巩固了奥地利作为一个独立的国家实体的地位，为奥地利最终脱离德国奠定了法律基础。

　　诏书原文为德语，原收录于 1858 年的《日耳曼联邦法律大全》，题为"弗兰茨二世皇帝陛下关于放弃德意志皇冠和解散帝国政府，解除德意志帝国选侯、王侯和其他等级

---

　　① 德国国号的演变参见林纯洁：《德意志之名：德国国名国号及其汉译研究》，武汉：武汉大学出版社，2022 年。

以及所有成员和仆役义务的诏书"①；现依据 1913 年《中世纪与近代德国宪法史文献集》收录的德语版本译为中文。②

译 文

朕，弗兰茨二世，蒙上帝恩典的当选罗马皇帝，永恒的帝国统治者，奥地利世袭皇帝，还担任日耳曼尼亚、匈牙利、波希米亚、克罗地亚、达尔马提亚、斯洛文尼亚、加利西亚、洛多梅里亚和耶路撒冷的国王、奥地利大公等。

在《普雷斯堡和约》缔结后，朕的全部注意力和关心都集中在履行朕因此而承担的所有义务上，忠心耿耿，尽职尽责，并为朕的人民维护和平的福祉，巩固各处重建的幸福的和平关系，并期待，这种和平给德意志帝国带来的根本变化，虽然也会要求朕尽量完成根据皇帝选举条约作为帝国元首所肩负的沉重义务。然而，从《普雷斯堡和约》更多条款公之于众后所得出的结论，以及在德意志帝国发生的众所周知的事件，使朕确信，在目前情况下将不可能进一步履行选举条约规定的义务：如果在努力消除已出现的政治纠纷后，局势尚可能改变，那么从 7 月 12 日在巴黎签署的条约③起，经有关方面批准，更多优秀的等级同意完全脱离帝国，联合成一个特别的邦联，就完全破灭了人们所珍视的期望。

因此，朕深信，已完全不可能再履行朕之皇帝职责，出于朕的原则和尊严，有责任放弃皇冠。只有在朕获得德意志帝国的选侯、王侯、贵族等级及其他成员的信任，并能充分履行所承担的义务时，它在朕眼中才有价值。

鉴于时局，朕宣布，将解开朕与德意志帝国的国家实体连接的纽带，朕作为帝国元首的职责和头衔因莱茵邦联的建立而消除，朕对德意志帝国承担的义务将被解除，因此，朕将于此刻取下佩戴至今的皇冠，解散领导的皇室政府。

同时，朕解除选侯、王侯和等级以及所有帝国成员，特别是帝国最高法院的成员和其他帝国职员对朕作为帝国的合法元首所承担的宪法义务。朕还将相应地解除德意志所有的省份和邦国迄今为止在这一头衔下对德意志帝国承担的所有义务。朕将作为奥地利

---

① Erklärung Sr. Maj. des Kaisers Franz Ⅱ., wodurch er die deutsche Kaiserkrone und das Reichsregiment niederlegt, die Churfürst, Fürsten und überigen Stände, wie auch alle Angehörige und Dienerschaft des deutschen Reiches, ihrer bisherigen Pflichten entbindet, in: Philipp Anton Gnido von Meyer (Hrsg.), *Corpus Juris Confoederationis Germanicae*, Frankfurt am Main: Verlag von H. L. Brönner, 1858, S. 71-72.

② 文献来源：Erklärung des Kaisers Franz Ⅱ. über die Niederlegung der deutschen Kaiserkrone. -1806, Aug. 6. in: Karl Zeumer(Hrsg.), *Quellensammlung zur Geschichte der Deutschen Reichsverfassung in Mittelalter und Neuzeit*, Band 2, Tübingen: Verlag von J. C. B. Mohr, 1913, S. 538-539.

③ 1806 年 7 月 12 日，法国与德国的巴登、符腾堡和巴伐利亚等 16 个邦国签订《莱茵邦联文件》，成立了莱茵邦联。

皇帝，努力推动与整个奥地利国家实体的联合，在与所有列强和邻国恢复的和平关系下，努力达到幸福和繁荣的水平，这将永远是朕之所愿和最关心之目标。

　　颁布于朕的首都和驻跸城市维也纳，于朕继承世袭的罗马帝国十五年的一八零六年八月六日。

（印章）弗兰茨

约翰·菲利普·斯塔迪恩伯爵

受神圣皇帝与圣徒陛下之命

枢密院参赞冯·胡德里斯特

德意志帝国皇帝威廉一世即位诏书
（1871 年 1 月 18 日）

华中科技大学　林纯洁　译

译者导言

1870 年 7 月，普法战争爆发。9 月 2 日，普军在色当战役中俘获了法国皇帝拿破仑三世，大获全胜，进而在 9 月底包围了巴黎。普鲁士由此扫除了统一德国的最后障碍。之前不愿统一的巴伐利亚等南方邦国开始与普鲁士主导的北德意志联邦商谈统一。12 月初，巴伐利亚国王领衔向普鲁士国王威廉一世劝进。北德意志联邦的议会代表团也前往法国凡尔赛劝进。当时普法战争尚未结束，威廉一世驻跸在凡尔赛指挥战争。

同时，北德意志联邦议会在 12 月底公布了修订后的《德意志联邦宪法》，规定了德国的统一，并改国号为"德意志帝国"。这部宪法在 1871 年 1 月 1 日生效。这表明，德意志帝国在 1871 年 1 月 1 日就成立了。而帝国建立后的第一个重大仪式，就是皇帝的登基典礼。

1871 年 1 月 18 日，正值普鲁士王国建立 170 年之际，威廉一世在法国皇宫凡尔赛宫的镜厅举行了盛大的登基典礼。俾斯麦宣读了由他为国王起草的《皇帝即位诏书》（Kaiserproklamation）。[①]

诏书首先强调，帝国的建立来自"诸侯和自由城市的一致呼吁"，并在后文中再次强调"接受皇帝尊位"也来自"诸侯和城市的请求"，这构成了帝国的合法性来源。当时议会派出代表团劝进，但威廉一世在接受诸侯的劝进之前，拒绝会见议会代表团，就是要表明，他的皇位来自诸侯的拥戴，而非议会的授予，因此，议会的劝进在诏书中没有体现出来。

诏书将威廉一世的称帝称为"在六十多年后恢复并接受皇帝尊位"，由此将德意志帝国的成立与 1806 年灭亡的神圣罗马帝国联系起来，体现了德意志帝国在德国历史上的正统地位。

[①]　Karl Lamprecht, *Deutsche Geschichte*, Band 11 Ⅱ, Berlin：Weidmannsche Buchhandlung, 1909, S. 562.

接下来，诏书确认了普鲁士王室在帝国的统治地位和继位规则，皇帝由普鲁士国王担任，普鲁士的王储也就是帝国的皇储。诏书强调皇帝将履行相应的义务，并呼吁以团结维护和平和德国的独立。

诏书将为统一进行的战争称为"充满热情和牺牲的斗争"，并将在边界内保障国家的安全。而帝国的边界最后是在战争中确立的。登基典礼举行之时，普法战争仍未结束，普军包围着巴黎，法军在顽强抵抗。德法两国谈判的一个焦点，就是是否割让领土。德国希望在得到巨额战争赔款的同时，拿回阿尔萨斯和洛林，法国同意赔款，但不愿意割地。阿尔萨斯和洛林易守难攻，战略地位重要，历史上在德法之间反复争夺。早在 1870 年 9 月 19 日，俾斯麦就对法国代表讲："普鲁士需要一条安全的边界来抵挡法国肯定会对新的德国策划的复仇战争。"①

在德国的武力进攻下，巴黎在 1871 年 1 月 28 日投降，法国最终同意割让这个地区，由此导致了德法长期敌对的局面。俾斯麦对此早有心理准备。诏书特别强调了"数百年面对法国多次进攻"。这预示着法国将是未来德国外交和军事斗争的重点。而皇帝登基典礼在法国的凡尔赛宫举行，也是对法国的一种羞辱和报复。

诏书的最后强调"上帝……恩典不在于军事征服，而在于和平带来的财富和礼物，促进民族的福祉、自由与文明"。这表明，俾斯麦在通过三次王朝战争统一德国后，希望止戈息战，以和平秩序维护德国的利益。

诏书虽然简短，但清楚地阐明了德意志帝国的合法性来源、普鲁士王室的统治地位、皇位继承规则，还确立了统一后的施政路线和外交方针，即外交上围堵法国，军事上吓阻法国，同时大力发展经济，避免与其他列强的军事冲突。俾斯麦当政时代基本上遵循了这个方针，不断强调德国已经不再寻求扩张，也不与欧洲列强争夺殖民地，甚至主动调解列强间的矛盾。但"与法国为敌"与"追求和平"两个方针本身是有矛盾的，在国际局势的演变下，在俾斯麦执政晚期就已经难以为继。德国的统一改变了欧洲的地缘平衡，列强都对一个统一强大的德国充满恐惧，德国也不可能与列强消弭矛盾。1888年，威廉二世皇帝继位后，更是逼迫俾斯麦退休，并抛弃了他的政策。威廉二世扩军备战，抢占殖民地，四处树敌，最终将德国带入了第一次世界大战的深渊，导致了德意志帝国的覆灭。

诏书原文为德语，现依据《德国历史史料与解说》(*Deutsche Geschichte in Quellen und Darstellung*)中的德语版本译为中文。②

---

① 艾伦·帕麦尔：《俾斯麦传》，高年生、张连根译. 北京：商务印书馆，1982 年，第 180 页。

② 文献来源：Kaiserproklamation in Versailles，in：Wolfgang Hardtwig und Helmut Hinze (Hrsg.)，*Deutsche Geschichte in Quellen und Darstellung*，*Band* 7，*Vom Deutschen Bund zum Kaiserreich* 1815-1871，Stuttgart：Philipp Reclam jun. ，1997，S. 466.

译　文①

朕，威廉，蒙上帝恩典的普鲁士国王，在德意志诸侯和自由城市一致呼吁之下，建立德意志帝国，在六十多年后恢复并接受皇帝尊位（Kaiserwürde），按照《德意志联邦宪法》的相关规定，谨此宣告：朕将此视为对共同祖国的责任，依从已结盟的诸侯和城市的请求，接受皇帝尊位。朕与朕之普鲁士王室继承人从此将在德意志帝国所有关系和事务中使用皇帝称号，并希望上帝保佑德意志民族，在祖国古老的辉煌标志之下有一个幸福的前途。朕接受皇帝尊位，将履行对帝国的义务，以德意志的忠诚保护帝国的权利和它的成员，维护和平，以本民族的团结力量捍卫德国的独立。朕即位之际，愿德意志民族在充满热情和牺牲的斗争之后能在边界之内享受持久的和平作为对他们的奖励，这个边界将保障祖国数百年来面对法国多次进攻时所缺乏的安全。上帝恩赐朕及朕之皇位继承人为德意志帝国永久的君主，恩典不在于军事征服，而在于和平带来的财富和礼物，促进民族的福祉、自由和文明。

颁布于凡尔赛司令部，1871 年 1 月 18 日　威廉

---

① 据另一版本的即位诏书，"朕，威廉"前面还有一句："致德意志民族！"（An das Deutsche Volk！）。参见 Theodor Toeche-Mittler, *Die Kaiserproklamation in Versailles am 18. Januar* 1871, Berlin：Ernst Siegfried Mittler und Sohn königliche Hofbuchhandlung, 1896, S. 24.

论恐惑的心理学状态

恩斯特·延齐　文

厦门大学　邹钰珏　译

译者导言

　　"恐惑"概念被理论化主要从西格蒙德·弗洛伊德 1919 年发表的散文《论恐惑》(*Das Unheimlich*)开始。事实上,弗洛伊德并非第一个使用"恐惑"概念的人,德国心理学家恩斯特·延齐(Ernst Jentsch)于 1906 年发表的论文《论恐惑的心理学状态》①(即本文),便已提及"恐惑"(unheimlich)一词。延齐认为,要想理解"恐惑"的实质,就要探求它产生的心理条件。日常的、熟悉的事物不会让人感到奇怪,"恐惑"这种恐怖、诡异的感觉是由心理不确定性造成的。这种心理不确定性指的是:一个表面上有生命的东西是否真的活着;一个无生命的东西是否就真的不会活起来。

　　该论文发表之后,恩斯特·延齐对于"恐惑"的观点被大量引用和再次研究。1919年,弗洛伊德在延齐的理论基础上,从词源学的角度分析了德语原词"unheimlich"的含义,他指出 unheimlich 的主要语义是:非家的、不熟悉的、毛骨悚然的。同时,他对日常生活和文学作品中的一些事例和现象进行更深入的分析,将恐惑的意义进一步延伸,认为"恐惑就是那种把人带回到很久以前已熟悉和熟知的事情的惊恐感觉"②。Unheimlich 在英文译本中为 uncanny,非确切的对应词,在汉语中也无对应词。笔者认为"unheimlich"译为中文"恐惑"比较妥当,其由两个层面的意义构成,一是"恐怖、可怕",二是"困惑、疑惑"。自弗洛伊德开始的"unheimlich"概念,其关键在于德语"heim"即"家园",因此从"家与非家"和"熟悉与疏离"来把握"恐惑"概念是比较合理的,即"恐惑"指的是心理因处于家与非家或熟悉与疏离的一种不确定的困惑状态而产生的恐惧。

　　目前,该论文尚未被翻译成中文,笔者选取此文本进行试译,从文本出发,阐释

---

　　①　Ernst Jentsch. Zur Psychologie des Unheimlichen. Psychiatrisch-Neurologische Wochenschrift 8. 22(25 Aug. 1906):195-98 and 8. 23(1 Sept. 1906):203-205.

　　②　Freud Sigmund. *The Uncanny*, The Standard Edition of the Complete Psychological Works of Sigmund Freud, 17ed. ed. James Strachey. Stanford:Stanford University Press, 1997:221.

"恐惑"现象，帮助读者理解著名的"恐怖谷"理论，为恐惑美学的研究提供理论基础。

译 文

第一部分

众所周知，将语言的精神假设成一位敏锐的心理学家是错误的。严重的错误和惊人的天真性——一部分归因于观察者卷入非批判性的判断中，一部分是由个别语言词汇的有限材料造成的——往往很容易被传播开来，或者至少得到了支持。然而，每一种语言在形成其表达方式和概念时，往往会提供一些心理学上正确的东西，或是值得注意的东西。在心理学分析中，明确术语一直是个好方法。即使无法经常应用调查的结果，我们也常常可以从中学到一些东西。

"恐惑"这个词似乎成了德语语言中相当不错的知识内容。它无疑是要表达某人对"恐惑"的事情感到不太自在，因为这件事对他来说是陌生的，或者说至少看起来是陌生的。简而言之，这个词表明缺乏方向性和对于某件事情或现象的不熟悉的印象有关。

在这里我们不试图定义恐惑的本质，这种概念式的解释没有太多的价值。其主要原因在于：同样的印象不一定对每个人都有恐惑的效果。此外，即使对于同一个人和同一个感知，也不一定每次，或者说至少不是每一次都以相同的方式发展成"恐惑"的感觉。但这不意味着，无法有效定义"恐惑"的概念，因为人们也许可以作出假设：对于某个心理-生理群体来说，产生这种感觉印象的特质是一致的。然而，在个人心理学科的现状下，人们很难指望在这条道路上取得认识方面的进步。

因此，如果想更接近恐惑的本质，与其问它是什么，不如研究恐惑的情感唤起是如何在心理上产生的，必须具备怎样的心理条件才能使恐惑的感觉出现。如果有些人根本不会产生恐惑的感觉，那么就与他们缺乏这种基本的心理条件有关。但是，除了这些可预见的极端情况以外，对于在什么情况下可以被认为是恐惑现象的观点仍有很大的分歧。所以，目前最好是暂时限制进一步提出问题，只把那些具有相当程度的规律性和足够的普遍性的心理过程纳入考虑的范围，经验表明这些过程最终会产生恐惑的主观印象。现在可以通过对日常生活的观察，比较准确地确定这种典型事件。

如果在这个方向上更仔细地研究一下日常生活的心理学，就不难发现，开头提到的语言所使用的形象是建立在一个非常正确和容易证实的观察之上的。

根据陈旧的经验，对于大多数人来说，传统的、常规的、遗传的东西是亲切而熟悉的，他们把新的、不寻常的东西与不信任、不安甚至敌意结合在一起（厌新症）。这在很大程度上可以解释为：难以迅速地、完全地建立对象和个人先前的观念领域之间的概念联系，即智力对新事物的支配力。大脑经常克服那些反对将有关现象同化为其应有地位的阻力。那么，我们就不会惊讶，在这些阻力最小的地方，比如在相应方向的联想活动特别迅速和活跃的地方，或者在特定的条件下：年轻人、高智商的人，或者始终讨厌用温和的方式来判断事物并作出相应反应的人（比如具有歇斯底里性格的人），厌新症是最弱的。

为人所熟悉的事物不仅受到欢迎，而且——无论它可能多么不可思议和费解——也很容易被视为理所当然。在一般情况下，这个世界上没有人会在早晨看到太阳升起的时候感到惊讶，这种日常的景象从孩童时期就悄悄溜进了单纯人类的思维过程中，成为不需要被评价的习惯。只有当这样一个问题——智力活动因习惯的力量而趋于迟钝的谜题——被有意地从看待事物的习惯方式中提了出来，从上面提及的例子中可以看出，人们知道日出完全不依赖于太阳，而是取决于地球的运动，对于地球上的居民来说，处于地球中心比空间的绝对运动都重要得多，然后，有时会产生一种特殊的不安全感，这种不安全感在精神要求较高的人感知日常现象时，经常会引起他们的注意，这可能是科学追求和研究本能发展的一个重要因素。

因此，"新-陌生-敌对"的关联与"旧-熟悉-亲近"的关联对应起来的话，这是可以理解的。在前一种情况下，出现不安感是很自然的，缺乏方向性的人容易蒙上恐惑的阴影。在后一种情况下，只要"熟悉-不言而喻"的互换不进入人的意识中，不安感就一直被掩盖。

除了由于原始人类的无知而产生的无方向性之外，还有一种无知，在很大程度上被日常情况所掩盖。因此，无论是当无知变得十分明显，还是当主观的优柔寡断的感觉异常强烈时，就会特别容易出现心理上的不安感。我们很容易在小孩子身上观察到第一种情况：小孩子经验不足，他们无法解释简单的事情，对于他们来说，稍微复杂的情况已经是深不可测的了。这就是大多数孩子们都如此害怕且缺乏自信的重要原因之一；另一方面，聪明的孩子往往是最容易感到害怕的，因为他们比能力有限的孩子更清楚自己能力的局限性。当然必须补充一点的是，一旦后者掌握了某一特定领域的知识，他们就会变得特别无礼和鲁莽。

一般来说，只要不涉及强烈的感情或精神上有害的因素（如麻醉品、疲劳等），在评估状态下，健康的人一般都对自身的智力水平有着一定的洞察力。由于这种洞察力会因为过度的联想活动而减少，例如一种异常强烈的反身性倾向，它阻止一个人在适当的时间形成判断，特别是当幻想疯狂蔓延的时候。其结果就是现实或多或少地以一种有意识的方式与有感知能力的大脑本身混合在一起。在这种情况下，一个人对于如何看待事物，以及如何适当地干预周围环境，必然会产生困惑。

为了唤起人们对心理不安全感的描述，没有必要将有关过程表达得非常清楚。事实上，即使很多人知道自己只是被苍白无害的幻觉所愚弄，但他们在面对这种情况的时候，还是无法抑制这种极其不舒服的感觉。在游戏中，孩子们通过奇形怪状的伪装和行为来直接激发出彼此强烈的情绪。成年人中也有一些人天性敏感，他们不喜欢参加化装舞会，因为面具和化装会使他们非常尴尬，对此他们无法适应。这种异常的敏感往往是伴随一般的神经质而产生的。因此，归根结底，对某类轻微干扰性影响的情感可及性（这些影响不会进一步触动健康的人）是否被归结为有关现象的潜在后果链的特别密集和快速旋转，或者它是否在因果方面表现为情感图像起源的或多或少相关的干扰性原因的过度组合，应该没有多大区别。在异常性格中或基于异常基础而产生的心理背景，例如在半梦半醒之间，各种昏迷状态，各种抑郁症和各种可怕经历的后遗症、恐惧以及极度疲惫或患上普通疾病的情况下，都会为这种对外界某些条件的不安全感的流动创造更强的倾向。失去一个重要的感官功能也会大大增加人们的这种感觉。众所周知，夜晚对于人们来说并不友好，但比起白天，在晚上会有更多胆小的人，当处于非常嘈杂的车间或工厂中，很多人都无法辨认自己说了什么话，但当他们离开那里时就会松一口气。

精神上处于不安状态的群体，往往是由异常状况所决定的，它和普遍出现的缺乏方向性的心理疾病有相似性和过渡性。

与精神不发达、精神脆弱或精神受损的个体对日常生活中许多普通事件的情感状态类似，对不寻常或无法解释的事物的感知往往会给一般原始人蒙上情感阴影。因此才会对不寻常的人产生特有的谨慎，这些不寻常的人的想法和大多数人不同，感觉和行为也和大多数人不同，这与那些暂时无法解释的过程或者与起源条件未知的过程有关。并非只有带着某种恐惧感的孩子们会观看技巧娴熟的魔术师表演（无论他现在如此自称与否）。一个神秘过程的文化价值越清晰地涌入脑海里，毫无疑问，它引起的感情就会越强烈，这种感情是一种舒适的感觉和令人欢喜的钦佩之情。这种情感的出现总是以个人对有关现象的某种更高的权宜之计的洞察力为前提。所以人们只是钦佩技艺大师或外科医生的高超技术，而"艺术家"砸碎他头上的大石头，吞下砖块和石油，魔术师埋葬自己或将自己砌入墙里，这赢得的不是多数人真正的赞赏，而是给他们留下了不一样的印象。然而即使在得到真正赞赏的情况下，恐惑效果有时也会显露出细微差别，从心理学上可以解释为，人们对所述成就的产生条件感到不知所措，这就是为什么在有相关领域的鉴赏家的情况下往往没有这种效果。

第二部分

在所有的精神不安状态中，恐惑感觉的形成原因——能够产生规律的、强大的和十分普遍的效应——即怀疑一个表面有生命的东西是否是真的活着，或者反过来，怀疑一个无生命的东西是否就真的不会活起来，即使这种怀疑只在人的意识中隐隐约约地存在。这种情绪会一直持续下去，直到这些疑虑被消除，之后另一种感觉通常会取代它。

在以前的游记中，我们时常可以读到这样的记载：在一片古老的森林里，有个人在树干上坐了下来，突然，这根树干动了起来，变成了一条巨蛇，使得这个人非常害怕。假定有发生这种情况的可能性，那么这就是一个很好的例子来说明上述情况。起初看起来毫无生气的庞然大物，由于它的运动而突然显现出一种内在的能量。这种能量可以是精神上的，也可以是机械上的。只要对所觉察到的运动的性质有困惑，而运动的起因又不明晰，那么，那个人就会产生一种恐怖的感觉。如果有计划性的运动能够证明有机体的来源，那么情况就会得到澄清，就会产生对个人完整性的关注感，但是无论强度如何，无疑都得以一种对情况的理性掌握为前提。

相反地，如前所述，比如在晚上，当一个野人，第一次看到火车头或汽船时，也会产生同样的情绪。他会产生强烈的恐慌感，因为机器神秘的自主运动和有规律的噪音，使他想起了人类的呼吸，这个巨大的机器很容易使完全无知的人以为它是一个活生生的物体。顺便说一句，当胆小的或年幼的人（正如我们经常看到的那样）把明显的或奇怪的声音归结为神秘生物的发声表演时，也会出现相当类似的情况。在《鲁滨逊漂流记》的一个章节中，还不知道如何烧水的星期五，为了把水里面的动物拉出来，把手伸进了沸腾的水里，这情节是基于作者的灵感而写出的，在心理学上也是非常贴切的。同样，许多动物的胆怯可能是由于它们害怕的对象在它们看来是有生命的（稻草人原则），正是在这种情况下，有关的印象具有特别的巴洛克效果，因为通常提供过渡给其他情感背景的联想活动是非常微弱的。因此人们成功掌控了牲畜的"弱点"，例如，展示或递给他们那些令人怀疑的对象，他们可以看到它或闻到它的气味，这样他们就会对能引起激动情绪的物体进行理性的分类，同时物体也变成了熟悉的东西，正如上面提到的，物体便很容易失去其可怖性。所以几年前，在一个盛大的狂欢节上，一些被训服的大象在面对喷涌着火焰的神龙法福纳时拔腿就跑，造成了相当大的混乱。但考虑到大象们还没有读过尼伯龙根之歌三部曲这一事实，这似乎也不那么不可思议了。

众所周知，有些人在参观蜡像馆和全景画馆时容易产生不愉快的印象。特别是在半明半暗的环境中，要分辨真人大小的蜡像或类似的物体和人是特别困难的。对于一些敏感的人来说，即便在自己判断它是否有生命之后，这样的形象仍然保留着它的不适感。这可能是一种半意识的怀疑，当一个人重新观察和感知到更细微的细节时，这些怀疑就会被反复自动地重新唤起，也许仅仅是回忆起头脑中挥之不去的第一次尴尬印象。这种蜡像经常描绘解剖细节的事实可能有助于增强想象中的情感效果，但这并不是主要的：真正的解剖尸体准备工作不需要看起来像相应的蜡像模型那样逼真。有趣的是，从这个例子中可以看出，真正的艺术是如何明智地避免对自然和生物的绝对和完全的模仿，因为它知道这种模仿很容易引起人们的不快：木头和石头的多色雕塑的存在并没有改变这一事实，如果仍然选择这种表现方式，也没有可能在某种程度上防止这种不愉快的副作用发生。顺便说一句，在真正的艺术中也可以尝试创造恐惑的东西，但只能用艺术手段和艺术意图。

结　论

当人知晓模仿人的形体时，并且当它们与某些身体或精神功能相结合时，这种特殊的效果似乎就更加明显了。这就是无意识的人物形象很容易唤起的印象，这种印象对于很多人来说是很尴尬的。在这里我们必须排除这些情况：当对象是很小的，或者在日常生活使用中是为人所熟悉的。当布娃娃睁开闭上眼睛时或者一个小的玩具可以自动，不会造成这种明显的感觉，但另一方面，例如，真人大小的机器执行复杂任务，吹小号，舞蹈等，很容易给人一种不安的感觉。机械制作得越精细，模仿得越逼真，这种特殊的效果就会越强。这一事实在文学作品中被反复使用，以唤起读者的恐惑情绪。一部文学作品或一部舞台剧等，其乐趣绝不在于读者或观众对剧目、小说、歌谣中人物所受的情感刺激感同身受。在生活中我们不喜欢遭受严重的情感打击，但在剧院里或在阅读时，我们却愿意以这种方式使自己受到影响：我们在此体验某些有力的刺激，这些刺激唤醒了我们一种强烈的感觉，只要这种感觉以适当的形式出现，我们就不必承受其会产生不愉快情绪的后果。从生理学的角度来说，这种兴奋的感觉似乎常常与艺术的愉悦直接联系在一起。不管听起来多么奇怪，如果没有例外的话，也许只有极少数的影响会在任何情况下都令人不快。从某种意义上说，艺术至少是在设法使我们大多数的情感变得令人愉快。现今我们已经观察到，孩子们往往对鬼故事有一定的偏好。一般来说，恐惧是一种刺激，利用细心和专业知识可以很好地增加其情感效果，例如诗歌的任务就是如此。在讲故事的时候，最成功的艺术手段之一就是让读者不确定故事中的某个人物是人，还是机器人。而且还要让读者的注意力不直接集中这一点上，这样就不会引起他去深究这一点，而且不会想立即就把它搞清楚。如果不那样，就像我们所说的，这种特殊的情感效应会很快消散。E·T·A 霍夫曼在他的奇幻作品中曾多次成功地运用了这种心理描述手法。这种描述会引起不确定的黑暗感觉，这种感觉是关于相应的文学人物本身的心理特质，总的来说，这与恐怖状况所造成的充满怀疑的焦虑相似。艺术调查的目的是通过作者高超的写作技艺来达到的。

相反地，当一个人用诗意的或想象的方式，特别是用拟人化的语言把某种没有生命的东西重新解释为有机生物的一部分时，就很容易达到恐惑的效果。在黑暗中，爬满钉子的椽子变成了神话里动物的下巴，孤寂的湖变成了怪物巨大的眼睛，一片云彩或阴影的轮廓变成了撒旦可怕的脸。幻想总是像一个诗人，有时候从最无害和最无关紧要的现象中，像变魔法一样变出最详细的恐怖形象。而这一点在现有的批评越弱、当下的心理背景越有感情色彩的情况下就越广泛。这就是为什么女人、孩子和做梦的人特别容易受到恐惑情绪的影响，看到幽灵和鬼魂时感觉受到了威胁。

当一个有机的存在本身被再次模仿时，就会特别接近这种可能性。此时病理和正常之间的界限特别容易被逾越。对于那些神志不清、陶醉、狂喜或迷信的人来说，柱子的头（或画中的人物，等等）是通过幻觉的方式活过来的：它和他们说话，与他们交谈，或嘲笑他们，在这之中表现出熟悉的特征。诗人和讲故事的人也常常利用这些方法来激发恐惑的效果。有一种老套却受欢迎的技巧——先胡扯令人毛骨悚然的废话，然后将其作为混乱梦境的内容，用三行诗的形式向读者揭开。这种方式之所以受欢迎，是因为在这种情况下，利用读者心理上的无助感能将戏剧推进得很远而不被诟病。

产生恐惑的另一个重要因素是人类的自然倾向，人们用一种天真的方式来类比自己的生命状态，推断外部世界的事物也是有生命的，或者更准确地说，是有同一生命的。个人的智力发展水平越原始，越是无法抗拒这种心理冲动。原始人所处的环境中充满了恶魔，小孩子对着椅子，对着汤匙，对着旧抹布等严肃地说话，对着没有生命的东西生气地敲打，想要惩罚他们。即使在高度文明的希腊，每棵树上也都有树精。因此，当一个人半自觉地投入的东西开始反过来吓唬他，他并不总是能够驱逐那些从他自己的头脑中创造的灵魂，这并不令人感到惊讶。这种无能感很容易产生一种被未知和无法理解的东西威胁的感觉，对个人来说，这种感觉就像他自己的心灵一样神秘莫测。然而，如果对心理过程有足够的定位，对个人以外的这些过程有足够的确定性，那么所描述的状态——当然是在正常的心理、生理条件下——将永远不会出现。

一个得到进一步证明的事实是，我们所讨论的情绪是由对事物的有无生命状态的怀疑引起的，或者更准确地说，是按照人们传统观点所理解的生命状态。这是指当看到大多数精神疾病和神经疾病的表现形式时，普通人通常都会受到影响。一些患有这种疾病的病人给大多数人留下了恐惑的印象。

根据日常生活经验，我们总能对我们的人类同胞作出假定，在相对的心理和谐中，他们的精神功能通常是相互联系的。即使这种平衡的轻微波动偶尔出现在几乎是所有人的身上，这种行为反过来确立了人的个性，并为我们对他们的判断提供了依据。大多数人通常不会表现出强烈的心理特质，它们最常出现在强烈情绪产生的时候，在这种情况下，人们会突然发现，人类心理中的一切并不都具有超然的起源，甚至对于我们的直觉而言，其中仍有许多是初级的。当然，通常在这种情况下，许多现象目前在正常心理学上被认为是相当合理的。

但如果这种相对的心理和谐受到明显的干扰，而且情况看起来不那么无关紧要和奇怪，或者是不那么熟悉的话（比如酒精中毒），未受教育的观察者就会逐渐意识到，在他迄今为止一直习惯于视为统一的心理中正在发生机械的过程。因此把癫痫说成"Morbus sacer"（拉丁语，意为神圣的疾病），说成是一种并非来自人类世界，而是来自神秘陌生的星球的疾病，这不是没有道理的，因为癫痫病发作时的痉挛症状向人们展示了人体是一个极其复杂和微妙的机制。在正常情况下，痉挛是在意识指导下有意义地、有目的地、统一地发挥作用。这是为什么癫痫发作时会对周围环境产生恶魔般印象的一个重要原因。另一方面，在通常情况下，歇斯底里的痉挛发作往往只是轻微地令人不安，因为发作的人通常保留着意识，然后摔倒和挥打，这样他们就不会（或只是轻微地）伤害到自己，此时恰恰暴露了他们潜在的意识。这种运动方式常常让人联想到隐藏的心理过程，因为这里的肌肉障碍遵循某种更高的秩序原则，这与潜在疾病对想象（以及心理）过程的依赖有关。

对于一个专家来说，相应的情绪活动出现的机会很少，或者可能完全没有出现过，因为对他来说，人类思维中的机械过程不再是新奇的。即使在特定的情况下，他仍然面临着许多关于机械过程的错误，但至少他知道这些错误是存在的，并且经常在其他地方重新发现它们的踪迹，以致它们的出现不再对他产生显著的影响。如果有人正在或已经习惯了这样的事情，比如护士，或者——如果可以这样说的话——病人自己，那么上述情况也会很容易失去情感效果。

对病人错乱的精神系统进行深入了解，引起了大多数人的恐惑，无疑是建立在这样的一个事实上，即一个或多或少清晰的想法——关于存在于人们身上的某种联想冲动

（机制）。它与通常的精神自由观点相矛盾，以一种草率和笨拙的方式开始动摇一个人对个体具有生命状态的信念。如果对相关情况产生了明确的认识，那么特殊情绪状态的特殊性就消失了，而这种状态的根源只能在现有心理学的无方向性中寻找。

尸体（尤其是人的尸体）、死人的头、骷髅以及类似的东西所引起的恐怖，在很大程度上也可以用这样一个事实来解释：潜在的灵魂的想法总是如此接近这些东西且变得清晰。这样的想法常常会自己潜入意识内，使自己能够揭穿表象的谎言，从而再次为所描述的心理冲突设定先决条件。众所周知，对于那些从事特定职业的人来说，这种刺激会或多或少消失不见，因为他们可以不断地接触到相应的印象。消除尴尬情绪的时候，除了习惯的力量，这种情况下经常发生的联想处理方式也起着非常重要的作用。只要其最终结果被个人所接受，那么这种处理方式是否真实并不重要。例如，在智力方面，迷信的人也以他的方式掌控了他大部分的想象领域，他也有他的怀疑和肯定：他不恰当的整体判断根本不会改变这个心理事实。

人类理智掌控环境的欲望是强烈的。理智的确定性为生存斗争提供了精神上的庇护。一旦它出现，就意味着一种防御地位，以抵御敌对势力的攻击，而缺乏这种确定性，就等于在人类和有机世界的那场永无休止的战争中缺乏掩护，而科学为这场战争建立了最强大、最坚不可摧的堡垒。

论无政府主义刑法观

赫善心　文

西南财经大学　黄礼登　译

译者导言

《论无政府主义刑法观》原文发表于德国《整体刑法学杂志》(*Zeitschrift für die gesamte Strafrechswissenschaft*)1907 年第 27 卷。由于原文标题过长，译文改用这个简短的标题。其德文原标题为：Die Bejahung der jeweiligen Staats-und Rechtsordnung durch den Anarchismus als Grundlage für die Strafrechtsreformbestrebungen der Anarchisten(论无政府主义对国家制度与法秩序的肯定是无政府主义者追求刑法改革的基础)。

作者赫善心德文名字为 Harald Gutherz，1880 年 1 月 29 日出生于奥地利维也纳，1912 年 1 月 24 日去世于奥地利的库夫施泰因(Kurfstein)。1909 年 9 月至 1911 年 2 月在中国青岛德华大学任教，期间撰写的文章《中国新刑律论》在清末修订刑律的过程中产生了巨大影响。写作本文时，赫善心尚在德国柏林大学法学院由李斯特创建的犯罪研究所学习。

赫善心在本文提出，依据无政府主义刑法观，应当减少以刑罚相威吓的罪名，主张刑法只有在例外情况下才会保护综合性的整体法益，原则上只对侵害个体法益的行为才进行入罪处理。他认为个体暴力是积极的无政府主义者的一种权利表达，当国家被视为一个人格个体时，施暴性的国家刑罚权需要与拒暴性的公民权利达到匹配状态。但是后者是否会以及如何对前者产生影响，本文并无更多交代，反而是赫善心在几年后写作《老子关于人类社会的思想》一文时才对该问题进行了深入探讨。他在关于老子的文章中直言老子就是"真正的消极的无政府主义者"，"无为"就是以消极的无政府主义行为方式来影响社会，当社会存在足够多的对立时，致力于使社会保持处于一种井然有序的状态，达到有为的效果。赫善心认为这是老子所创造的最深刻的社会学认知，在欧洲持类似主张的是托尔斯泰。他还形象地说《道德经》所写的"圣人皆孩之"的方法论和"托尔斯泰之爱"高度契合，并且老子下意识所持的社会学立场与西方贡普洛维茨所提出的社会法学派的观点具有一致性。可以说，赫善心把无政府主义与老子的思想相贯通，在中国传统思想与德国现代刑法理论之间初步架起了一座简易的桥梁。这对于理解赫善心在清末修律的学术讨论中的保守立场具有很大的启示价值。鉴于此，译者将赫善心百年前关于无政府主义刑法思想的这篇文章译为中文，以供进一步研究。原文并无摘要和关键词。

对于赫善心本文所谈的无政府主义刑法观与他在清末修律大讨论中的立场有何关联，译者有如下初步感受：

第一，无政府主义承认国家暴力本身的同时，无政府主义者也必须肯定相应的国家刑法制度。他们并非百分之百反对保护综合性的整体法益，当此类超个体法益也间接保护个体时，保护整体法益就具有正当性。因此，对于大清新刑律是否应基于保护家庭道德而将"和奸"和"子孙违背教令"入罪处罚，赫善心给出了肯定的意见，其理由是"家庭道德在中国是立国所必需之事"，且与中国小农经济的现实是适应的。在讨论子女遵从父母教令时，赫善心强调父母应当履行慈爱的义务。

第二，赫善心认为中国修律应当立足于本民族的社会现实，特别是立足于中国传统的道德基础，实际上就是提醒中国立法者要尊崇自然法。在赫善心眼中，老子的自然法原则恰好是为中国人指出了一条实现美好生活的路径。尽管对"和奸"与"子孙违背教令"问题赫善心是赞成入罪的，但是出于无政府主义憎恶"法令滋长"的立场，他又对要求对父母教令的正当性进行审查，从而在一定程度上对该罪名进行了限制，符合中国传统"刑期于无刑"的理念。

第三，赫善心认为无政府主义制造了它自己的反面，个体暴力本身渴望成为一种权利，这决定了无政府主义与社会主义、自由主义等立场并非完全对立。尽管赫善心认为无政府主义与老子的自然法有相通之处，但这更多是方法论上的契合，在本文中赫善心也明确承认无政府主义刑法观的具体要求与现代法学派的观点在核心上是一致的。因此，赫善心对于清末修律改革派的批判实际上是方法上的批评。在内容上，他并不会从根本上反对冈田朝太郎、沈家本等以德、日现代刑法理论为基础设计的大清新刑律，这也是他独特的无政府主义刑法观所决定的。

上面提到的赫善心的《老子关于人类社会的思想》这篇文章是他为卫礼贤（Richard Wilhelm）于1911年在德国耶拿出版的德语版《道德经》所撰写的序文。该序文已由黄礼登翻译成中文发表于《汉学研究》2023年春夏卷第34集。赫善心在该文中提到，他正是在写作《论无政府主义刑法观》这篇文章时，偶然感悟到了老子的基本动机。

译　文

并不是无政府主义宣传的犯罪行为让我觉得值得去进一步研究无政府主义学说，也不是无政府主义作家的作品鼓动了我，触动我的是无数的无政府主义性质的诉求，它们不同程度地在很多人身上，特别是在那些具有较高文化程度的人身上被发现。

对我而言，这些诉求是如此重要，以至于无政府主义这个词语的恶名也不应当阻止我现在想要进行的无政府主义学说研究，我后面还要解释这一点。

1. 无政府主义的概念

我们可以发现今天人们不是在这里就是在那里使用它，它的产生要归功于有关著作和行为。相关的著作涉及哲学、法学和经济理论上的概念，而相关的行为则涉及法律意义上所构成的犯罪。

与这些著作相关联的无政府主义概念显示了一种与学说概念相联系的适应力，但是它也是与人的概念（无政府主义学说的提出者和捍卫者）相联系的。

从犯罪行为引申出来的无政府主义概念也是运用到人的身上（行为人）的，并且由此与意志这个概念产生了关联，同样地，它与性格概念——作为一种学说，它也和动机概念——联系在一起。

对我来说，无政府主义的本质要在精神上去寻找。在那里，无政府主义意味着什么，我们必须从它的表现形式——即犯罪行为和著作来推导。如果我们通过这种方式获得它的概念，那么它可以运用在任何部分（请理解我这里使用空间性的表述方式）或者任何种类的精神表现。

2. 被称为无政府主义的犯罪行为主要就是谋杀或者未遂的谋杀①

这些犯罪的主体具有不同的教育背景和国籍（包括妇女），但绝不会是那些在国家中占有突出地位的人。

这些犯罪的对象是统治者，这是一类通过他们在国家中的地位而显得特别突出的人物，或者是以特别突出的方式享受国家制度好处的人物。

相关行为的特别特征包括在公共场所上的实施、执行上的勇敢性、缺乏个人动机，更重要的是把与行为对象（不考虑他们在国家中的地位）无关联并且永难精确描述的理念作为他们认为的正义动机。

综合这些特征，我们看出下面的情况具有无政府主义性质：

把不加区分的生命个体作为国家权力的承担者对其进行袭击（当国家的法律制度仅仅赋予富人权力时，富人在这个意义上也是国家权力的承担者），该袭击是通过代表个体暴力的人员真正勇敢来予以实施的，并借以提出其主张。

在行为人那一边，人们记住的是他们对于维护现政权毫无兴趣，以及通过个体暴力对于现政权进行摧毁（准确的说法：摧毁的理念）的巨大兴趣，后者与权利概念联系在一起。摧毁意味着一种来自更高力量的表达。无政府主义的行为人最感兴趣的是自己作为更高力量的表达，这种表达与权利主张联系在一起。

客观上看，无政府主义行为呈现的是一幅得到承认（得到服从的）统治权被没有得到承认的并且其自身作为认可"权利"的个体暴力所破坏（试图去破坏）的图画。"权利"这个词在这里每个地方都意味着一种伦理上的评价，就其本质而言并非相对的，而是绝对的评价。即便是其毁灭性的个体暴力，也会通过（作为最强烈表达手段的）无政府主义行为被绝对评价为一种权利。对于谁的个体暴力会得到如此评价的问题，行为自身只会给出这样的回答：行为人的暴力。尽管如此，由于我们所观察到的同种犯罪也存在多

---

① 原文注：其他形式的无政府主义犯罪，即便并非同样纯正，也展现了同样的特征。

样性，加之在行为人那里所看出的独立于个案的理念，这些提示我们在评价个体暴力时不仅仅关乎那些个案。

如果我们能够从犯罪行为中或者从行为人那里引申出个体暴力的共同特征，那么我们就有可能一方面从具体的个案推导出一般，另一方面从个案的整体（这里更多涉及"个体暴力"的概念）回归到具体。

但是在我们的经验中并不存在这样的特征，我们也只能在理论上将其总结出来。如果我们能很好地设想一下这种情况，即无政府主义的行为人在具有相应力量时，他会摧毁他所遭遇到的暴力，一直到要么他成为幸存者的绝对统治者，要么只剩下他自己是唯一的幸存者，并且如果那些只承认自身暴力的无政府主义者在被压制时也需要对他们的立场保持忠诚，对我们而言，把对它的承认扩展到其他人那里就显得不符合逻辑。

对我们而言，解决这个矛盾是完全不可能的，矛盾来自无政府主义者会遭遇到敌视他并且被他所承认的暴力。当无政府主义者没有把对自己暴力的承认和对他人暴力的容忍结合在一起时，即便仅仅承认友好的暴力对于他来说也是前后矛盾的。但正是我们在无政府主义犯罪行为那里看到的承认的无条件性，使得我们必须认为，无政府主义行为仅仅对行为人个人而言表达了一种绝对的价值评价。

在宗教上和在历史上我们反复看到类似的事情（独裁）。

3. 无政府主义著作研究哲学、法学和经济理论上的概念

它们对被承认的暴力（就像前面解释过的那样，这里也包括经济性的暴力）表达出厌恶。这种厌恶与它们向往不同的人类生活的兴趣是相适应的。在这种生活中，目前得到承认的暴力所引发的厌恶会消失（消极的一面），而实现个体追求本身是一种"权利"（积极的一面），即便这种追求有时也具有社会性的性质。攻击（而非矫治）的对象不是个体本身，而应总是社会主体，也包括统治集团。无政府主义著作中所运用的哲学概念本质上满足了那种需要，即：使得其中包含的应然观念在伦理上具有强制性或者使得其在伦理上是易被理解的。

无政府主义著作对所向往生活的可实现性表达了深信不疑的态度。综合起来可以看出如下特征：对当下被承认的统治集团的暴力的厌恶、对从这种暴力中得到解放以及对旨在实现个体追求的生活的向往，将对权利的信仰与这种渴望最终联系在一起。

而客观观察下人们会看到这样的画面：得到承认的统治暴力并没有得到承认的、自身渴望成为为权利的个体暴力所否定。但这里人们会追问，谁的个体暴力可以被评价为权利？

我们观察无政府主义行为后可以得出结论，通过这些行为只是对行为人本人宣告了一种绝对的价值评价，虽然人们可以发现其中含有要求普遍化评价的暗示。单从抽象表达方式自身的原因，我们就不能得出相同的结论，事实上，在所有的无政府主义的著作中，我们都可以看到直接的表达或者从其上下文妥妥地推论出：对个体暴力的评价取决于前提条件。而这些条件是大不相同的，其目的都在于将具体的个人相互联系起来并必不可少地得以凸显，从而使得所有人（或者大多数人）的存在成为可能。这里涉及一种

认识：个体生活是互为条件的。

4. 对无政府主义两种形式的分别观察就其本质而言得出了相同的结论：无政府主义在把个体暴力绝对评价为权利这一点达到了顶点。

在每次提出谁的暴力可以被这么评价这个问题时，它们之间还是有区别的，但这种区别也有相通之处，那就是：行为是一种具体的表达方式，而理论是一种抽象的表达方式。

我们所发现的区别不仅仅是外在形式上的，更多形成了一种对照，这对于无政府主义来说是本质上的，这一点后面还将论及。

5. 在何种理论上可以设想的状态中不可能存在被人追求的无政府主义？答案是在此个体的积极暴力倾向①可以在彼个体的消极暴力倾向上得到满足的这样一种状态中。总体上看，这个状态是所有无政府主义者的目标，是每个无政府主义学说的完美典范。如果我们以此为参照来审视当前的状态，它对我们而言就显得很糟糕，因为当前存在大量积极的暴力倾向，它们与消极的暴力倾向不相适应。无政府主义只在这种状态下承认今天这些积极的暴力，即当它们与消极的暴力倾向完全相适应的时候。这就是承认的条件。目前，我们将无政府主义作为一种学说（作为行为的动机）并在理论上认可它的暴力，我们就必须——如果存在一种与之相匹配的消极的暴力——承认这种暴力。并且这种消极的暴力应当在无政府主义的敌人那里去寻找，正因为它是"敌人"，所以它证实了这种消极暴力的缺陷。对于当下，无政府主义不应当得到承认。如果它是正确的，那么它就应当保持沉默并一直压制自己，直到捍卫它的人不再被看成无政府主义者，而是和平的公民为止。

只承认自己的这些无政府主义者的目标在于实现一种状态，在这种状态中积极的暴力倾向与他人消极的暴力倾向正好保持平衡。简单来说，就是他在被承认的情况下进行统治的状态。如果我们不考虑目标的实现将会杀死无政府主义者这种情况，那么，当那些统治者的个体暴力没有受到他们所不希望的限制时，我们可以将其称为是满意的无政府主义者。那么现在这些尚不满意的只承认自己的无政府主义者该做什么呢？他们会杀死那些满意的无政府主义者。如果他们保持前后一致，一旦他们感到满意，他们还将杀死他们自己。这就是为什么统治者是从无政府主义者来的原因。

这样我们就看见，一旦言说的（抽象思考的）无政府主义者行动起来，上面提到的矛盾就会显现出来。反过来也是一样，当行动的无政府主义者开始言说的时候，矛盾就出现了。

由于言说的无政府主义者是通过语言的力量来行动（如果他不愿意这样，他就必须保持沉默），行动的无政府主义者是通过他的犯罪行为来表达（如果他不愿意这样，他就必须放弃犯罪行为），这样一来，那种矛盾在无政府主义的本质上就统一在一起了。

---

① 译者注：此处的"暴力倾向"是由"Gewaltregung"一词翻译而来，在发表于《汉学研究》2023年春夏卷第34集的《老子关于人类社会的思想》一文的中文译文中，此德语词被译为"权力欲"。

（在这里我请求读者对自由主义、保守主义和社会主义的基本思想进行思考？并且检查思考的结果是否得出与本文类似的结论。）

6. 只有公开的敌对和不符合逻辑的要素才能从沉默和不生事的无政府主义者群体中重新制造出言说的和行动的人。这种敌对来自个体暴力和社会暴力之间的对立，后者在今天集中化为国家暴力。所以无政府主义的犯罪行为人和著述者事实上总是间接或直接向国家发起攻击，国家被他们认为是人类个体生活和群体生活的对立面，应当由个体暴力进行"规制"。他们宣扬国家法律的弊端，认为它与源自个体权利的良善是对立的。如果我们把无政府主义理解为"社会的"风潮，这样我们就会在社会主义中找到它的对立面。如果我们最终寻找它在心理学上的对立面，那么我们就会在滕尼斯（Tönnies）所说的本质意志（Wesenwille）（如果人们在现实框架下思考它，它就是人类躯体在心理学上的等价物或者生命统一原则，思考本身与其紧密相关——思想、性情、良心）和专横（思想形式——渴望——计算——意识）那里发现它。无政府主义者是那些主要带有本质意志的人、艺术家和妇女（罗马人——外邦人）。

如果我们把社会主义看作无政府主义的对立面，我们不能忘了要强调无政府主义的产生要归功于社会性的感觉。这种感觉自己闯入了无政府主义著述者的眼睛，因为他们创造了学说，却并不是为了满足自己成为无政府主义者（也不是为了写作），而是为了所有人的利益。即便观察无政府主义的犯罪行为，它们实施的公开性以及对其最终结果的认识——其结果对于具体的行为人来说几乎是不会满意的，这些证实了它们有着社会性的动机。无政府主义制造了它的反面。每个"社会性的"思潮都伴随着这种现象。这就可以看出理念具有矛盾性，同时也有统一性。

7. 一旦无政府主义者出现逻辑错误，更多地关心他人而不是单纯地"消费"他人，一旦他也认可他人拥有自我权利，他就创造出一套应然体系，在该体系中他对尘世中事物进行评价，进行迄今为止不同的评价。迄今为止，他都是对所有不能服务于他的暴力进行否定，他为此以他独有的自我权利作为理由。但一旦从自我推导出一个类概念（Gattungsbegriff）出来，无政府主义者实际上就否定了每个非个体暴力——换一个说法——他肯定每个个体暴力。

如果无政府主义者从这个立场出发去考虑集团暴力，即国家暴力，摆在他面前有两条路：他要么把这种社会性暴力看作个体暴力的结果，要么认可这种社会性暴力具有无法从个体暴力中推导出来的本质。对于第一种情况，他必须肯定国家暴力，因为他肯定它的成分，尽管如此却坚持要批判国家暴力形成的产品，他只有在限制原始立场的情况下才能做到这一点：他应当这样说：个体暴力是好的，但并非在所有情况下都是好的；想相互影响的人伪装自己，丧失了它们个体暴力的善意(！)；只有那些孤立的，不想受他人影响的人才属于个体。①

---

① 原文注：这里去观察这种现象很有意思，即：一个孤独的人可以真正无私心地进行思考，当他在一个集团内时，大多数时候他都会变得自私。

持这个立场的无政府主义者如果不想无条件地肯定国家暴力，那么他应当将其攻击的焦点对准个人。国家暴力本身对他而言是不可侵犯的。国家暴力最终来源于统治者消极的暴力倾向，我们在专制统治那里尤其可以清楚地看到这一点。

这里还有第二条路可走：在国家暴力那里去发现一些与个体暴力不一样的东西，把国家本身看成个体。无政府主义者是很难走上这条路的，因为他一般情况下是不会相信的，意思是他只相信他所看到的和摸到的。特别是新近以来，一种关于人格团体的神秘观念不断地被提倡，我希望无政府主义者走上这条道路。对他们来说，国家最终拥有自己的，而不是来自人类的暴力，他从自身中接收到这种权力。

国家会思考、会感觉、会追求。(出于形象化来表达的原因谅解我这种拟人化的想象吧!)它就是一个个体性的实体——它的意志是个体的意志——它的暴力是个体的暴力。无政府主义者应当必要地肯定它。他能够找到什么样的一个理由，对这个无形的实体给予比那些有形的更低的评价呢？为什么这个实体会是敌视人类的，因为它不依赖于人类吗？即便如此，国家最多可能是自私的，这种特性不会被无政府主义者评价为卑鄙。

承认国家暴力本身的同时，无政府主义者也必须肯定相应的国家制度。

8. 尽管有这样的肯定，无政府主义者仍然保留有积极的活动空间。(人们甚至可以认为，无政府主义者正是由于这种肯定才获得积极介入社会生活的可能性。)他们的纲领制造出这种状态，即：人类任何积极的暴力倾向都可以融合在其他人消极的暴力倾向那里。

是否在事实状态上覆盖一层与之完全适应的规范性规则，无政府主义者对此是完全无所谓的，从这里人们可以看出，他所反抗的，本质上并不是规范。

但是目前的状态并没有给他提供这样的平衡力。针对他们存在两个攻击点：人们要么认为积极的暴力倾向太大，从而应当削弱它；要么认为消极的暴力倾向太小，应当增强它。

无政府主义在削弱积极暴力倾向(主要是政治行动)或者增强消极暴力倾向(主要是心理学上的行动)那里看到了它的攻击点，这符合无政府主义的二分法。

无政府主义并不攻击暴力本身，而是厌恶对多个暴力之间的碰撞。

根据上面提到的二分法，人们可以讨论积极的无政府主义和消极的无政府主义。大多数无政府主义著述者都持第一个立场，而第二个立场主要由托尔斯泰所主张。这里总是与或多或少地强调一个事物或同一事物的两个方面有关。对个体心理所发出的无政府主义的绝对命令(伦理上的规范)总是存在的：不管是你本身，还是来自自身的权利。(施蒂纳(Stirner))。

9. 无政府主义肯定各自的国家制度，也包括各自的刑法制度。一些无政府主义者甚至在遥远的将来会接受犯罪和刑罚的概念。

特别是积极的无政府主义(上面的意义)积极赞成减少过大的社会性的暴力，这样它也获得了一个纲领。

对于刑法改革，无政府主义希望，侵犯个体利益的情况要尽可能少：首先，考虑到行为人的利益，以刑罚相处罚的罪名应当减少，真正做到只保护个体法益，而不保护"整体法益（Rechtsgüter der Gesamtheit）"（李斯特的术语），只在考虑个体的社会层面时，才对其进行保护。

这是一个涉及广泛的纲领性要点，进一步思考可以发现它会导致目前刑法的彻底改变。目前刑法即便在个体法益中看起来也是保护整体利益比保护个体利益更多。

其次，刑罚应当在除去伦理的或者感性的视角后仅仅根据被伤害或者被威胁个体的实际利益来确定，并且只在这种利益所要求的范围内来确定。

这个纲领性要点与现代学派相应的观点在核心上是一致的。

我应该在此结束上述一般性的思考，因为更进一步的讨论将远远超出了本文的范围，并且我认为由我来进行这样的讨论也完全不合适。

书　　评

歌德《中国作品》翻译过程的重构
——读谭渊、戴特宁的《歌德与中国才女》

宁波大学　陈　巍　　朱园园

1. 引　言

近百年来，"歌德与中国"一直是国内外比较文学界、德国汉学界中广受关注的话题，近读谭渊和德国学者戴特宁合著的《歌德与中国才女》一书，颇受启发。该书由小见大，从考察歌德一生与中国的关系入手，细致梳理了歌德一生与中国元素（老子、孔子、中国人、中国小说、中国诗歌）之间的关系，将研究重点聚焦于 1827 年歌德"重返中国"的翻译活动。

1824 年，英国人汤姆斯从清代颜希源编著的《百美新咏图传》中选取三十余位中国古代著名女性的传记性诗文，附在《花笺记》英译本后刊行①。三年之后，歌德在阅读了大量中国文献以及《花笺记》之后，从中获得了灵感，转译了描述四位中国古代女性的诗歌，取名为《中国作品》发表。这次独特的翻译活动曾经被国内外学者赋予不同的涵义，一直是学界讨论中德文化交流难以绕过的话题。而后续研究者要想在有限的史料基础上进行拓展和深化，就必须细心审视过去的材料，耐心寻找全新的研究视角。《歌德与中国才女》一书正是中德两位学者历时十余年共同合作的研究成果。在 2009 年至 2019 年间，他们每年都在德国、中国见面讨论项目进展，使整个研究日臻完善。该成果并非皇皇巨制，但两位学者在前人研究的基础上另辟蹊径，从源语版本、汤姆斯英译本以及歌德手稿的对比研究和分析中挖掘出过去不曾为人注意到的细节，还原了歌德转译和改写四首中国诗歌的过程，从而更加清晰地揭示了歌德"世界文学"观念形成背后的中国文化影响及其对《中德四季晨昏杂咏》的推动作用。这项真正的跨国界研究，突破了德国日耳曼学与汉学的界限，两位学者得以各展所长，在汉德语言史料的发掘和阐释上形成了优势互补，从而确保了此项研究的深度和广度，具有特别现实的意义。而研究成果先后以德文和中文在两国出版，在国际文化交流日趋紧密的今天，这种双语版学

---

① 《百美新咏图传》简称《百美新咏》，由清代文人颜希源编集，宫廷画师王翙绘图，取材自历史与传说中的百名女子，配以百幅精美插图，并收录历代文人咏词二百余首，集图像、传记、诗词、书法艺术于一体，图画与文字交相辉映，是中国版画史上一部重要的作品。

术专著的出版，大大方便了中德两国学界展开相应的交流和对话，同时也有利于读者和研究者重新发现歌德"重返中国"翻译活动的诗学意义和美学价值。

2. 歌德《中国作品》手稿的演变

在以往的研究中，由于受基础文献的限制，大多数研究者只能从作品定稿出发，因而很难发现作者本人在创作过程中的思想脉络及其细微的变化，而手稿研究则能弥补这方面的不足。因此，谭渊和戴特宁两位学者格外强调歌德《中国作品》手稿的研究价值。他们在挖掘更多史料的基础上，通过对歌德席勒档案馆所藏不同版本的歌德《中国作品》手稿进行细致分析和对比，重构了歌德翻译和改译《百美新咏》中四首诗歌的全过程，并将手稿影印件也附在文中，方便了读者更加深刻地了解和把握歌德在《中国作品》翻译过程中的细微思想变化。例如该书对《中国作品》初稿第一页的分析显示，歌德对冯小怜诗文的翻译或改写并不是一气呵成，而是经过了再三的修订。两位作者在依照歌德手稿进行誊抄的基础上，特意在回译的中文上标注了修订内容，用中划线表示手稿上的删除文字，用下划线标明后来补充的文字：

> 最自由欢快的晚霞，
> 为我们所有人带来纯粹的快乐，
> 而阿米娜却令我多么的忧伤！
> 当她自弹自唱，
> 一根琴弦在手中崩断，
> 她说，带着一脸冷静高贵，她继续唱道，
> "不要以为我自由自在，
> 要知我是否心碎——
> 只需看看这曼陀铃。"①

歌德这节诗改编自汤姆斯的英译本②，或者如谭渊所说：歌德的诗句"塞丽娜却多么令我们忧伤"，"完全可以看成歌德的自白。从这一角度来说，《冯小怜小姐》是歌德一首感怀诗，并非译作"③。《花笺记》英译本并没有全译《百美新咏》，而是有选择性地把部分中国古代女子的传记性诗文翻译成英文，冯小怜的配图和传记见该书图传第三十

---

① 谭渊、海因里希·戴特宁：《歌德与中国才女》，武汉：武汉大学出版社，2020 年，第 87 页。
② Peter Perring Thoms. *Chinese Courtship*. London/Macau：East India Campany's Press，1824，p. 254.
③ 谭渊：《歌德席勒笔下的"中国公主"与"中国女诗人"》，北京：中国社会科学出版社，2013 年，第 155 页。

九部分①，歌德的译文虽然基于英译文，但是从初稿来看并不完全相同。

歌德《中国作品》的第二稿（XXXVII-22b）是两页稿纸的誊写稿，查阅他的手稿可知，歌德对这首译诗也做了改动，回译成中文是：

《冯小怜小姐》

欢快的晚霞，

为我们带来歌声与欢乐

阿米娜塞丽娜却多么令我们忧伤！

当她自弹自唱，

一根琴弦在手中崩断，

带着一脸高贵，她继续唱道：

不要以为我自由自在，

要知我是否心碎

只需看看这曼陀铃。

1826 年 2 月 4 日②

关于歌德为何把冯小怜和琵琶改成欧洲人熟悉的人名和乐器的名称，书中已有详细分析，此处不赘述。但是我们通过第一稿和誊写稿的对比可以发现誊写稿的语言显然更加优美，诗意也更为充分，这种手稿对比非常真实地再现了一位译者正常的翻译流程，即不断地对译文进行润色、改进和修订的过程。

基于翻译手稿的比较和分析，读者足以认识到翻译绝非一种从出发语到目标语的简单的文字转换。在中外诗歌翻译过程中，基于原作的精神进行创造性的翻译，才能让目标语读者更轻松地接近和体验出发语诗歌的意境和诗韵。

3. 直译还是改写和创作？

我们再看看初稿第二节，这是关于舞蹈家薛瑶英的几行诗。通过手稿对比，两位作者指出："从定稿来看，这段后来被移至《中国作品》开头的诗歌也是他花费心血最多的一节，歌德显然在各种方案之间反复犹豫，在初稿中甚至给出最后两句的两种不同的翻译方案，这在整个《中国作品》的创作过程中是绝无仅有的。"③原诗的初稿回译成中文如下：

---

① 颜希源：《百美新咏图传》，集腋轩刻本，1805 年，图传 39。

② 谭渊、海因里希·戴特宁：《歌德与中国才女》，武汉：武汉大学出版社，2020 年，第 118 页。

③ 谭渊、海因里希·戴特宁：《歌德与中国才女》，武汉：武汉大学出版社，2020 年，第 92 页。

> 你轻盈地起舞在这桃花锦簇下，
> 如此轻盈在最风和日丽的春天一隅：
> 若非有人撑伞遮挡，
> 它会吹走风儿会将一切吹走。
> 风儿，如果人们不撑伞遮挡，
> 愿将你们一切吹走。①

《中国作品》的誊写稿发生了以下的变化：

> （你）起舞于桃花锦簇下，
> 翩然于春风吹拂中，
> 若非有人撑伞遮挡
> 风儿恐会将你吹走。②

而作为《中国作品》终稿中的第一篇作品，其导言和诗歌译文又发生了更大的变化：

中国作品

　　以下内容出自一部文摘及传记性的作品，题为《百位美人的诗》。摘选的笔记和小诗，使我们相信，在这个特别的、奇异的帝国里尽管有着种种限制，人们依然一直在生活、恋爱、吟咏。

　　《薛瑶英小姐》

　　她美丽，拥有诗人天赋，人们惊叹她是最为轻盈的舞女，一位崇拜者为此作了下面的这段诗：

> 起舞于桃花锦簇下，
> 翩然于春风吹拂中，
> 若非有人撑伞遮挡
> 风儿恐会将你吹走。

---

① 谭渊、海因里希·戴特宁：《歌德与中国才女》，武汉：武汉大学出版社，2020年，第92页。
② 谭渊、海因里希·戴特宁：《歌德与中国才女》，武汉：武汉大学出版社，2020年，第117页。

> 跳跃于朵朵莲花上，
> 悠悠然步入彩池中，
> 你纤巧的脚，柔软的鞋，
> 与那莲花浑然一体。
>
> 众女子也纷纷将脚缠起，
> 纵然她们还能怡然而立，
> 或许还能优雅行礼，
> 但却万难迤逦前行。①

歌德的这首译诗同样依据《百美新咏图传》中对薛瑶英的相关介绍，诗歌大致脱胎于贾至题咏薛瑶英的诗篇：

> 雪面澹娥天上女，
> 凤箫鸾翅欲飞去。
> 玉钗翘碧步无尘，
> 楚腰如柳不胜春。②

歌德翻译有关薛瑶英的文字曾三易其稿，谭渊和戴特宁认为："在创作过程中，歌德按照英文的《薛瑶英女士》对第一节诗歌进行了自由改写，第二节、第三节则是从潘妃传记中选取素材进行的全新创作……表明他在自由改译与文学创作之间并没有一条决然的界线。"③但是，终稿无论在形式与内容上都与原文相去甚远，翻译的痕迹似乎被歌德抹去了。

同样，通过对《梅妃》《开元宫人》手稿的对比研究，《歌德与中国才女》一书也发现了歌德不断修改译稿的过程。不过，歌德对每首诗所采取的翻译方法不尽相同，《梅妃》一诗接近"逐行对译"，其他三首甚充满着自由改译或者重新创作的痕迹，而且添加了补充和阐释性文字，属于自由译写和重新创作（freie Nach-und Neudichtungen）。

4. 书名及其他值得商榷之处

不过，针对《歌德与中国才女》中的若干译名，笔者认为应该在考虑历史情境的基

---

① 谭渊、海因里希·戴特宁：《歌德与中国才女》，武汉：武汉大学出版社，2020年，第143-144页。

② 颜希源：《百美新咏图传》，集腋轩刻本，1805年，图传57。

③ 谭渊、海因里希·戴特宁：《歌德与中国才女》，武汉：武汉大学出版社，2020年，第147页。

础上慎重取舍。比如，歌德《中国作品》当中描述四位中国女子到底应该如何称谓，是"中国才女"还是"中国女性"呢？

从谭渊较早出版的研究专著《歌德席勒笔下的"中国公主"与"中国女诗人"》中，我们可以发现冯小怜、薛瑶英、梅妃和开元宫人这些中国女性被笼统地称为"中国女诗人"。但查看《百美新咏》可知，该书中既配有编者对"百美"人生经历的概括性说明，也引用了前人创作的诗文。尽管歌德在手稿中曾经特别写下过"女诗人们"（Dichterinnen）一词，以表明自己对眼前这个由中国女性组成的诗人群体的深刻印象，但沿用歌德所用称谓会误导读者。谭渊对此显然并不满意，故此转而尝试用新概念来概括这四位女子的身份，并在该书第八章"天才女性"中为自己采用的新称谓——"中国才女"辩护。但"才女"一般指有才华、有学问、有智慧的女子，但《中国作品》中出现的不是皇帝的三宫六院（冯小怜、梅妃和开元宫人）就是宰相的宠妾（薛瑶英），尽管冯小怜、梅妃和薛瑶英或是能歌善舞或是精通琴棋书画，但是以"中国才女"概括之还是不太妥当的。

而歌德在《中国作品》的前言中曾提到他进行翻译时所用的底本是 Gedichte hundert schöner Frauen（"百位美女的诗歌"即《百美新咏》）。此处的"美女"一词并没有离开自古以来对中国美丽女性的称呼，因此书名若改成《歌德与中国美女》是最符合歌德原作语境的。

而且，《歌德与中国才女》在第七章第二节《梅妃小姐》中将 Geliebte des Kaisers Min 翻译成"明皇的情人"[①]也有欠妥当。其实 Geliebte 是指被爱之人，在此就是中文里的皇妃，研究者没有必要从西方人的视角出发把皇帝和他的妃子看成情人关系。

另外，该书还有少量瑕疵。如第 124 页上"歌德的姐姐"应为"歌德的妹妹"，因为歌德的妹妹科尼丽亚·弗里德里柯·克里斯蒂娜比歌德小一岁。

5. 结　语

综上所述，《歌德与中国才女》一书是近年来少见的中德两国学者共同完成的研究成果，这种跨学科、跨文化、跨国界的研究有助于我们回到历史真相的原点，从而还原和重构歌德在中德文化交流过程中的翻译和创作活动，发现文化误读现象的根源，使我们能够真正站在文化巨擘的肩膀上，抚今追昔，深化和夯实自己的学术研究。

---

① 谭渊、海因里希·戴特宁：《歌德与中国才女》，武汉：武汉大学出版社，2020 年，第 149 页。

参 考 文 献

［1］谭渊．歌德席勒笔下的"中国公主"与"中国女诗人"［M］．北京：中国社会科学出版社，2013.

［2］谭渊、海因里希·戴特宁．歌德与中国才女［M］．武汉：武汉大学出版社，2020.

［3］颜希源．百美新咏图传［M］．嘉庆十年集腋轩刻本，1805.

［4］Thoms Peter Perring. *Chinese Courtship*，London & Macau：East India Campany's Press，1824.

学术资讯

2022年国家社科、教育部社科基金德语国家研究项目盘点

2022年，国家社会科学基金年度项目评审结果可谓"千呼万唤始出来"，较之前一年，其公示时间又推迟了10天，直到9月13日才进入公示阶段，进入公示的重点项目、一般项目合计3548项，青年项目1127项，西部项目500项。12月1日，国家社会科学基金又公示了1106个后期资助项目和69个优秀博士论文出版项目。其中，德语国家相关研究项目的立项总数较前几年有大幅提高，多达55个项目成功入围，创下历年之最。9月22日、23日，教育部社科司也对2022年度教育部人文社会科学研究年度项目、后期资助项目评审结果进行了公示，共2616项课题获得年度项目资助，101项课题获得后期项目资助，其中与德语国家相关的研究项目也多达16项。

从国家社会科学基金评审结果来看，2022年与德语国家研究相关的国社科年度项目共计55项，较去年出现了大约72%的增幅。在这55个项目中，哲学类仍然独领风骚，多达23项，其中与康德相关的研究项目又占据了一小半。立项数并列第二位的是外国文学和世界历史项目，各有10项。在外国文学研究领域中，比较和接受研究的视角占据了主流，如"老子思想在歌德作品中的接受与重述研究""十九世纪中国文化典籍在德语世界的译介、流传与影响研究""钱锺书与德奥文学的关系研究"，体现出学术界对中外文明交流互鉴研究的高度重视。这一视角在世界历史研究课题中同样有所体现，如"德国唐人街的文化记忆与民族认同研究""比较视野下十六、十七世纪德国与中国的梦文化研究"。本年度，中国文学研究领域中也有6个与德语国家相关的课题获得立项，其中同样出现了"布莱希特的文学创作与中国文化关系研究""黑格尔美学的中国接受史研究"一类强调中外文化交流的研究课题。同样，获得立项的语言学类课题"'人类命运共同体'语境下德语世界对老子之'道'的诠释流变研究"也与文明交流互鉴紧密相关，而且这也是青年学者朱宇博第二次凭借老子译介研究获得国家社科基金资助。

在教育部社科基金年度项目评审中，与德语国家研究相关的课题共有12项获得立项，较去年下降了20%。有趣的是，这12个项目全部是青年项目，再次显示了教育部社科基金对青年研究人员的倾斜。另外还有4个与德语国家研究相关的项目入围后期资助项目，与去年相比并无波动。从项目的学科分布来看，德语文学相关课题共有5项，其中涉及"历史书写"的有2项，哲学类课题有4项，语言学和交叉学科各有2项。从选

题来看，获得立项的课题中涉及中国文化走出去和中国形象研究的课题也有 5 项，分别是"昆曲经典剧目德语演出及其欧洲传播研究(1930—1937 年)""中国当代小说德语译本语言问题研究""18 世纪中叶至 19 世纪中叶德国普遍史的中国书写研究""《道德经》在德语世界的译介与影响研究""'中国制造'在德国的媒介与社会建构研究"，从中同样可以看出"文化走出去"战略所发挥的引领作用。

从项目主持人的分布来看，北京、上海地区高校的研究人员在国家社科基金项目中占有较大优势，体现了京沪地区高校对国社科项目申报的重视，上海师范大学、同济大学的表现尤为抢眼。而在教育部社科基金项目方面，上海高校却毫无斩获，中西部高校则表现不俗。从项目的学科领域分布来看，哲学、外国文学、中国文学、世界历史学科是主要的分布领域。而在国家社科基金立项中占有较大比重的经济学、法学、管理学等学科却没有与德语国家研究相关的课题，这不得不说是令人遗憾的现象。不过令人欣慰的是，民族学、社会学等学科终于出现了与德语国家相关的研究课题，未来大有可期。而在国际问题研究领域中，德语国家也总算保住了一席之地。

此外值得一提的是，由于德语语言学研究获得国家社科基金项目资助的难度很大，因此近年有部分德语界学者另辟蹊径，转向了相邻学科领域的研究。如上海交通大学德语系李菲老师本年度获得的语言学类课题就是以特殊人群语言现象为考察对象的"基于事件相关电位技术的精神分裂症患者语义加工缺损研究"。此外，还有十多位德语教师获得了中华学术外译项目的资助，因其与德语国家研究并无关系，笔者就不在此赘述了。

附录 1　2022 年国家社科基金德语国家研究方向年度项目汇总

序号	课题名称	负责人	所属院校	学科
1	走向马克思主义的本雅明文学批评思想再研究	李茂增	广州大学	中国文学
2	布莱希特的文学创作与中国文化关系研究	薛松	上海交通大学	中国文学
3	歌德《论色彩》的译介及其美学意义研究	宋凌琦	上海师范大学	中国文学
4	本雅明"讽喻"美学观研究	常培杰	中国人民大学	中国文学
5	尼采修辞学及其文化隐喻研究	黄璐	湖南工商大学	中国文学
6	马克思德文原著与欧洲文学视域融合的研究	吴建广	同济大学	外国文学
7	老子思想在歌德作品中的接受与重述研究	刘娜	黑龙江大学	外国文学

续表

序号	课题名称	负责人	所属院校	学科
8	十九世纪中国文化典籍在德语世界的译介、流传与影响研究	吴晓樵	北京航空航天大学	外国文学
9	奥地利犹太作家卡尔·克劳斯第一次世界大战时期经典作品研究	张文鹏	中国政法大学	外国文学
10	英·巴赫曼诗学中的现代性批判与审美修复研究	张晓静	中国社会科学院外国文学研究所	外国文学
11	赫尔德文艺思想翻译、整理与研究	庞文薇	同济大学	外国文学
12	瓦尔特·本雅明早期思想研究（1914—1924）	王凡柯	厦门大学	外国文学
13	二十世纪德语左翼文学中的中国叙事研究	陈丽竹	重庆大学	外国文学
14	钱锺书与德奥文学的关系研究	蒋小虎	扬州大学	外国文学
15	"人类命运共同体"语境下德语世界对老子之"道"的诠释流变研究	朱宇博	战略支援部队信息工程大学	语言学
16	《德意志意识形态》的政治经济学批判逻辑及其当代价值研究	张永庆	首都师范大学	马列·科社
17	康德、马克思、罗尔斯平等思想进路之比较研究	姚云	河北经贸大学	哲学
18	康德道德心理学研究	惠永照	河南师范大学	哲学
19	康德《伦理学讲义》的翻译与研究	刘作	中山大学	哲学
20	《伽达默尔著作集》第10卷解释学与实践哲学新研究	张能为	安徽大学	哲学
21	莱布尼茨与康德自由意志思想比较研究	罗喜	中央民族大学	哲学
22	胡塞尔思想中自然与精神的关系研究	曾云	河南大学	哲学
23	《施莱尔马赫著作集》翻译与研究	闻骏	华中科技大学	哲学
24	康德世界主义构想下的"民族—国家观"及其当代实践意义研究	居俊	南京师范大学	哲学
25	胡塞尔"爱"的现象学研究	周振权	四川师范大学	哲学
26	海德格尔《哲学论稿》及相关文本研究	张振华	同济大学	哲学
27	新康德主义认识论基本问题及其效应研究	石福祁	西安交通大学	哲学

续表

序号	课题名称	负责人	所属院校	学科
28	康德哲学中关于幸福的价值选择问题研究	周黄正蜜	北京师范大学	哲学
29	康德《〈纯粹理性批判〉反思录》翻译与研究	张清涛	四川大学	哲学
30	费希特《新方法知识学》翻译与研究	倪逸偲	浙江大学	哲学
31	德国乡村振兴中乡土文化遗产保护与活化利用的互动研究	许可	重庆交通大学	社会学
32	近代德国医生在华活动及影响研究	袁玮蔓	南开大学	世界历史
33	德国公务员制度演变研究	徐之凯	上海大学	世界历史
34	德国唐人街的文化记忆与民族认同研究	童欣	上海外国语大学	世界历史
35	近代国家构建视野下的德意志社会主义起源研究	王倩	北京大学	世界历史
36	神圣罗马帝国之意大利问题再研究（10—13世纪）	李文丹	北京大学	世界历史
37	比较视野下十六、十七世纪德国与中国的梦文化研究	杞支雅男	上海师范大学	世界历史
38	当代德国新历史主义史学研究	陈慧本	上海师范大学	世界历史
39	瑞士巴色会档案馆藏德语客家文献的整理与研究（1846—1933）	李蕾	南开大学	民族学
40	英德竞合背景下的欧洲协调机制非线性衰亡研究（1904—1914）	刘旻玮	武汉大学	国际问题研究

附录2　2022年国家社科基金德语国家研究方向、西部项目、后期资助项目汇总

序号	课题名称	负责人	所属院校	学科
1	早期尼采德语遗稿中的美学思想研究	吕东	四川大学	中国文学
2	黑格尔美学的中国接受史研究	李创	西安工业大学	中国文学
3	费希特与浪漫派的存在问题研究	周小龙	中山大学	哲学
4	莱布尼茨主义与康德之关系的概念史和发生学研究	谢裕伟	中山大学	哲学
5	黑格尔《法哲学原理》评注	朱学平	西南政法大学	哲学
6	美学的政治：从康德到斯蒂格勒	夏开丰	同济大学	哲学

续表

序号	课题名称	负责人	所属院校	学科
7	从哲学到音乐：阿多诺批判美学研究	邹洁	江汉大学	哲学
8	审美与时间：从康德到胡塞尔	贺方刚	山东工艺美术学院	哲学
9	海德格尔对黑格尔的现象学阐释研究	马飞	四川大学	哲学
10	伦理自然主义视角下弗洛伊德的精神病本体解译	陈默	广西师范大学	哲学
11	跨越地中海：德国与阿拉伯国家关系史	钱嘉	浙江师范大学	世界历史
12	德国大屠杀历史反省研究（1945—2015）	李超	华中科技大学	世界历史
13	德国史家德罗伊森与 19 世纪的学科之争	吕和应	四川大学	世界历史
14	"意大利之旅"与德意志作家精神气候的变迁	远思	南开大学	外国文学
15	未来已来：智能技术背景下德国职业教育改革路径研究	陈莹	上海师范大学	教育学

附录 3　2022 年教育部社科基金德语国家研究方向年度课题汇总

序号	课题名称	负责人	所属院校	学科
1	当代德国小说二战历史书写关键词研究	武琳	北京语言大学	外国文学
2	现当代德语文学中的柏林书写研究（1871—2000 年）	傅琪	大连外国语大学	外国文学
3	弗洛伊德书信中的文学评论与理论范式研究	徐胤	中国人民大学	外国文学
4	昆曲经典剧目德语演出及其欧洲传播研究（1930—1937 年）	李霖	青岛大学	艺术学
5	中国当代小说德语译本语言问题研究	崔涛涛	广东外语外贸大学	语言学
6	基于《马克思恩格斯全集》（MEGA2）的马克思主义核心概念术语翻译研究	李晓红	华北理工大学	语言学
7	德国前古典美学中的文艺问题研究	陈新儒	福建师范大学	中国文学
8	"中国制造"在德国的媒介与社会建构研究	方帆	厦门大学	新闻学与传播学

续表

序号	课题名称	负责人	所属院校	学科
9	耕地细碎化治理的比较制度分析及优化路径研究：以中德农地政治权属调整为例	张晓滨	兰州大学	交叉学科/综合研究
10	18 世纪中叶至 19 世纪中叶德国普遍史的中国书写研究	李夏菲	山西大学	交叉学科/综合研究
11	黑格尔承认伦理规约研究	赵文丹	西安石油大学	哲学
12	雅可比的《休谟论信仰》及其对德国观念论的影响研究	姜勇君	西北政法大学	哲学

附录 4　2022 年教育部社科基金德语国家研究方向后期资助课题汇总

序号	课题名称	负责人	所属院校	学科
1	19 世纪德语叙事文学中的道德与社会研究	丁君君	北京外国语大学	外国文学
2	《道德经》在德语世界的译介与影响研究	谭渊	华中科技大学	外国文学
3	破碎中的聚集——海德格尔的物之思研究	王姗姗	西南财经大学	哲学
4	维特根斯坦《逻辑哲学论》的内在统一性研究	代海强	北京师范大学	哲学

《马丁·路德年谱》简介

作者：林纯洁

出版社：武汉大学出版社

出版时间：2023 年 2 月

ISBN：978-7-307-23445-1

定价：85 元

总页数：306 页

　　《马丁·路德年谱》为国家社会科学基金青年项目"《马丁·路德年谱》研究"（16CSS001）的最终成果，鉴定等级为"优秀"。

　　本书采用中国传统的史学方法，将路德置于宗教改革这一大的历史框架之下，考证路德的生平细节、思想演变以及与同时代人的交往、书信往来，用逐年逐月逐日记载的年谱形式展现出来，由此全面展示路德的宗教改革思想的发展历程及其影响的发生史。

　　本书的第一部分是谱前：对 15 世纪末德国的社会背景和路德家庭情况进行介绍。第二部分是正谱，记载路德从 1483 年出生到 1546 年去世期间的事迹、社会交往和著作，同时叙述同时代发生的与宗教改革相关的事件。第三部分是谱后：记录从路德去世到施马卡尔登战争爆发，再到 1555 年签订《奥格斯堡和约》的历史。附录包含论文《〈路德全集〉魏玛版的历史与未来》和译文《〈路德全集〉魏玛版概览》，介绍了路德著作编撰的历史、路德著作最为权威的版本——魏玛版的编撰过程和各卷的主要内容。

《德语奇幻文学研究》简介

作者：王微

出版社：武汉大学出版社

出版时间：2022 年 12 月

ISBN：978-7-307-23391-1

页数：323

定价：65.00 元

　　在光怪陆离的表象之下，真正的奇幻文学其实有着独具规律的发生机制、自成逻辑的结构体系和风格独特的表现手法。它的发展是人类社会、文化、政治、经济等多重因素作用的结果。反之，奇幻文学作为人类思想史的庞大体系中色彩绚烂的一环，也以其瑰丽多姿的身影折射出人类文明变迁的脚步。至于德语奇幻文学，其起步确实算是"慢了半拍"，也曾一度处在"跟跑"和"学习"的状态。但是德语文学范围内绝对不乏享誉世界的优秀作家和经典作品。而深厚的哲学沉淀与悠久的文化历史又给德语奇幻文学打上了无可取代的独特烙印。可以说，德语奇幻文学对历史的反思、对人性的探索、对存在的审视、对未来的观照都无不深深地浸染上独一无二的德式思辨精神与浪漫情怀。

因此，本专著致力于厘清德语奇幻文学发展的历史脉络，逐一分析德语奇幻文学不同类型的思想主题和艺术特征，构建德语奇幻文学框架下文学、美学、历史和社会间的关联综合体，并从哲学和美学层面总结德语奇幻文学的发展规律。

专著内容共分三个部分：第一部分为奇幻文学概述，主要探讨奇幻文学的定义和与之相关联的概念，阐释奇幻文学的发生规律和结构机制，并介绍奇幻文学的重要题材类型；第二部分从文学史的角度，以重要代表作家和作品为基础，按照历史先后顺序展开逻辑线索，论述德语奇幻文学在叙事谣曲、故事集、中短篇小说和长篇小说这几种类型上所呈现的沿革与变化，梳理德语奇幻文学的发展脉络，分析作品中的思想内容、基本主题、艺术特征、情感指向和价值取向等，并探究其发展过程中的时代特征与历史条件；第三部分从哲学和美学视角观照德语奇幻文学的发展历程，揭示德语奇幻文学发展过程中呈现出的主客关系逐渐模糊、善恶二元对立逐渐消解、僭越现象更加显著、对人类存在和生命本质的认知逐渐深刻的特征。